COLLECTION

TAUROEÏS

VOLUME 5

FRANCK SOLÈZE

TAUROEÏS

BOUCLE TEMPORELLE 49 AV. J.-C
1ᵉʳ PARTIE
CÉSAR
CONTRE
LES MASSALIOTES

© 2025 Franck Solèze

Édition : BoD · Books on Demand, 31 avenue Saint-Rémy, 57600 Forbach, bod@bod.fr
Impression : Libri Plureos GmbH, Friedensallee 273, 22763 Hamburg (Allemagne)

Illustration : Dream a.i / Solèze

ISBN : 978-2-3225-9542-6
Dépôt légal : Avril 2025

« *Le temps est un phénomène de perspective* »

Jean Cocteau

Introduction

J'ai réalisé ce volume pour mettre en valeur le coté " histoire" de mes recherches, à savoir le récit de mes relevés d'échos temporels, afin qu'on puisse lire tous ces recueils comme une histoire à part entière, en partant du principe qu'ils appartiennent tous à cette fabuleuse boucle temporelle 49-48 av J.-C, que j'étudie encore aujourd'hui et dont je n'ai pas encore trouvé le reset, mais il arrive bientôt puisque la saison recommence sous peu, car nous sommes fin mars. Pour ceux qui découvriraient ce livre sans avoir lu mes autres ouvrages auparavant, j'ai effectué des recherches sur Tauroeïs, cette cité grecque massaliote qui avait pour fonction reconnue d'être une forteresse pour les élites massaliotes en cas de guerre avec les Ligures (tribus locales). Tauroeïs est située au Brusc actuellement, quartier de Six-Fours (Var, à côté de Toulon), et selon la première partie de mes recherches en archéologie, non enumérée dans ce livre, Tauroeïs s'étendait de La Garde à Port d'Alon, soit plus de 120 km2 au lieu de moins d'un kilomètre carré dans la situation actuelle de la forteresse à Duprat, un archéologue du siècle dernier à qui nous devons la juste ressituation de Tauroeïs au Brusc, quartier de la citadelle, sans qui nous nagerions tous encore dans l'erreur de sa situation à Saint Cyr Les Lecques. Selon mes recherches le site actuel de la villa romaine de Tauroentum se trouve bien à Cytharista, ville-comptoir grecque qui englobait également l'acropole de la Cadière avec son temple de la taille du Parthénon dédié à Héraclès tuant l'hydre de l'Herne, et certainement un sanctuaire de temples sur la crête, dédié au mythe d'Orphée et d'Eurydice, ainsi que l'acropole du Castellet, un temple dédié à Aphrodite à son sommet, sous son trait de gardienne des jardins (les divinités grecques ont souvent plusieurs attributs), un temple dédié à Méduse et un autre à Phaeton, le fils d'Hélios dont on pouvait facilement s'imaginer qu'il était sollicité pour demander un bon ensoleillement pour les cultures. Et je n'ai pas fini mes recherches sur Cytharista, je n'ai même pratiquement pas commencé. Donc selon mes trouvailles, Saint-Cyr-Les-Lecques va perdre Tauroentum du moins Tauroeïs, car Saint-cyr était incluse à Cytharista, mais va gagner au moins deux acropoles déjà et un sanctuaire de temples et pas des moindres. Bien sûr, le champ électromagnétique résiduel des temples et fortifications grecques massaliotes sur lequel j'ai travaillé, n'étant pas encore élucidé scientifiquement, ni les caméras pour le visualiser, créées, cela ne prend pas encore l'importance que cela aura une fois prouvé. Mes recherches archéologique se sont basé sur un champ électromagnétique donc, qui n'en ai peut-être pas un, mais certainement un phénomène parallèle à la piézo éléctricité, résiduel des temples et fortifications grecques massaliotes, massaliotes étant l'appélation des Grecs de Massalia, Marseille, et de leur ville comptoir de la Côte d'Azur, dont font partie Antipolis (Antibes), Nikaïa (Nice), Monoïkos, (Monaco), Athénopolis (St Tropez), Hérakleia Caccabaria (Cavalaire), Pergamention (Brégançon), Olbia (Hyères), Tauroeïs (le Brusc, six fours, Toulon et son aglomération selon mes troubailles) Cytharista (La Ciotat) , Carcisis (Cassis) et d'autres trop éloigné que je n'ai pas pu traité comme Agde (agatha tyché), etc. Cette énumération de villes étant pour vous décrire la situation telle qu'elle l'était à la période grecque antique de la Côte d'Azur, soit pour Massalia de -600 à 49 av JC, si on considère que Massalia devient gréco-romaine en 49 av J.-C, année de l'annexion de César cité dans la guerre civile. Les Massaliotes étaient des Grecs venus de Phocée, en Turquie actuelle, Foça, (initialement un mélange d'Athéniens et de Grecs de Phocide, la terre sacrée des Grecs) qui, expulsés de leur cité par Cyrus le Grand se retournèrent vers leur nouvelle colonie de l'ouest méditerranéen, soit Massalia. La première vague de colons arriva en 600 av. J.-C, décrite par le mythe[1] de Gyptis, la fille du roi autochtone Nann qui choisit un Grec pour mari, Protis, et le roi leur donna des terres, soit Massalia, (mythe que j'ai toujours eu du mal à accepter comme une belle histoire qui cacherait une colonisation) et la deuxième vague arriva donc en 542 av J.-C , celle-là même qui fut expulsée de Phocée, soit les riches familles phocéennes pour la plupart. Le mythe de Tauroeïs[2] commença à cette date ou de cette vague de navires de rescapés, sous une tempête, l'un d'eux, refoulé par la forte houle, s'échoua dans un petit golfe pour y fonder Tauroeïs, du nom du Taurophore qu'il y avait à la proue de leur navire, soit Tauroeïs dans sa première époque, le site du Mouret au Brusc. J'ai essentiellement travaillé, ce que j'ai reporté dans mes précédents volumes, sur la deuxième époque de Tauroeïs soit de 300 à 49 av J.-C ,date où elle tombe sous la bataille navale de Tauroentum (Guerre civile de César, livre 2) sous les légions de César. Malheureusement ou évidemment, les échos temporels que j'ai relevé ont révélé une histoire bien différente sur la fin de Tauroeïs et des Massaliotes que je vais vous livrer ici, et quelle histoire, un film, une série à lui tout seul. J'ai été spectateur comme vous de cette histoire, je n'ai rien inventé, je retranscris, c'est tout, même si cela me place en orbite du monde scientifique, voire même en mode ball-trap des fois... Je suis en cela, comme

---

[1] Mythe fondateur de Marseille

[2] Mythe du taurophore

j'aime à le dire, un chiantifique (alors qu'au début c'est ainsi que je nommais certains de mes détracteurs ou personnes ayant fait des conclusions que je jugeais stupides, je me suis finalement réapproprié l'appellation...), c'est dire à quel point mes trouvailles vont vraiment ennuyer beaucoup de monde si un jour elles sont prouvées et je l'espère aussi les émerveiller pour tous les temples et sanctuaires de temples que nous pourrons découvrir avec le champ électromagnétique résiduel. Enfin ceci étant pour le futur de mon aventure, peut-être bientôt... Donc Tauroeïs dans sa deuxième époque était une forteresse et c'est celle que j'ai découverte grâce au champ électromagnétique résiduel, actuellement en appel à la recherche auprès de physiciens pour une élucidation scientifique donc. Sinon pour l'histoire inclue dans les recueils d'échos temporels faits en cette année 2024, il s'agit de la période dans la Guerre civile de César[3], du passage contre les Massaliotes, soit de fin avril, début mai au 25 octobre 49 av J.-C. Les récits sont présents dans mon deuxième volume, Tauroeïs cité de Poséidon (2 mai au 29 juin) avec une première partie en archéologie sur les temples et sanctuaires de temples de Tauroeïs, de mon troisième volume, Tauroeïs les Thermopyles massaliotes (du 30 juin au 18 septembre), et d'une partie de mon quatrième volume « Tauroeïs » (qui est une réunion de mes trois volumes en un seul livre) pour la fin de la saison (du 19 septembre au 5 novembre) et des premiers relevés d'échos temporels initiaux soit la découverte du phénomène dans mon premier volume « Tauroeïs et non Tauroentum ». Dans ce volume vous n'aurez que les échos temporels afin de vous plonger dans le récit comme dans un film, une histoire, un voyage dans le temps. Pour vous aider encore à la compréhension glo-

---

[3] Guerre civile de César

bale, je vais directement vous présenter Tauroeïs et ses plans, puis ensuite avec les échos nous aurons, comme je l'ai eu, l'action dans les lieux.

Voici donc dans un premier temps la chôra (territoire en grec) de Tauroeïs qui s'étend de la Garde, précisément du rond-point des quatre chemins, à port d'Alon, après Bandol selon mes trouvailles. La cité de Tauroeïs a été créée pour donner aux riches familles massaliotes, l'élite, et le gouvernement selon mes relevés d'échos, un refuge en cas de guerre avec les Ligures. Les Grecs avaient donc vu les choses ainsi : se servir des barrières naturelles offertes par la mer et les collines environnantes pour y insérer leur forteresse. Le premier front de Tauroeïs partait des collines du petit et Gros Cerveau et s'étendait jusqu'au Coudon. Sur cette ligne, des bastions fort-vigie avaient été construits par les Grecs pour offrir une première barrière à l'assaillant. Par endroits, comme au fort du Gros Cerveau, des couloirs d'accès remplis de pièges avaient été aménagés spécialement pour laisser s'engouffrer l'ennemi et l'anéantir. Cette première barrière de différents forts bastions vigies était reliée par des routes sécurisées, soit deux murailles ramparts de quatre mètres de large, de huit mètres de haut, parallèles, à un bastion militaire à Sanary-sur-Mer actuel, d'où partaient donc toutes les routes sécurisées dont j'ai pu retrouver quelques restes qui n'ont malheureusement pas encore été reconnus. Il est vrai que sans la présence du champ électromagnétique résiduel, j'aurais moi-même dit qu'il s'agissait de restanques, de 2,5 m de large quand même et perpendiculaires au col, soit un sacré plantage pour un paysan. Les routes sécurisées arrivent à des points stratégiques qui ont été par la suite réutilisés comme des sites militaires, comme le fort de Balaguier, le Mourillon, etc. Entre ces routes, des zones d'exploitation agricoles prenaient place et les remparts des murailles servaient de vigies et de limitation interne de zones surveillées pour les esclaves qui y travaillaient. L'intérieur des routes était essentiellement utilisé par les hoplites, soldats grecs de l'époque, qui pouvaient ainsi sans encombre arriver aux forts pour la relève, le renforcement en cas d'attaque, messager, etc. La réactivité était donc de mise. Dans cet espace sursécurisé qu'était Tauroeïs, la sécurité étant, de ce que j'ai pu entrevoir, le luxe de l'antiquité, des prêtres et prêtresses avaient décidé d'y ériger un sanctuaire de temples, voire plusieurs sanctuaires (voir Tauroeïs cité de Poséidon 1er partie) comme j'en ai trouvé, afin de profiter de la sécurité offerte par Tauroeïs. Ensuite, et c'est là le lieu de l'action de mon troisième volume, il y avait la ville-forteresse des élites, sur 1,3km2, soit le bras de terre que constituait les îles des Embiers à l'époque, soit il y a deux mille ans, le niveau de la mer étant plus bas de deux mètres environ. La forteresse pouvant servir de refuge au gouvernement de Tauroeïs, le départ de mes recherches, soit le rempart du site de la citadelle, encore visible en 1895, lieu des fouilles de l'archéologue Duprat dans les années 30 du siècle dernier. Fabuleuse forteresse dont les deux bastions militaires que j'y ai trouvés, enferment des temples dédiés à Héraclès, devant lesquels les hoplites s'entrainaient et saluaient en sa direction avant chaque entrainement afin qu'il leur donne la force. La forteresse comportait une grande muraille défensive afin de parer toute intrusion venant de la terre, coupant ainsi le bras de terre. C'était là, le lieu où les élites vivaient en parfaite sécurité. Un sanctuaire de temple dédié au mythe de Persée avait pris place sur le bras de terre des Embiez pour l'amusement des élites, car chez les Massaliotes qui prenaient leur richesse du commerce maritime,

Persée, et ceci je l'ai retrouvé dans d'autres temples sur Sanary, c'est leur grand héro puisqu'il tue Ceto, un monstre marin, symbole de naufrage ou de perte de navire en mer, mauvaise fortune. J'ai trouvé donc en marge du sanctuaire des Embiez, deux temples dédiés à Persée tuant Ceto, dont l'un d'eux fait quand même 40x90 mètres et qui est placé sur une position dominante. Pour revenir à la Grande Muraille, deux bastions se trouvent à ses extrémités et deux portes piégées servent à laisser s'engouffrer l'ennemi pour mieux l'anéantir, une véritable boucherie, en ces temps reculés. Une psychologie de l'attaquant anticipé et réduite à néant par des dispositifs conséquents. Et l'édifice global intégrait une tour-fortin étant censée être le lieu le plus sécurisé de la côte massaliote, avec ses dimensions vertigineuses pour l'époque 60x45 mètres sur vingt mètres de haut, une verrue dans le paysage, paraissant imprenable, située au bastion nord, poussant l'ennemi à attaquer par la porte sud où un piège défensif des plus meurtrier l'attendait. Entre les deux bastions nord et sud, soit la grande muraille, se trouvent des carrés défensifs de huit murailles successives, avec de part et d'autre des ceinturons, offrant au défenseur la possibilité d'être au-dessus des murailles à franchir, et de toujours garder ainsi, la position haute. C'est sur tout ceci que les légions romaines vont se heurter, initialement prévues contre les Ligures, et quand j'ai continué les relevés d'échos temporels dans l'hiver, j'ai compris pourquoi les Massaliotes avaient fait de telles constructions défensives. La Côte d'Azur étant le passage pour la migration de certains peuples du Nord vers le Sud pendant la période d'hiver, et pas de petites tribus, mais de véritables hordes constituées de milliers d'hommes, et exocannibales parfois. Voici les plans.

Chora de Tauroeïs

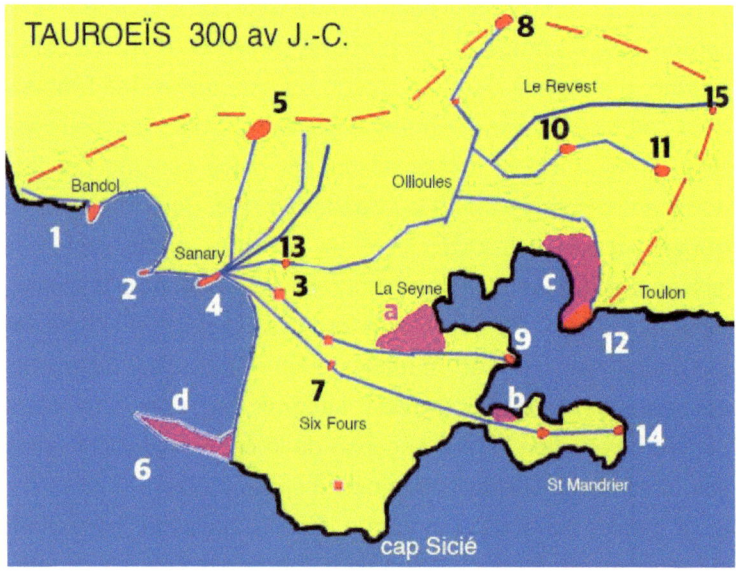

1 bras de terre fortifié de Bendor **2** fortin de la Cride au bout de la route sécurisée qui la longe **3** zone de parquage des esclaves **4** bastion militaire de Sanary Portissol / ensemble de départ des routes sécurisées **5** fort vigie du gros cerveau **6** forteresse ville de Tauroeïs, ou ville fortifiée refuge des élites massaliotes je pense qu'il y a également des habitations entre 4,2,1 en plus du sanctuaire de temple qui sera traité dans mon prochain livre **7** porte checkpoint frontière du domaine grec / autochtone, le point rouge au-dessus est le fort de Six Fours, étant une zone militaire je n'ai pas accès pour la cartographie d'un fort antique **8** fort vigie du mont Caume **9** fort de Balaguier **10** fort vigie actuellement mémorial du débarquement **11** fort vigie du mont Faron **12** bastion du Mourillon **13** fort de Six Fours **14** fort bastion de St Mandrier **15** fort vigie du Coudon / **a** ville antique de La Seyne **b** ville antique de Tamaris **c** Marceo Telon (Toulon) **d** forteresse de Tauroeïs.

La chôra intègre les communes de plus de 8 villes actuelles.

forteresse des élites, îles des embiez actuelle, 6 sur le plan précedent.

C fortin du mécanisme d'ouverture de la chaine / petit rouveau

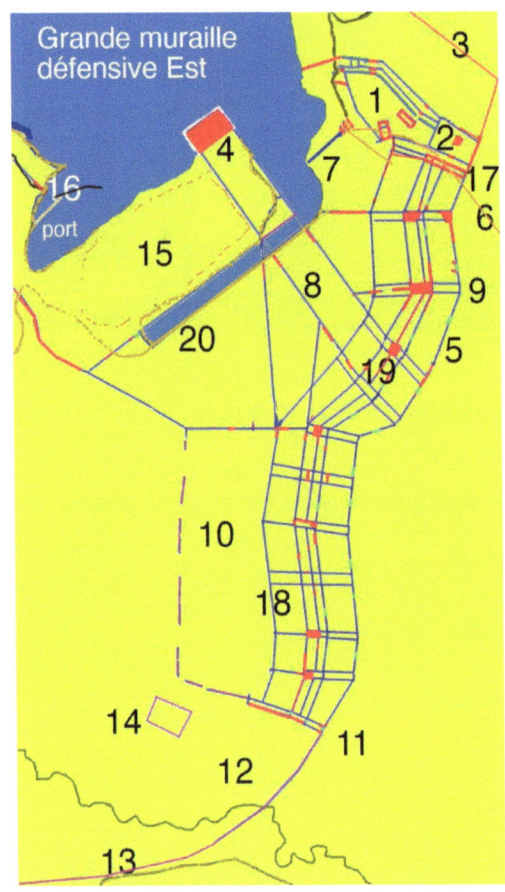

1 bastion nord **2** tour-fortin **3** le 80m **4** édifice de défense du port **5** le 40m **6** aqueduc grec de Tauroeïs **7** bassin de remplissage des amphores / réapprovisionnement en eau des navires **8** mur rempart sud du bras de jonction muraille / plateforme de défense du port   **9** ceinturon place du Mail **10** petit dédale pour les mercenaires / intrusion nocturne/assaut **11** porte sud de la grande muraille défensive **12** emplacement du bastion sud **13** passerelle de jonction muraille / forteresse **14** caserne du bastion sud **15** marécage laissé volontairement **16** port de commerce et militaire **17** entrée nord de la grande muraille défensive **18** le 30 mètres qui ferme la grande muraille   **19** ensemble des trois remparts   **20** mouillage sécurisé des navires

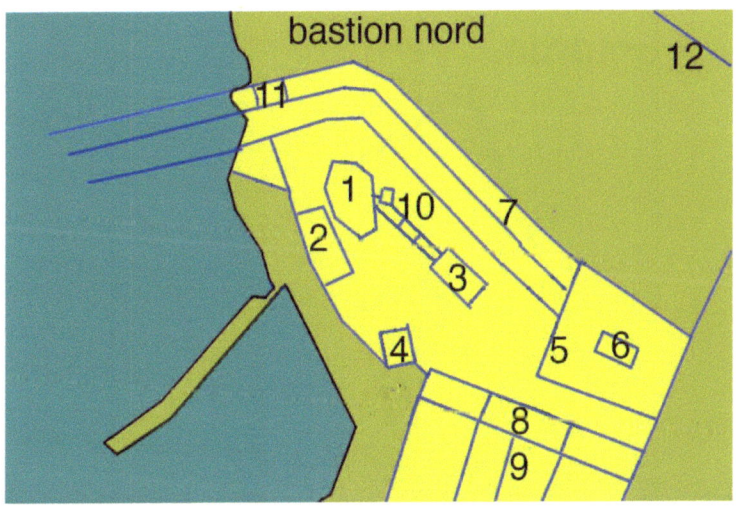

1 aire d'entraînement des hoplites **2** caserne
3 petit temple in antis dedié a Héraclès
4 porte-sas du bastion sud
5 tour-fortin
6 pilier central de la tour
7 triples remparts, le plus au nord des trois remparts était encore visible en 1885
8 couloir de la porte d'entrée nord, les chaudrons sont à gauche du 8 et de l'autre côté
9 triple rempart
10 contrôle d'accès au temple
11 tour **12** premier rempart à 80 mètres

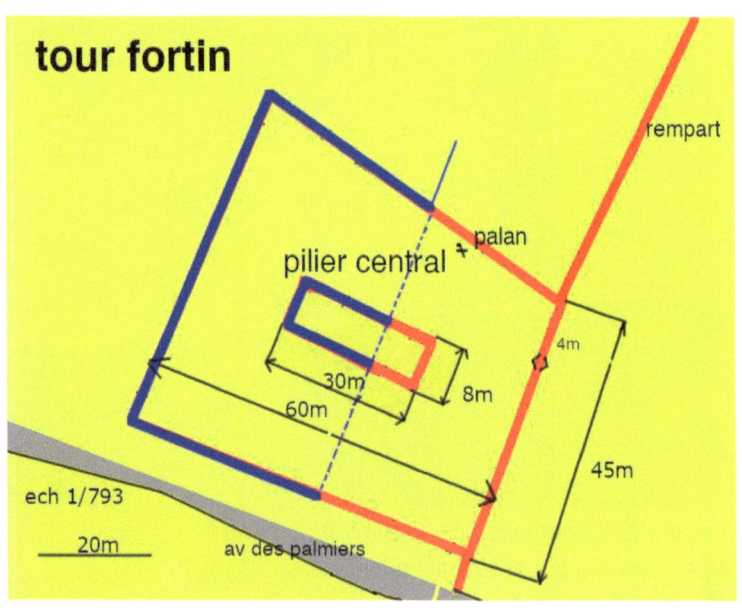

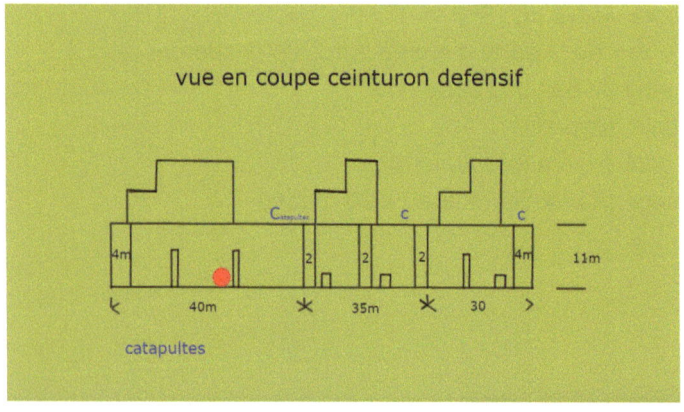

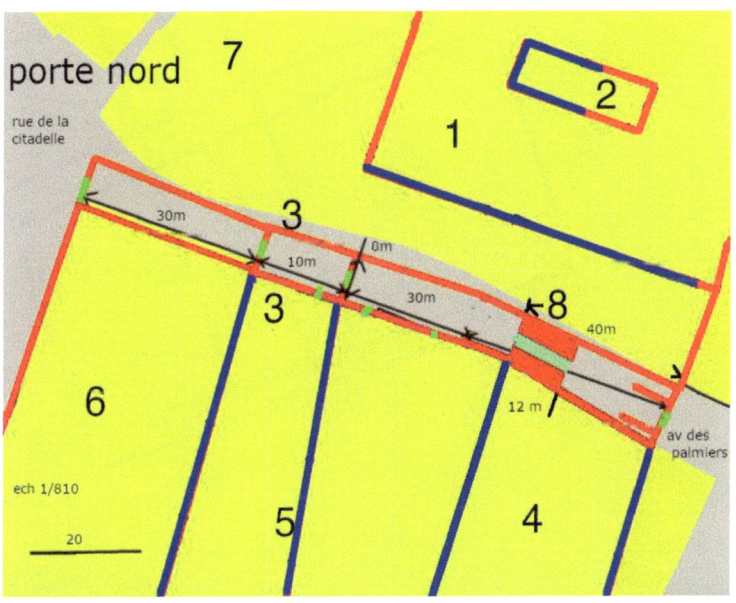

1 tour-fortin
2 pilier central
3 emplacement des chaudrons d'huiles bouillantes
4 carré défensif des premiers 40m
5 triple rempart
6 dernier bloc défensif 30 mètres
7 bastion nord
8 écrasoir

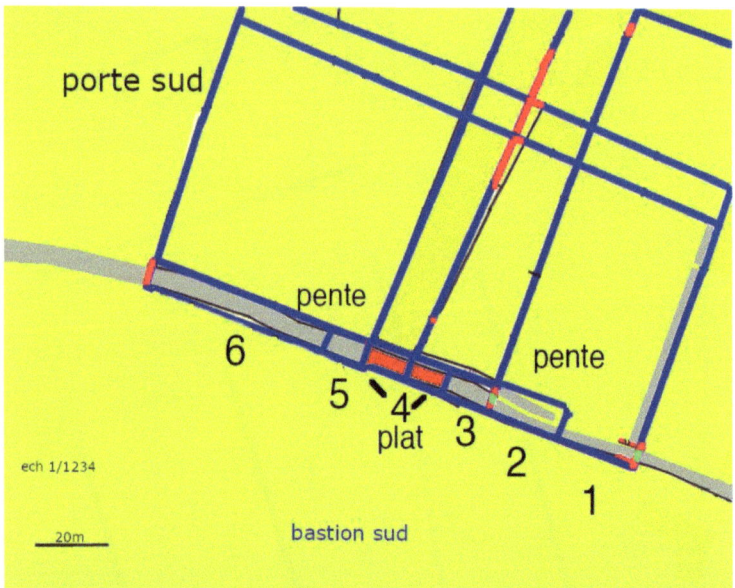

1 1re porte d'enceinte / rempart 4m de large (ouverte) **2** 2e porte d'enceinte **3** 3e porte, début triple rempart **4** sas de massacre / lances et chaudrons / peut-être d'autres pièges défensifs avec mécanisme comme mur de lance, produit chimique **5** sas d'évacuation des morts **6** sas de tri récupération des lances et peut également servir de couloir de la mort.

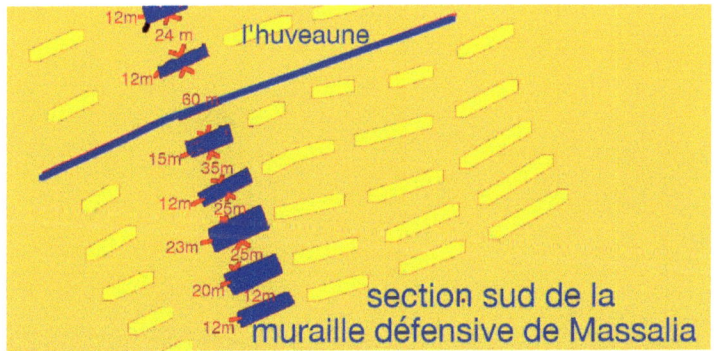

section sud de la muraille défensive de Massalia

Comme vous pouvez le voir ce système défensif à Tauroeis comme à Massalia, peut être effrayant par rapport à l'idée qu'on peut se faire de l'Antiquité si l'on reste dans un angle de vision de temples, mythologie, etc. il ne faut pas oublier qu'il faut toujours se protéger si l'on veut évoluer, comme une cellule humaine peut le rappeler, la première chose qu'elle a pour subsister et survivre c'est une membrane protectrice.

Resituation historique

Les échos temporels que j'ai relevés correspondent à la période de la guerre de César contre les Massaliotes, soit de 49 av J.-C. Il existe deux textes principaux y référant soit la Guerre civile de César et la Pharsale de Lucain. Selon les textes, César prend le pouvoir avec ses légions, passe le Rubicon alors qu'il n'a strictement pas le droit de le faire, afin de marcher sur Rome, toute légion étant interdite à Rome et il a cette fameuse phrase « alea jacta est » les dés en sont jetés. La guerre civile, dans les textes, provient de la scission entre le courant politique des populares et celui des optimates de Pompée. César part ainsi en Espagne combattre les troupes de Pompée, passant par Marseille, Massalia, ces derniers s'étant ralliés à Pompée, il les combat. En ce qui concerne le siège de Massalia, le passage de la Guerre civile y décrit trois évènements principaux. Le siège a comporté un blocus maritime à l'issue de la bataille navale de Massalia en date, selon César, du 27 juin 49 av J.-C. Ce dernier a persisté suite à la bataille navale de Tauroentum (nom romain de Tauroeïs) en date du 31 juillet 49 av J.-C pour aboutir à la chute de Massalia suite à la reddition de cette dernière après six mois de siège, en date du 25 octobre 49 av J.-C. Selon les textes, Pompée envoie aux Massaliotes Domitius et ses troupes pour les aider et ensuite Nasidius et sa flotte pour briser le blocus maritime. La bataille navale de Massalia à donc deux manches, une a Massalia en date du 27 juin et la bataille navale de Tauroentum, gagnée aussi par les Romains ou, selon le récit, Nassidius voyant la technique d'attaque de Brutus, l'amiral de la flotte à César, soit de bloquer les navires avec des grappins de fer, afin de permettre aux troupes de passer à l'abordage et de faire table-rase des occupants du navire, ce dernier préfère fuir, abandonnant les Grecs aux Romains avec une quasi égalité de navires dans les deux flottes. Les Grecs perdent la bataille navale et le blocus maritime de Massalia est maintenu. Au bout de six mois de blocus maritime et terrestre, la cité, asphyxiée de ressources, se rend. Autant dire que les relevés d'échos temporels que j'ai relevés vont exploser cette version en partie. Évidemment, ils ne pourront en rien prendre leur place au niveau historique mais offriront un nouveau regard, consultatif et permettront d'évaluer, s'ils sont reconnus un jour, une certaine distorsion entre les textes et l'histoire brute provenant des relevés.

L'histoire dans le lieu, les échos temporels

Le mode d'aquisition de données : les échos temporels

Le phénomène est expliqué et amené dans mon premier volume, Tauroeis et non tauroentum, puis complété dans les autres, mais globalement un échos temporel est une résurgence émotionnelle et énergétique à sa date anniversaire qui peut être visible par des personnes comme moi, soit plus ou moins des médiums spatio-temporels (le nom est laché...). Étrangement les échos temporels de l'Antiquité sont plus forts en intensité que des échos contemporains. J'étudie et je relève donc les échos depuis presque un an d'une boucle temporellle qui recommence chaque année. Mes travaux sont les premiers récits au monde d'échos temporels, soit la naissance d'un nouvel évènement dans l'entendement commun, ses débuts, ses balbutiements. Des recherches par des chercheurs en physique quantique seront peut-être effectuées un jour, disons que mes travaux seront peut-être repris par les générations futures. Globalement l'exemple que je prends souvent est celui d'un meurtre, soit une personne a été tuée, on enlève le corps, et il reste quelque chose, une sensation bizarre à l'endroit du meurtre, ce que j'appelle une fréquence résiduelle (un début d'explication scientifique non fondée encore, pourrait dire que les éléctrons conservent la charge émotionnelle des évènements). Ma trouvaille est que cette empreinte énergétique revient chaque année, soit une résurgence à sa date et heure anniversaire, pourquoi ? Je n'en sais rien, il faut bien le dire. Je vous laisse maintenant avec les récits des relevés, l'hitoire brute. Bon voyage temporel en 49 av J.-C.

LE CRÉPUSCULE DES MASSALIOTES

RECUEIL
DES LECTURES
D'ÉCHOS TEMPORELS
DU 2 MAI AU 29 JUIN

CHAPITRE 1

Le début de la guerre de César contre les Massaliotes

a/

C'était début mai, le 2 exactement, je m'étais dit que j'allais aller voir au Brusc si les Grecs avaient commencé leur exil comme je l'avais vu, des années auparavant sans savoir de quoi il s'agissait (voir Tauroeïs et non Tauroentum). On sait que César a fait construire sa flotte pour parer la flotte massaliote à Marseille 30 jours avant la bataille navale de Massalia, datée du 27 juin, donc il a dû arriver à Massalia (Marseille) avec ses légions un peu avant le 27 mai. Je m'étais dit que le départ des Grecs fortunés de Tauroeïs avait dû être juste un peu avant, ayant certainement dû décider leur exil à la date de la déclaration de guerre de César. Et donc je me rends le 2 mai au Brusc juste pour voir un peu où ils en sont. C'est une période très importante, car c'est le retour des échos temporels soit le début de la saison de César contre les Massaliotes et j'espérais juste attraper l'exil des Grecs pour pouvoir mettre une date dessus et également l'écho temporel de la bataille navale de Massalia, mais là beaucoup plus tard, soit le 27 juin, afin de pouvoir déterminer sa position exacte et la signaler aux autorités compétentes, même si pour l'instant, tout mon travail n'est pas pris en considération.

Voilà c'était tout ce que je demandais, rien d'extraordinaire, et en fin d'été également, de pouvoir fixer la date précise de la chute de la forteresse de Tauroeïs, citée dans mon premier tome, et savoir également ce qu'il était advenu d'Antipolis et de Nikaïa, comme je me le demandais dans mon premier livre. À savoir si ces cités avaient été victimes d'une boucle génocidaire comme je le pensais. Attention, on va réécrire l'histoire encore, mais vu la nature de mes travaux, ce ne sera que consultatif évidemment. Voici venir donc, à nouveau, la boucle temporelle de la chute des Massaliotes contre César, dans laquelle je vous introduis, et là, cette fois-ci, cette année 2024, on va prendre la vague quasiment à son commencement. Attachez-vous bien, on part pour le 2 mai de l'an 49 avant J.-C et ça décolle dès le début. Donc j'arrive au Brusc et c'est déjà le trouble. César n'est pas censé être encore arrivé à Massalia ni avoir déclaré la guerre, selon la Pharsale de Lucain, les Massaliotes ayant soi-disant refusé l'entrée à ces légions et non à sa personne, ce qui aurait déclenché la guerre. Or, déjà début mai, la cité de Tauroeïs tremble. La cité est perturbée, tous les occupants savent qu'ils sont perdus : César arrive, mais il n'est pas encore à Massalia à cette date, selon Lucain. Beaucoup de Grecs de la cité, dans la partie ville, sont déjà résolus à partir, cela ne fait aucun doute dans leur esprit : fuir, tout abandonner, tout laisser derrière eux, soit une détermination totale. Une paranoïa s'installe dans la cité ou une enveloppe nauséabonde de peur règne, ainsi quelques personnes sont assassinées au niveau des entrepôts, car elles sont suspectées d'être des espions de César, des pro " Populares[4] " peut-être, soit le parti politique de César opposé aux Optimates de Pompée, l'ennemi de César dans les textes.

(or sachant que la guerre civile est entre les Populares et les Optimates, ou César et Pompée, César ne c'est jamais déclaré comme faisant partie des Populares, ce que nous verrons largement dans les échos par la suite, les Populares étant un mouvement qui prônait de meilleures conditions de vie pour les esclaves, par exemple)

À la porte sud, les soldats hoplites se préparent au combat. Ils sont confiants avec leur système de défense décrit dans mon

---

[4]Populares et optimates voir biblio.num.

premier livre (et en début de ce livre). Ils ont hâte d'en découdre.

Ensuite, je suis revenu au Brusc seulement le 5 mai, soit 3 jours après tellement je pensais que les Grecs seraient partis un peu plus tard, soit dans le milieu du mois. Je reviens donc le 5 mai et là, c'est la stupeur. La cité a déjà été attaquée, non par des Romains, mais par des Grecs!!! : Scission, trahison et guerre civile. L'attaque est arrivée par voie de mer au niveau de la structure massive de défense du port nord de Tauroeïs (4 plan p16). Une fois en haut de cette dernière, soit des remparts, la percée est remontée ensuite jusqu'au ceinturon avant celui du mail et côté bastion nord où elle a été stoppée. Puis ils sont remontés côté bastion sud en espérant rallier ce dernier qui n'a pas cédé à leur requête de demande de ralliement. Ils ont alors tous été tués sur place.

Il semble qu'ils ont eu du soutien, parfois, auprès de soldats affiliés aux ceinturons qui, de ce fait, basculaient avec la fronde. L'attaque avait pour but de tuer le chef de la cité qui était réfugié dans la tour-fortin afin de donner les clefs de la ville à César. Les mutins " Populares " espéraient ainsi que César continuerait à les laisser vivre en paix à Tauroeïs, mais sous son joug. Il s'agit vraiment d'un contexte de guerre civile, créé de fait par l'arrivée de César, mais à quelle fin?

Du côté de la ville forteresse de Tauroeïs, soit dans la lagune actuelle, l'exil a déjà eu lieu. Tous les Grecs citadins sont partis, pour la Corse certainement en première étape (ils sont partis au cap plein sud). Vous me direz qu'est-ce qui me permet d'avancer qu'il ne faisait pas que du cabotage, comme la succession de comptoirs grecs le long de la Côte d'Azur le suggère : le temple de Callisto et d'Atlas dans le sanctuaire de Sanary. S'ils faisaient des offrandes avant de partir, au temple de Callisto ou d'Atlas, c'était qu'ils leur demandaient de rendre visibles les constellations pour qu'ils puissent se repérer, et si on utilise ce genre de technique, c'est que l'on n'a pas de terre en vue comme repère et qu'on navigue en pleine mer et de nuit de surcroît. (il doit certainement exister d'autres éléments étayant cette théorie)

Ensuite je suis allé à Bandol pour voir ce qu'il en était, pensant que l'attaque pouvait venir de la côte, du moins d'une zone environnante. Et effectivement, elle venait du bastion de Bandol, soit Tauroeïs ouest, où ils se sont d'abord battus entre eux pour faire un premier tri apparemment. Les Grecs sympathisants Populares ont gagné, du moins il est évident qu'ils n'étaient pas forcément des populares, ils ne cherchaient qu'à assurer leur survie, car sur la côte, leur position est plus vulnérable que dans la forteresse. En conséquence, il est évident qu'ils craignaient plus pour leurs vies et qu'ils avaient plus d'intérêt à se rallier à César que de périr pour la gloire, alors que les Grecs de la forteresse du Brusc, des Embiez, bien protégés, y survivraient plus facilement, du moins, c'était ce qu'ils pensaient. Apparemment, la crainte de César est exacerbée, ils ne se font aucune illusion sur leur sort à ce sujet.

La scission est venue du sanctuaire de temples de Sanary, de son chef spirituel précisément. Ce dernier voulant, pour préserver la pérennité du sanctuaire et de leur lieu de vie à côté (chemin de Bacchus et aux alentours) éviter la guerre. Sachant que le sanctuaire ne pouvait pas lutter contre un ennemi comme César et ses légions, ils n'auraient eu contre eux, aucune chance. Il a préféré alors botter en touche dès le début, pensant que s'ils offraient les clés de la ville de Tauroeïs à son passage, en acte de soumission, César les laisserait vivre en paix. Ils sont même allés jusqu'à dire que les mutins ou les félons auraient l'appui des dieux, car ce serait leur volonté. Une fois qu'ils ont réussi à rallier les Grecs de Bandol (Tauroeïs ouest, soit peut-être le bastion le plus à l'ouest de Tauroeïs, (n'en ayant trouvé aucun autre après à ce jour) à la cause, ces derniers se sont entretués et les pro-Pompée ayant perdu, ils se sont alors réfugiés, fuyards et survivants, dans les collines avoisinantes du bois Maurin à Bandol.

Suite à cette bataille interne pour décider des vainqueurs, les Grecs félons ou sympathisants populares ou opportunistes, se sont organisés pour l'assaut de la forteresse, et c'est très intéressant, car de leur stratégic de leur attaque, j'ai pu en déduire certains éléments qui, pour moi, valent de l'or. D'abord, ils s'en sont pris à l'île du petit Rouveau et pour cette attaque, ils ne se sont pas engouffrés dans le piège du dédale (plan p 17), du fait qu'ils connaissaient son existence et sa construction sans issue, mais ils ont directement investi les hauteurs de l'édifice défensif de l'île avec des grappins ou autres. Je me suis dit, mais pourquoi attaquer le petit Rouveau et ensuite l'édifice défensif massif du port de Tauroeïs qui mène à la grande muraille en position haute et à la tour-fortin ? Pourquoi ne pas attaquer directement le port ? Et bien pour pouvoir rentrer d'abord dans la baie évidemment. Ce qui m'a indiqué un élément dont j'avais déjà pris conscience lors de mes premiers relevés, mais que j'avais tué à la naissance parce qu'il était évident qu'à son énumération, on m'aurait dit que j'avais vu trop de péplums. Qu'est-ce qu'un péplum? aurais-je répondu pour ma défense. Et bien entre la pointe de Portissol et le petit Rouveau il y avait une chaîne rendue flottante par des bouées ou autre évidemment, comme dans les Péplums… Et le mécanisme pour ouvrir la baie de Sanary aux navires était sur le petit Rouveau. Donc sans la prise du Petit Rouveau, pas d'attaque dans la baie ni d'attaque de la forteresse. Le petit Rouveau, soit la petite île rabotée par les Grecs selon moi, des îles des Embiez. Et par la suite, sur d'autres attaques navales des Embiez, je n'ai eu que des confirmations de l'existence de cette chaîne. Et le petit dédale à côté était fait pour avaler l'attaque de tous ceux qui voulaient s'emparer du petit Rouveau afin d'ouvrir l'accès à la baie. Soit la première étape de toutes les attaques navales pour essayer de vaincre Tauroeïs. Les Grecs félons y sont parvenus, peut-être aussi ont-ils bénéficié également de l'aide de soldats de l'intérieur, mais je ne crois pas sauf ceux qui ont basculé pendant l'attaque. Leur technique, connaissant l'édifice défensif massif du port de Tauroeïs et de la grande muraille défensive, est de passer directement à la partie haute des remparts, car ils savent très bien que de la partie basse, soit le sol, la victoire est quasi impossible. Dans un premier temps, ils ont effectué une phase de bombardement, puis une fois la place rendue vide de tout occupant, ils ont escaladé l'édifice à l'aide de grappins. La vulnérabilité de la position côtière des Grecs a, je le pense donc, poussé à cette rébellion. Le bastion militaire de Sanary et l'ensemble défensif des forts de vigie ne sont eux pas inquiétés. Tout est prévu pour résister à des assauts massifs, et ce, depuis la conception initiale des édifices fortifiés.

b/

À partir de maintenant, je pense qu'il est sage de vous communiquer les relevés d'échos temporels avec les dates précises et de vous les communiquer comme les notes que j'ai prises, à partir du 15 mai, pratiquement journalièrement.

Pour ce 6 mai, j'ai voulu voir ce qu'il en était également à Cytharista (La Ciotat), Carcisis (Cassis) et surtout Massalia (Marseille). Je voulais poser la date précise de l'arrivée de César à Massalia, soit le début du siège, ce qui comportait pour moi une information d'une importance capitale, puisqu'on sait évidemment que cet événement a eu lieu. La bataille navale de Massalia a eu lieu le 27 juin, il est indiqué dans les textes que César a mis trente jours pour construire sa flotte à Arles donc l'arrivée a dû se produire vers le 27 mai. Vu les événements et la scission entre les Grecs, je me suis demandé s'il n'était pas déjà arrivé. Pour ce 6 mai 2024, je décidai donc d'aller à Saint-Cyr-Les-Lecques, et d'un point de vue légèrement élevé je pouvais voir les fréquences résiduelles des échos temporels de Cytharista, Carcisis et Massalia. J'arrivais donc sur un pic avec une soif profonde de données historiques.

Lecture du 6 mai

À Bandol, des femmes pleurent leurs fils ou maris défunts, soit dans la bataille qu'il y a eue à l'intérieur de la ville, suivie de l'expédition à la forteresse de Tauroeïs, soit ceux, divisés par la scission et ceux qui ne reviendront jamais suite à l'assaut échoué. Pour les pro Pompée qui ont fui dans la colline, dans la nuit, quelques blessés n'ont pas survécu à leurs blessures et le froid de la nuit a flagellé toute cette petite population. Malgré cela, ils restent toujours dans la colline, car cela constitue un meilleur sort que la mort qui les attendrait s'ils retournaient en ville. Profitant de toutes ces perturbations, quelques esclaves en ont profité pour s'échapper dans les bois, en longeant la côte en direction de l'ouest.

À Cytharista, il n'y a pas eu de rébellion. De par leur position proche de la capitale Massalia, ils s'en sentent protégés et, en même temps, s'ils se rebellent, ils savent qu'ils seront instantanément écrasés par les troupes de cette dernière. Ceux qui le voulaient, personnes importantes ou autres, sont partis pour Massalia pour trouver une meilleure sécurité. Des objets de valeur y sont également amenés pour les mettre en lieu sûr.

À Carcisis ils ne sont pas inquiétés plus que ça, car ils considèrent qu'ils n'intéresseront même pas César, puisque la cité est toute petite.

À Massalia, des personnes commencent en parcimonie à quitter la ville pour aller se mettre en sécurité dans les campagnes environnantes ou autres, dont ils pensent qu'elles sont plus sûres.

Ce qui veut dire que César n'est toujours pas arrivé devant Massalia, qu'il n'a pas encore déclaré la guerre et que les Grecs fuient déjà. Il n'y a pas de déclaration de guerre suite à son arrivée à Massalia quand les portes de la cité se sont fermées pour lui et ses légions selon Lucain.

Ensuite, malheureusement, je n'ai pas pris tout de suite en considération l'importance de relever journalièrement les échos temporels et j'avais décidé seulement d'en faire tous les trois, quatre jours, pour être sûr d'attraper l'arrivée de César à Marseille et de pouvoir mettre une date sur cet événement historique. La suite m'a montré que j'aurais dû les faire journalièrement dès le début comme je l'ai fait à partir du 15 mai plus ou moins, ma ronde journalière de lecture d'échos temporels de l'année 49 av. J.-C. J'en reste moi-même aussi stupéfait, je vous rassure, surtout pour ce qui va suivre.

c/

lecture du 9 mai (à la maison…)

J'étais donc dans l'attente de retourner voir les fréquences résiduelles des échos temporels de Massalia vers le 15 mai, et en fait je me suis fait appeler chez moi , car les troupes ne sont pas passées loin de mon habitation. Je pense qu'il devait s'agir de Vibullius Rufus, envoyé en Espagne par Pompée, sans certitude à ce sujet, mais je pense que c'est le plus probable par rapport aux textes antiques soit de la Guerre civile de César. Des troupes et leurs chefs sont arrivés pour remettre de l'ordre. Ce qui me fait penser que ce n'est pas forcément Nasidius comme historiquement cité, c'est que je n'ai pas vu d'armada de navires (18 selon les textes). Le chef, Vibullius Rufus, s'il s'agissait bien de lui, a été amené à un centre d'esclaves, à Six Fours, aujourd'hui juste après la Reppe, pour qu'il fasse le choix de ses esclaves personnels (nous sommes à l'antiquité et ce n'est que le début).

lecture du 11 mai

C'est à partir de maintenant que pour mes lectures, j'effectue une boucle en voiture d'un bon nombre de kilomètres. Je commence à Sanary, je regarde les Embiez, si besoin j'y vais pour une lecture précise sur place, ensuite je vais à Bandol puis sur point élevé, je scrute La Ciotat, Cassis, Marseille, et en redescendant je fais la Cadière et le Castellet, tout un programme.

L'équilibre est revenu dans la cité de Tauroeïs, à Sanary du moins, la peur a laissé place à la sérénité. Effectivement au Brusc, les troupes romaines, j'imagine de Vibullius Rufus sont bien arrivées et ont rétabli la situation.

Pour bien comprendre le mécanisme de la guerre civile, nous avons les conservateurs, le camp de Pompée, soit les Optimates, et les Populares, soit normalement le camp de César. Les Massaliotes s'étant ralliés à Pompée selon les textes. Les galères sont bien dans le port de Tauroeïs, 5 ou 6 à gauche des Grecques quand on regarde du parking de la cale de mise à l'eau. La ville a été réinvestie à 60% de sa contenance dans la lagune actuelle par les nouveaux arrivants et également des Grecs, à savoir que les véritables habitants de la forteresse des élites massaliotes de Tauroeïs sont déjà partis depuis début mai. Un festin a été donné à la tour-fortin, avec danseuse, sans aucun débordement sur ces dernières sur le final de la représentation.

À côté de la caserne du bastion nord, quelqu'un a été crucifié (croix en x). Il a été torturé puis passé par les armes. J'ignore de qui il pouvait s'agir, peut-être d'un ancien sympathisant de César, soit un félon de l'attaque précédente.

Au bastion sud, les Grecs et les nouveaux arrivants échangent leur savoir technique au combat. Les Grecs montrent le système mécanique de la porte sud et il doit y avoir un temple avec un dieu commun à côté du bastion sud, car ils vont s'y recueillir ensemble (je soupçonne un temple dédié à Héraclès/Hercule, puisque jusqu'à maintenant, c'est ce que je trouve dans les bastions militaires : bastion nord de la ceinture défensive de Tauroeïs, Héraclès avec la peau de Némée sur les épaules, bastion militaire de Portissol, Héraclès tuant Némée de ses mains). C'est l'entente cordiale entre eux.

Au sanctuaire des Embiez, une vieille prêtresse pense à partir vu le manque d'intérêt pour la mythologie grecque de la part des nouveaux arrivants et la situation qui fait son manque de fréquentation.

<u>À Sanary</u>, le sanctuaire a été repris. Le chef du sanctuaire a été condamné à devenir esclave, son fils a été exécuté pour le punir, et son épouse a été condamnée à devenir esclave également.

Les prêtres et autres menbres de la petite population qui vivaient autour du sanctuaire affirment pour leur défense qu'ils ont été forcés de suivre l'avis de leur ancien chef, qu'ils n'ont pas eu le choix, afin de ne pas être exécutés. Les Romains se servent un peu dans les temples et quelques richesses sont prises, objets de valeur, etc.

À un endroit du chemin de Bacchus à Sanary, il y avait un petit amphithéâtre où étaient prises les décisions, avec autour, ce qui semble être le lieu de vie des intervenants du sanctuaire. Hors contexte de guerre ou autre, les membres avaient le droit d'y prendre la parole pour évoquer leurs pensées et d'en débattre, philosophiques ou autres.

<u>À Bandol</u>, les félons ont été vaincus par les Grecs Optimates aidés des troupes de Vibullius Rufus (finalement, j'opte pour cette option vu la suite). Lors du final de la bataille, ils se sont réfugiés sur la butte, soit le château actuel, ultime retranche-

ment, puis ont été vaincus. Ils ont tous été tués et leurs corps ont été brûlés, incinérés. Comme ils ont trahi, ils n'ont pas le droit à de sépulture. Il semble peser comme une crainte, laisser les corps pourrir peut engendrer des problèmes sanitaires, des épidémies. Or on dirait que les Grecs interprètent cela comme une croyance, une superstition du type : " Hadès donnerait le pouvoir au mort de se venger, s'ils n'étaient pas enterrés ou brûlés". Donc ils les brûlent. J'avais été surpris lors du génocide de Tauroeïs du 16 septembre (voir Tauroeïs et non Tauroentum p203), parce que je n'étais pas habitué, comme tout le monde. Des tas de gens morts qui brûlent, pour nous, cela constitue un acte barbare et impensable, mais à l'Antiquité c'est chose courante. J'avais associé ce fait à César et sa barbarie, mais non. Il s'agit en fait d'une pratique rapide d'élimination des problèmes sanitaires engendrés par la décomposition, aussi barbare soit-elle à nos yeux. Et oui, nous sommes devenus de sacrées chochottes aujourd'hui par rapport à eux, vous allez voir la suite.

Ceux qui s'étaient réfugiés dans la colline ont été prévenus du revers de situation et sont revenus à la cité (Bandol uniquement). Une fête est donnée avec les nouveaux arrivants, les veuves espèrent trouver parmi ces derniers de nouveaux maris. Au temple de Poséidon (l'octostyle de Bandol-vol 2), un vieux prêtre se plaint du manque d'engouement pour les dieux.

Au temple d'Arès (à côté), quelqu'un a été exécuté, sachant qu'il était pro-César.

À Cytharista, les nouveaux arrivants (hommes de Vibullius Rufus) sont également présents, la majorité de ceux qui avaient préféré se réfugier à Massalia est revenue.

À l'Acropole de La Cadière (decouvert 1er partie vol.2), Il n'y a pas eu de combat entre pro-César ou pro-Pompée, mais le chef de l'Acropole, semble- t-il, a été exécuté, il devait être pro-César.

À l'Acropole du Castellet (decouvert 1er partie vol.2), profitant des événements et de la position éloignée, il y avait, en faiblesse interne à la cité, un plus grand nombre d'esclaves que de Grecs. Aussi, des Ligures ont attaqué et tué quasiment tous les Grecs, ils ont pris ainsi tous les esclaves, dont certains étaient peut-être initialement Ligures.

d/

lecture 15 mai

Aux Embiez, soit la forteresse des élites de Tauroeïs, ils se préparent à la guerre. Tout ce qui est hors ceinture défensive est récupéré. Absolument tout ce qui peut l'être. Les murailles sont améliorées en préparant des positions protégées de tous tirs de flèches ou de lances. Elles sont également bien réapprovisionnées en armes si besoin.

À Sanary, et ça va être le passage difficile pour moi ayant travaillé sur ce sanctuaire, l'ayant considéré comme une récompense après m'être encaissé le passage de la prise des bastions du 16 septembre, tout le sanctuaire est vidé, tout est récupéré également, richesse et tout ce qui peut être réutilisé, fer, etc. Tous les temples sont vidés, des statues sont brisées, certains récupèrent des morceaux, têtes, mains, etc.

Ils partent tous, tout est abandonné (César arrive certainement). De grands bateaux, des trirèmes, sont au port de Portissol et embarquent les Grecs. C'est là que j'ai vu l'utilisation qu'ils faisaient de la matte de Portissol qui est en grès, je crois. Depuis longtemps je pensais qu'il s'agissait d'un reste du port grec, et encore une fois, ces derniers m'ont surpris. Il y a cette légère pente qui fait face à la houle pour aider, comme je le pense, au semi-échouage pour débarquer les denrées ou autres, mais j'y ai vu quelque chose que je n'aurais jamais pu imaginer si je n'avais pas ouvert ma conscience par empirisme aux lectures de fréquences résiduelles ravivées par les échos temporels. Il y a carrément un système de bac qui part du point culminant de la matte jusqu'aux bateaux, et ensuite ils embarquent. Ce ne sont pas des cordes, mais on dirait comme des rails, faits de bois, j'imagine. La trirème ou galère "cargo", parce qu'elle est vraiment imposante et j'ignore si c'est bel et bien une trirème, est positionnée en face de la petite grotte sous-marine de Portissol, un peu avant la pointe. Avant d'embarquer, les Grecs passent tous à la colonne de temple du sanctuaire de Sanary / Portissol, la première que j'ai trouvée, pour faire des offrandes ou des prières aux dieux. Ces temples-là, ils ne les ont pas encore détruits afin de s'assurer un bon voyage, je pensais.

Sinon ils détruisent tous les autres temples de la partie supérieure du sanctuaire à quelques exceptions près. Ils savent exactement comment faire pour que les temples s'effondrent sur eux-mêmes. Le supposé grand temple octostyle d'Athéna sur son char est laissé intact en pied de nez pour montrer leur force et leur grandeur. Les temples de la partie inférieure du sanctuaire ne sont pas détruits, je pensais alors que c'était parce qu'ils s'en servaient encore, or c'était pour une autre raison finalement que je déduirai dans les jours qui suivirent. Ils partent certainement pour la Corse, vu la direction qui est prise : sud plein sud, en pleine mer. Le temple de Poséidon de la Gorguette est détruit. Tout lieu de vie est abandonné de la partie supérieure du sanctuaire.

<u>À Bandol</u>, l'ancienne cité félonne, toute partie hors fortifications est abandonnée, les statues des temples sont détruites également, celle du temple d'Arès est laissée intacte. La population de la ville s'en va également. Sur la butte, soit le château actuel, certains ont peur. Des militaires et autres aimeraient également partir, mais ils sont obligés de rester sur place. Toutes

richesses, tout ce qui peut être réutilisé est récupéré également et embarqué, fer, etc… J'en ai déduit, vu les futurs relevés, que c'est à ce moment-là que Vibullius Rufus (si c'est bien lui) s'en va également avec la plupart de ses troupes, il en laisse cependant derrière lui pour aider les Grecs. Les fréquences résiduelles de ces hommes et de lui-même, soit les Optimates, sont très intéressantes, elles sont les plus raisonnées que j'ai pu relever dans ce fourmillement d'écho temporel de ce crépuscule des Massaliotes (contrairement à ce que ce mouvement politique peut faire penser, or j'offrirai un nouveau regard dans mon prochain volume). Des sages, j'ai envie de dire, mais étant des guerriers, des soldats, etc, ils trouveraient aujourd'hui toutes les qualifications que l'on peut trouver pour en déterminer une personne psychopathe, mais nous sommes en présence d'une période de l'humanité où la psyché humaine est en construction. C'est d'ailleurs un aspect que j'ai relevé plusieurs fois : une personnalité en dent de scie. Ils sont capables de raisonnement digne des nôtres comme s'ils n'en étaient pas vraiment éloignés, et soudainement, le gouffre, une barbarie notoire inconcevable à nos yeux.

<u>À La Cadière</u>, un temple est détruit sur les hauteurs. L'acropole est abandonnée aux Ligures.

<u>Au Castellet,</u> le camp ligure s'est installé juste à côté de l'Acropole.

Les Grecs restent à l'intérieur de l'enceinte, leur mission étant de prévenir dès que les légions romaines seront en vue.

<u>À Cytharista</u> c'est la même procédure. Toutes les richesses de n'importe quel type, quelles qu'elles soient, sont récupérées à partir du moment où elles se trouvent en dehors des fortifications. Ils se préparent à la guerre. La population s'enfuit également, soit par voie de terre pour rejoindre Massalia (peu), soit par voie de mer.

À Carcisis, le dirigeant est remplacé par un chef militaire.

À Massalia, les légions romaines ne sont toujours pas aux portes de la ville.

Nous entrons maintenant dans les jours sombres de Tauroeïs et des cités massaliotes.

e/

Lecture du 16 mai

Tous les temples du sanctuaire inférieur n'ont pas été détruits, car ils figuraient dans une enceinte fortifiée, sécurisée. Cependant tous les ornements de valeur et autres ont été récupérés.

À défaut d'autres relevés pour ce jour-là, car je voulais vraiment commencer mes relevés journaliers à partir de la date d'arrivée de César, je vais vous faire part d'un élément que je m'étais pourtant juré de ne jamais évoquer dans mon récit, sachant que nous sommes déjà dans un contexte quasi paranormal, mais bon jouons le jeu à fond. J'ai dit dans mon premier volume que je ne portais pas trop d'importance au jugement d'autrui, ce qui vous vaut ces récits, et dans un souci d'apporter un élément de compréhension à un fait relevé dans mes recherches, à savoir la destruction des temples, alors qu'un temple c'est inoffensif, on est bien d'accord, je vais vous expliquer comment j'ai compris la possible raison de cette détermination auto-destructive.

Alors, accrochez-vous encore : donc je suis sensible on est bien d'accord, pour ne pas dire hypersensible, et quand la première fois que j'ai compris, vu le nombre de temples trouvés autour de Poséidon, que Tauroeïs était la cité de Poséidon, je l'ai dit à haute voix... Et là, j'ai vraiment senti une force me pénétrer, sortant du sol et partout autour de moi. Vous comprenez pourquoi je ne voulais pas en parler. Et chaque fois que je le dis, ça recommence. Alors au début je me suis dit que c'était la preuve que j'étais dans le juste ; les Grecs avaient fait je ne sais quoi, avaient conscience de je ne sais quoi (on entre dans le mystique, je sais) et ça donnait ça : une force. Plus tard j'ai essayé Tauroeïs cité d'Athéna déesse de la sagesse et cela a fonctionné aussi, mais pour me faire une sensation d'apaisement au niveau du cerveau. Et voici le retour de la religion paganiste, non je plaisante, enfin cela fonctionne.

Alors je n'ai pas fait tous les dieux évidemment, mais j'en ai déduit comment pensaient les Grecs et la raison pour laquelle ils ont détruit tous leurs temples non sécurisés par des fortifications : pour ne pas les laisser à l'ennemi. Il est évident que pour eux, les Grecs considéraient que les temples leur amenaient la force dont ils avaient besoin. Ainsi les laisser à l'ennemi était la possibilité que leurs ennemis deviennent plus forts, de leur laisser leurs armes, le secret de leur puissance en quelque sorte.

Certainement que dans un temple, avec la divinité et la construction prenant en compte le nombre d'or, cette force devait être amplifiée, mais ce n'est qu'une supposition.

Lecture du 17 mai

À Bandol une fête est célébrée pour la victoire sur le camp ligure qui s'était installé à côté du Castellet pour l'assiéger et appliquer un blocus. L'attaque s'est faite par encerclement. Des troupes grecques et des Romains de Vibullius Rufus qui sont restés pour aider les Massaliotes ont pris le camp de face et de revers en même temps. De face pour les troupes venant de Bandol et de revers pour les troupes venant du Beausset. Une fois vaincus, certains corps de Ligures ont été crucifiés (en x toujours) et exposés, laissés sur place sur le camp, une façon de montrer l'exemple, une façon de dire, « voilà ce qui vous arrivera si vous attaquez les places grecques ». Une fête pour la victoire est également donnée au Castellet, mais elle est maussade du fait d'un faible nombre de participants, car la quasi-totalité des Grecs de l'Acropole est morte lors de la première prise Ligure.

La Cadière a également été reprise. Les soldats ont redescendu des biens, peut-être un trésor caché ou des armes, les temples n'ont pas été détruits.

Rien à signaler à Cytharista, c'est le calme plat.

Tous ignorent qu'une rébellion pro-César fait rage en ce 17 mai au fort extérieur à côté de la ville de Massalia (que j'avais pris pour Fos-sur-Mer au début). À la vue de l'arrivée des légions de César, le fort est finalement renversé intérieurement par les pro-César. En conséquence, il s'ouvre à eux à leur passage. C'est toujours le même problème, les cités ou places fortes qui savent qu'elles ne pourront pas se défendre par faute de mauvaise situation stratégique ou structures défensives insuffisantes, préfèrent se rallier pour survivre.

Aux Embiez donc, ignorant tout, l'échange culturel entre les Grecs et les Romains de Vibullius Rufus qui sont restés, continue.

CHAPITRE 2

Les légions de César aux portes de Massalia

a/

Lecture du 18 mai

Attention on y est, il est là, ça y est : César est aux portes de Massalia et commence son siège directement. Donc normalement il y a 3 légions selon les textes, car moi je n'ai aucune information exacte à ce sujet, il y a masse c'est sûr.

De Massalia, quelques Grecs sympathisants pro-César (couples, civils) s'échappent de la cité pour rejoindre les Romains, je tairai leur sort, enfin ils sont tués par ces derniers à l'ombre des regards.

Cytharista est au courant du début du siège, certainement prévenue par leur vigie en haut des collines. La peur et la résignation s'installent dans la cité, ils savent qu'ils sont perdus.

À Bandol, ils ont été mis au courant également, la peur a enterré la fête.

La Cadière et le Castellet ne sont pas encore au courant.

La mer est toujours aux Grecs. Une personne importante, peut-être le haut consulat arrive en bateau à Cytharista et nomme quelqu'un chef de la cité, un militaire certainement, puis il continue sa route en navire vers Tauroeïs.

Je suis fier donc d'amener cette date, même si évidemment on ne peut rien prouver tant qu'un petit génie de la physique quantique ou autre, nous fasse un appareil permettant de capturer les échos temporels comme je le fais : on l'attend. En attendant voilà, c'est le 18 mai, et vous allez voir, la suite est surprenante et les échos temporels c'est plus que " gorgeous ".

b/

Lecture du 19 mai

La forteresse de Tauroeïs des Embiez a reçu une attaque romaine venant de la mer. Les bateaux venaient de l'est. Tout ce qui est en dehors de la triple muraille a été brûlé, etc. Peut-être avait-il des champs de culture sur l'île pour maintenir une autarcie en cas de besoin (également les jardins oniriques du sanctuaire de temple dédié au mythe de Persée je pense aujourd'hui , voir vol 2 Tauroeïs cité de Poséidon 1er partie temples et sanctuaires). Maintenant l'île est dans le même état que je l'ai vue le 31 juillet, soit le jour de la bataille navale de Tauroentum. Puis ils sont repartis. Impossible de passer la triple muraille. La personne importante qui était passée à Cytharista est bien arrivée à Tauroeïs.

Lecture du 20 mai

<u>Au Brusc</u>, à la tour-fortin de la forteresse, un sentiment de colère et d'humiliation règne.

En fait l'attaque de la veille s'est faite avec leurs propres navires pris certainement à Monoikos, Nikaïa et Antipolis. Quand c'est arrivé, je voulais aller voir à Antipolis ce qu'il en était et j'en ai été empêché. J'ai alors misé tous mes espoirs sur les webcams en direct. Je me suis dit que peut-être, je n'aurais pas besoin de faire tous ces kilomètres, surtout que je ne pourrais pas les faire tous les jours pour faire des relevés. En même temps je me suis dit " mais qu'est ce qu'on va en penser " (là pour le coup un peu de qu'en-dira-t-on t-on? quand même) : lecture de fréquence résiduelle ravivée par l'écho temporel sur des webcams en direct. Tout le sérieux de cette entreprise ainsi résumé… Et bien ça marche, mais je ne peux avoir qu'une seule information apparemment, je n'ai pas la possibilité de me balader dans les fréquences et voir plus de choses malheureusement, mais c'est déjà pas mal. Par contre, je peux faire plusieurs lectures par jour. Donc voici la réponse que j'attendais depuis septembre dernier : les Romains ont tout rasé (de l'occupant grec, en vie humaine) à leur passage comme à Tauroeïs en septembre, ce qui explique la peur et la fuite des Grecs de Tauroeïs dès le début du mois de mai. On y est, le vrai visage de César et de cette entreprise génocidaire commence à apparaître, ce qui répond en concordance avec les fréquences résiduelles que j'avais relevées en septembre et qui répondent à mes interrogations, merci les webcams.

Retour aux Embiez : une femme qui gérait le petit sanctuaire dédié à Persée est tuée ainsi que quelques soldats lors de l'assaut romain toujours par le côté sud-ouest de l'île, aucune attaque maritime n'est donnée dans la baie, ce qui confirme la présence de la chaîne flottante de barrage.

À Cytharista, la retraite vers Massalia est coupée en conséquence, et quelques bateaux essaient de quitter la cité. Ils sont stoppés par les navires romains qui effectuent également un blocus. Une petite bataille navale en découle, où possiblement une galère grecque est coulée. En conséquence, les navires grecs retournent au port. Des personnes importantes qui voulaient partir vers Tauroeïs sont bloquées sur place également.

À La Cadière, les occupants veulent abandonner l'Acropole et rejoindre Bandol pour plus de sécurité.

Au Castellet, ils sont déjà partis. Ils ont laissé quelques esclaves derrière eux qui, libérés, se sentent les rois dans l'acropole désertée, mais leur sort est scellé avec les Ligures.

À Massalia, il n'y a plus un seul assaut ordonné par les Romains. Ils s'installent et commencent le blocus, ils sont en maîtres. Commence alors l'attente.

À Carcisis la cité est pétrifiée par la peur.

À Cytharista commence déjà un problème de faim. Ils sont en colère, ils savent qu'ils sont perdus. Quelques-uns se sont cachés dans les calanques de Figuerolles pensant qu'on ne les trouverait jamais. Ils sont deux, ce sont des amoureux, ce sera la partie Titanic du récit on va dire, ils se foutent des problèmes basiques des hommes, ils fuient tout cela. Psychologiquement, ils sont un peu perchés sur leurs nuages.

À Bandol le blocus maritime est actif également, la peur et la résignation sur leur sort dominent.

À Sanary au bastion militaire de Portissol, les hoplites sont sereins dans les ensembles fortifiés.

Lecture du 21 mai

À Sanary, les militaires sont confiants, sereins et fiers d'être les derniers à résister, à ne pas être tombés depuis le début.

À Bandol, les Grecs sont tous partis. Les Romains ont levé le blocus maritime et par conséquent les Grecs et les Romains pro-Pompée qui étaient ensemble, sont partis en navire. Ils ont tout abandonné. Les esclaves qu'ils ont laissés derrière eux illuminent la cité de leur regard neuf de liberté retrouvée. Deux navires sont partis pour la Corse, un pour Tauroeïs.

À Cytharista les bateaux romains de Bandol ont rejoint ceux de Cytharista pour tenter de faire un siège par voie maritime. Cytharista résiste du haut de ses remparts.

Côté terre, à revers, le siège a également lieu. Sans arriver à leur but pour l'instant. Il doit y avoir une sacrée forteresse pour qu'ils tiennent que je n'ai toujours pas cartographiée.

Les amoureux de la calanque de Figuerolles ont faim et deviennent un peu fous.

À terre, je ne suis pas sûr que ce soit des légions romaines qui attaquent, peut-être des recrues secondaires ou issues de la décimation, car ils ne sont pas ordonnés, ce ne sont pas des Ligures non plus.

Carcisis ne subit aucune attaque pour l'instant.

À Massalia le blocus continue. Il n'y a aucun combat, le blocus est maritime et terrestre.

Peut-être deux légions sont parties pour l'Espagne et une est restée sur place comme dans les textes, mais je n'ai aucune certitude à ce sujet. En ligne arrière, les chefs sont sereins, César ?

À La Cadière, les Ligures sont revenus en masse. Ils ont attaqué l'Acropole en escaladant les falaises et ont rasé la cité. Les fréquences sont proches de Mad Max en gros, crucifixion, etc.

Ils avaient dû certainement se rassembler après avoir été informés de la bataille du Castellet, leur semblable ayant été tués, massacrés, exposés. Peut-être qu'un fils ou un frère de chef important avait été tué lors de cette bataille. Ils sont venus pour la vengeance donc. Un ligure mange du grec brûlé et le recrache, une manière de montrer qu'ils ont tout eu de leurs ennemis, je pensais.

Au Castellet les esclaves qui avaient été libérés et qui profitaient un peu de leur liberté, sont tués par les Ligures, avec un jeu macabre de " essaye de t'échapper ". Les Ligures jouent avec leurs proies avant de les tuer simplement sans torture physique.

Les Ligures pleurent et enterrent leurs morts de la bataille précédente, cassent les statues, mais ne détruisent pas les temples. La statue de Méduse les fascine, ils la laissent et s'interrogent sur qui était cette femme aux cheveux de serpent, peut-être également leur fait-elle peur.

c/

Alors attention accrochez-vous, voici le pavé ligure cannibale qui va tomber. Depuis le début de mes recherches, soit à la première visite avec Sylvain donc au tout début début (voir Tauroeïs et non Tauroentum, vol 1, ou Tauroeïs vol 4), j'avais senti que les Ligures étaient cannibales et je les présentais ainsi. À notre passage au site du Mouret au Brusc, j'avais senti que les Grecs avaient peur d'enterrer leurs morts en dehors de l'enceinte de la ville comme c'est le cas à l'antiquité, et j'en avais déduit qu'ils avaient peur que les Ligures les mangent, même morts.

Car les tombes du site du Mouret n'ont jamais été retrouvées. Plus tard j'avais bien senti que c'était un privilège (qui devait coûter cher) et une sécurité d'être enterré sur les îles des Embiez, car il y avait l'impossibilité aux Ligures d'y pénétrer. Mais là, pour la Provence qui se revendique de ses racines ligures, ça va être dur à avaler et il y a de grandes chances que je devienne persona non grata un long moment, ou à jamais, pour avoir évoqué cette affirmation, déjà que. Alors au premier campement ligure je n'ai été témoin d'aucun acte cannibale. Donc c'était peut-être seulement certaines tribus. Là pour le coup, peut-être les plus fortes, les plus barbares pour cette mission punitive. Dans mon prochain volume 'Tauroeïs, les Thermopyles massaliotes" il est possible , enfin j'entrevois de pouvoir peut-être affirmer qu'il ne devait plus rester trop de Ligures en Provence après le passage de César. Donc sauf si vous êtes natif du coin et que vous n'avez pas envie de manger votre voisin, il y a peu de chances que vous ayez un gène ligure et que les racines génétiques de la Provence soient en fait possiblement aussi issues de peuples déplacés par l'Empire romain, mais je n'ai aucune preuve scientifique pour étayer cela, du moins je n'en ferais pas la recherche.

* Au final de cette saison de relevés d'échos temporels, aujourd'hui, soit novembre 2024, je n'ai que deux tribus Ligures cannibales identifiées, soit les Deceates (Vallauris) et quelques tribus Segobriges (branche celto ligure), proches de Massalia jusqu'aux Maures. Les Oxybons (vallée de la Siagne) et une autre tribu de l'arrière-pays niçois ne sont pas cannibales.

d/

lecture du 22 mai

Aux Embiez un rite funéraire est effectué pour la personne importante qui avait nommé un nouveau chef militaire pour la cité de Cytharista. Il s'est suicidé en demandant à sa domestique de lui préparer un plat empoisonné. Cette dernière avait également ordre de ne rien révéler une fois son maître décédé, ce qu'elle a fait.

De la tour-fortin, ils ont pris le corps, puis ils sont partis de la ville dans un cortège funèbre jusqu'au temple que je pensais encore à l'époque être celui d'Athéna déesse de la sagesse. Son corps est exposé dans le temple, je m'étais alors dit que c'était normal puisque c'était une personne importante, mais un rite funéraire dans le temple d'Athéna, cela commençait à me titiller quand même, car je ne trouvais pas cela vraiment cohérent.

À La Cadière les Ligures terminent le festin avec les corps des Grecs et des Romains de Pompée. Alors voilà, je vous l'avais un petit peu amené précédemment, vous étiez un peu préparé on va dire, mais en fait, le jour d'après, ce n'est plus une petite bouchée, c'est donc le festin général… Mais vraiment avec la grande table, etc, mais c'est normal pour eux, cela n'a rien de barbare : on ne gaspille pas la viande. Et en fait, je ne l'ai vu qu'après dans une autre attaque d'un bastion secondaire, c'est toujours pareil : les Ligures attaquent en escaladant des falaises. La défense croyant que cela puisse être impossible à réaliser, est prise par surprise. Parfois il y en a qui tombent évidemment dans l'escalade. Ils ont ordre de ne pas crier en tombant. C'est une preuve pour eux qu'ils sont des guerriers valeureux et ils seront vénérés en tant que tels (pour ne pas casser la réussite de l'attaque-surprise). S'ils le font, se sera la honte et le discrédit sur leur famille et ils ne seront évidemment pas honorés. Ensuite, une fois qu'ils sont dans le fortin, c'est l'attaque et le lendemain c'est le festin, et dans les textes antiques, c'est traduit comme " les Ligures faisaient des misères aux Grecs, et qu'ils leur menaient la vie dure… " Sacré résumé, et ce n'est pas fini vous verrez plus tard, enfin le plus gros est passé je vous rassure. (je pensais alors…)

À Cytharista le blocus est toujours actif. Les attaquants terrestres ont établi un camp désordonné le long de la muraille terrestre côté ouest. Certains s'aventurent dans les calanques de Figuerolles où les deux amoureux se cachaient. Ces derniers sont pétrifiés de peur. Les assaillants commencent les repérages pour Carcisis. Une attaque navale des remparts de nuit est tentée sur Cytharista sans succès.

À Massalia, le blocus est toujours effectif sans aucune attaque de la part des Romains qui disposent pourtant au minimum d'une légion, soit 6000 hommes. De ce fait je me suis dit : « mais qu'est-ce qui peut bien avoir cloué les légions de César ? » À savoir que depuis le premier jour, soit le 18 mai, je n'ai été témoin d'aucune autre attaque. En conséquence j'ai décidé d'aller essayer de commencer à cartographier la muraille défensive de Massalia. Et c'est armé d'une orgonite repoussant un peu les ondes électromagnétiques ambiantes qui me gênaient pour travailler sur Marseille que j'ai pu aller cartographier cette dernière et que je pourrai à l'avenir revenir y travailler. Alors comment ai-je procédé ? Parce que Marseille est très grande, deuxième ville de France. Je suis parti de mes estimations, à savoir celles que j'avais projetées déjà au tout début de mes recherches, soit que la limite sud de la ville devait commencer avenue du Prado. Et bien mes estimations étaient erronées de trente mètres seulement… En fait, les murailles commencent à trente mètres après l'avenue du Prado et elles englobent l'Huveaune (fleuve), ce qui m'a d'abord surpris, puis finalement j'ai trouvé cela logique. Ils avaient ainsi un accès à l'eau ininterrompu et l'Huveaune offrait une barrière naturelle à franchir dans la succession des remparts. Voici les impressionnants relevés que j'ai pu y faire : la muraille défensive de Tauroeïs fait 100 m de large environ. Celle de Massalia est autour des 300 mètres, ce n'est plus le même registre : premier rempart 12 mètres de large puis un espace de 12 mètres jusqu'au deuxième rempart qui est de 12 mètres de large également puis un espace de 25 mètres jusqu'au troisième rempart de 23 mètres de large cette fois ci, certainement celui qui devait recevoir les catapultes, puis un espace de 25 mètres jusqu'au quatrième rempart de 12 mètres de large encore, puis espace de 35 mètres jusqu'au cinquième rempart 15 mètres de large. Ensuite, il y a un espace de 60 mètres dans lequel se trouve le fleuve Huveaune, mais ce dernier est coupé en long par une petite muraille de 2 mètres, puis un 6è rempart de 12 mètres de large également, un espace de 24 mètres jusqu'au septième et dernier rempart de 12 mètres de large (plan p21). Je ne suis pas allé chercher le front en pleine ville (en face de la colline Saint-Charles normalement), mais je pense qu'une fois de plus les légions n'ont pas dépassé une ou deux murailles grand maximum.

donc voilà pourquoi le blocus a été la deuxième et la plus viable solution pour le siège de Massalia, car la ville semble imprenable de par ses défenses impressionnantes.

Jeudi 23 mai / pas de lecture

Siège de Carcisis par déduction de la lecture du 24

e/
Lecture du 24 mai

<u>Aux Embiez</u>, la célébration funéraire qui s'étendait sur plusieurs jours au temple dont je pensais encore être celui d'Athéna est interrompue par une attaque des Romains qui ont pris Bandol. Il s'agit peut-être de soldats qui étaient restés cachés, attendant une occasion pour agir. Ils sont descendus ensuite dans d'autres bâtiments juste avant la muraille. Ils font des prisonniers dans le but d'extorquer des informations sur le système défensif de la cité. Puis ils sont retournés sur Bandol. Au temple lui-même qui est en dehors de l'enceinte des murailles, ils ont kidnappé la femme de la personne importante, cette dernière venait se recueillir sur le corps de son défunt mari et participait aux rites funéraires.

<u>À Bandol</u>, il semble que la cité ait été choisie pour devenir une base arrière de chef décisionnaire. Les Ligures sont juste en face dans les collines, ils n'attaquent pas, ils surveillent les Romains.

Le siège de Cytharista s'est déplacé sur Carcisis. Ces mercenaires ou autres au service de César veulent des richesses pour se payer. Comme le siège n'aboutit pas à Cytharista, ils ont décidé de se rabattre sur Carcisis qui leur semble être une cité plus facile à vaincre.

<u>À Cytharista</u>, ils ont juste laissé le blocus maritime derrière eux. Les amoureux dans les calanques de Figuerolles ont été trouvés par les mercenaires ou autres et ont été tués. Je tairais leur fin.

<u>À Massalia</u> le blocus est toujours tenu. Les Romains s'installent confortablement, pillent les richesses aux alentours dans des bourgades ou petites exploitations et se préparent pour un long siège.

Ils pensent à renforcer considérablement la flotte pour effectuer une percée par le port de Massalia qui reste aux mains des Grecs. Est-ce à ce moment que la décision de la construction d'autres navires à Arles a été prise ? Je l'ignore en tout cas, ils commencent à y penser stratégiquement. (je pense maintenant que oui, c'est la date de la décision)

Pour vous aider à comprendre le recueil de toutes ces informations, ce n'est pas compliqué, plus les émotions sont fortes, plus les fréquences résiduelles sont lisibles de par leur intensité. Ainsi en période de non-guerre, on peut dire que je m'ennuie, je n'ai rien à lire, ce qui va arriver un peu plus tard. Le jackpot dans les fréquences résiduelles, c'est de pouvoir isoler une personne, un individu, homme ou femme. À ce moment-là, c'est comme une adresse que je peux consulter à chaque fois en me concentrant, que du bonheur. Une fois une fréquence émotionnelle isolée, je peux me balader à l'intérieur et voir beaucoup plus de choses.

À Massalia, au temple principal, semble-t-il, des prières et des célébrations sont données aux dieux pour apporter la victoire. Une procession est faite, offrande aux dieux, un sacrifice humain, semble-t-il, est exécuté et la prêtresse ou grande prêtresse peut-être, donne du sang de la personne sacrifiée à la statue d'un dieu ou déesse (Arès dieu de la guerre ou Niké déesse de la victoire?) La foule effectue énormément d'offrandes au grand temple. Ils ont terriblement peur pour leur vie et leurs biens matériels, une peur panique même. Parmi la foule, il y a un homme qui veut donner sa fille vierge en sacrifice. Elle est finalement prise pour devenir prêtresse ou assistante-prêtresse. Convoitée par un garde ou un prêtre du temple, elle est violée, puis, n'étant plus vierge, elle est accusée par ce dernier de ne pas l'être et se retrouve expulsée du temple. Elle retourne chez son père qui est certainement veuf depuis longtemps (peut-être sa femme était morte en couche), qui la renie. Sans autre recours, elle devient mendiante. En ville c'est le début des rations pour la nourriture. Des bêtes sont tuées pour alimenter des repas, car il est impossible de sortir de la ville pour aller chasser afin de manger de la viande.

À La Cadière une petite escouade romaine en reconnaissance entre dans l'acropole désertée des Ligures et tombe sur un amoncellement mortuaire laissé par les Ligures. C'est un spectacle désolant créé pour semer le plus grand effroi chez l'ennemi. Ils y mettent le feu. Un sentiment d'inhumanité les gagne, ils sont profondément écoeurés, puis ils partent vers Cytharista. Le temple d'Héraclès tuant l'Hydre de Lerne n'a pas été détruit ainsi que sa statue. Les Ligures détruisent les statues quand elles sont jolies ou de forme humaine et qu'ils n'en comprennent pas le sens. Ils laissent celles représentant des monstres comme le centaure Chiron par exemple ou celles qui les impressionnent, peut-être par crainte. Parfois ils emportent des têtes de statue en trophée.

Au Castellet un prêtre / chef ligure très noir d'âme s'est installé avec sa horde. Ils guettent ce qui se passe aux alentours.

lecture du 25 mai

À Bandol les Romains s'installent en plus grand nombre (les Grecs ayant abandonné la cité). Une excursion est organisée pour déloger les Ligures de la colline du bois Maurin. Les Romains érigent leur camp définitivement avec emblème, etc. Puis ils s'amusent à des jeux mortels avec des Ligures capturés dans les collines environnantes lors de l'inspection de repérage du nouveau territoire.

Parmis les prisonniers faits à Tauroeïs lors de l'attaque du temple supposé d'Athéna, il y a cette femme, qui était aux funérailles de l'homme important, que j'avais pris pour une prêtresse au début et qui était en fait sa femme, je pense. Elle est bien traitée, en attente de la faire rencontrer à des chefs romains, semble-t-il.

À Cytharista les Romains ont installé une vigie à la pointe du Mugel. Ils s'installent entre le Mugel et la ville pour du long terme. Ils n'effectuent toujours pas d'assaut, ils restent campés sur leur position de blocus. Des troupes romaines sont également arrivées pour gonfler leur nombre.

Ils laissent croire que les assiégés peuvent sortir en enlevant des troupes devant les portes de la cité et autour des murailles, mais des troupes les attendent en embuscade sur le col au cas où, en même temps, ils sont à l'abri d'éventuels tirs de la cité, mais le blocus est toujours effectif. Des éclaireurs vigie sont cachés tous les 50 mètres au cas où, pour des tentatives d'évasion individuelle ou de petit groupe. La cité tient, mais c'est le début de la famine. Le décès des premières personnes faibles survient. La cité doute, ils s'interrogent, étant coupés de toutes informations extérieures, sont-ils les seuls à avoir survécu? Seraient-ils les derniers ? Il y a une polémique interne chez les décisionnaires, les chefs. La décision d'un compte à rebours d'un délai de 15 jours à tenir est prise, après, ils se rendront. Il y a des vols de bêtes, certains reluquent les chiens des autres avec envie de les manger.

À Massalia les Romains torturent des prisonniers grecs faits aux alentours de la cité. Ils les exposent devant les murailles pour terroriser les Grecs. Ils leur promettent que ce sera leur sort prochain s'ils ne se rendent pas, crucifixion, cris, agonie, etc, enfant en bas âge tué devant sa mère pour la faire crier, supplier, etc. Envoi d'un message à César? Pour signifier le début du siège et la prise de position? Qui normalement est parti en Espagne pour affronter les troupes de Pompée..(?) historiquement dans les textes.

Dans les campagnes autour de Massalia, c'est la désolation dans les petites villes. Ceux qui s'étaient enfuis ou avaient réussi à fuir et à se cacher reviennent sur leur terre et constatent le vide, les habitations n'ont pas été détruites, mais il ne reste personne.

Au grand Temple à Massalia, les récoltes de dons ont été tellement fructueuses, or, etc, qu'ils cherchent à les cacher, car il y en a trop, trop d'offrandes ont été effectuées. La mendiante quant à elle, dort avec les rats. C'est un mélange de frayeur et de douceur de vivre dans la cité puisque les beaux jours arrivent. Des escrocs font leurs affaires en promettant de sortir des gens de nuit vers des lieux sûrs en dehors de la ville.

À Carcisis, ils ont tenu le coup face à l'attaque, mais ils restent retranchés et amoindris. Il ne restait plus grand-chose pour qu'ils cèdent.

À La Cadière les Romains cassent certains temples ou édifices pour consolider certaines fortifications, certainement au-dessus des falaises qu'avaient escaladées les Ligures.

Le temple d'Héraclès n'est pas détruit, ils attendent la décision d'un supérieur. Certains rigolent du sort de leur prédécesseur, Grecs et Romains de Pompée qui ont servi de banquet. Une garnison entière s'est finalement installée.

Au Castellet, le sorcier / chef ligure à l'âme noire est toujours là. Pour situer un peu le personnage et sa horde, c'est exactement les mêmes fréquences, mais en homme, de la cheffe dans le film le 13e guerrier, et un peu peut-être, le même type d'organisation. Des guerriers ligures sont arrivés en masse.

Une attaque ligure a eu lieu sur les frontières nord de Tauroeïs. Une tentative de percée à côté du col du Gros Cerveau, à droite du fort quand on regarde du sud. Des pièges ont stoppé net l'intrusion, ils ont tous été tués par les défenses du front des collines. Des hommes rentrent bredouilles de la tentative, seuls ceux qui ne se sont pas engagés dans les pièges du couloir ont survécu. Il y a apparemment la perte de personnes chères à leurs yeux. Stupidement, ils mettent leur chef en tête des attaques. Les Ligures pensent à se retirer vu l'avancée des Romains qui les terrorise. Ils ont vraiment peur des Romains, car ils savent peut-être que c'est peine perdue (plus tard je comprendrais que c'est seulement un statut de supériorité numérique qui les impressionne). Ils mangent quelques esclaves qui s'étaient enfuis et qui ont été capturés. Ces hommes sont des bêtes.Tout ce qui leur importe, c'est de manger, dominer, contrôler.

lecture du 26 mai

À Bandol, la femme de la personne importante qui s'est suicidée à Tauroeïs est avec un Romain. Sa beauté ou autre fait qu'elle est tranquille pour l'instant. Les autres prisonniers de l'excursion ont été torturés, etc. La cité se romanise.

À Cytharista, une attaque est organisée par un petit groupe d'approche. Occasionnellement, ils essayent même avec un homme uniquement, soit des infiltrations. Ils font parfois des tirs, flèches ou autres, mais cela n'aboutit à rien, ils n'ont réussi qu'à faire de petits dégâts. Côté mer, au port, les assaillants arrivent à saboter plusieurs bateaux, l'un d'eux est à moitié coulé, pour leur abattre le moral.

À Carcisis les Grecs récupèrent du siège, des troupes sont arrivées en renfort par voie de mer.

À Massalia les Romains s'énervent et perdent patience, leur intimidation n'a rien donné, car les Massaliotes ne se rendent pas. Ils bombardent alors la ville de boules de feu pour tenter de l'incendier. Les foyers sont éteints et n'arrivent pas à créer d'embrasement global de la ville.

Des dirigeants veulent quitter la ville, peut-être pour Tauroeïs.

Des femmes s'organisent, pour la production, la récolte de je ne sais quelle denrée, dans les champs internes de la ville.

<u>À La Cadière</u>, la cité se romanise, ils l'adaptent à leur mode de vie.

<u>Au Castellet</u>, les Ligures sont partis. Les Romains entreprennent l'acropole, ils trouvent quelques restes d'esclaves qui ont été dévorés. Le chef ligure a laissé un petit totem mortuaire comme pour signifier qu'il est à craindre, mauvais et en colère. Comme ils le font à chaque fois apparemment.

<u>Aux Embiez</u>, ils construisent une route sécurisée jusqu'au temple d'Athéna sur la pointe du Cougoussa, et une enceinte pour le temple. À l'avenir, les rites funéraires seront sécurisés.

Lecture du 27 mai

Des renforts sont arrivés à la forteresse des Embiez, ce sont ceux qui étaient à Carcisis hier, trois trirèmes massives. Elles viennent de Massalia (initialement partie de Telon "Toulon", ce que je comprendrais plus tard) avec les trois têtes du gouvernement massaliotes apparemment.

Ce qui veut dire qu'actuellement César n'a pas assez de navires pour faire un blocus effectif à Massalia ou qu'il y a eu une bataille et que les Grecs ont vaincu les navires de César.

Une fois à la forteresse de Tauroeïs, ils racontent les déboires de Massalia et la trahison du fort externe à la ville. L'un se plaint d'avoir perdu sa femme, l'euphorie des retrouvailles passée, la peur reprend sa place.

<u>À Bandol</u> ils continuent l'aménagement, l'organisation de la cité. Ils n'avaient pas assez de bateaux pour contrecarrer les trois trirèmes et il y a les chaînes qui sont toujours en place aux Embiez entre le Petit Rouveau et la pointe de Portissol. La col-

line du bois Maurin a bien été pacifiée. Il n'y a plus aucun Ligure. Quelques anciens esclaves qui avaient dû s'échapper précédemment (lecture du 21 mai) ont été récupérés. La femme grecque importante qui avait été épargnée jusqu'à maintenant, étant avec l'un des chefs romains, a été poignardée après qu'il ait tout puisé d'elle, corps et âme. Elle pensait avoir retrouvé la sécurité de par son statut, elle n'a récolté, au terme de jeux psychologiquement sadiques, qu'un coup de poignard. Les autres prisonniers grecs capturés lors de la même expédition sont tous morts également suite aux tortures qu'on leur a infligées.

À Cytharista, la cité tient, mais ils sont très affaiblis par le siège. Le blocus est toujours effectif. Les assaillants se contentent de tirs simples de flèches isolées parfois pour maintenir la terreur, pression sur la ville. Les navires qui font le blocus de Cytharista ne se sont pas frottés aux trirèmes quand elles sont passées au loin et ces dernières n'ont pas non plus engagé de combat, étant porteuses des dirigeants de Massalia qu'elles amenaient à Tauroeïs. La priorité étant de mettre la tête gouvernante en sécurité.

À Carcisis la cité a été renforcée. Ils ont dû déposer des hommes avant de rejoindre Tauroeïs.

On dirait qu'ils veulent préparer une contre-attaque pour libérer Cytharista.

À Massalia, finalement un incendie a pris. La bande le long de la muraille à portée de tir est détruite, brûlée. Cela a renforcé la peur dans la ville. Il y a d'autres navires qui partent, chargés de civils cette fois-ci, pour la Corse ? Donc le blocus maritime est non effectif ou insuffisant.

La cité se vide un peu, c'est le désespoir pour certains. Ils ne savent plus quoi faire, ils sont perdus. En regardant le coucher de soleil, certains se demandent s'ils ont un avenir. Des vivres arrivent par la mer, mais en quantité insuffisante. On dirait que les Grecs ont repris les îles du Ratonneau. Cela coïncide avec les 30 jours cités dans les textes pour construire la flotte de Brutus / 27 mai, 27 juin pour la bataille de Massalia, où la nouvelle flotte de César dirigée par Brutus a vaincu la flotte massaliote. César ayant perdu le premier blocus maritime, il a donc fait construire une seconde flotte.

<u>À La Cadière</u> l'acropole est devenue un poste arrière de vigie romaine.

<u>Au Castellet</u> les Romains adaptent la cité à leur style de vie. Des éclaireurs ligures les espionnent.

CHAPITRE 3

La contre offensive Massaliote

a/

Lecture du 28 mai

<u>Aux Embiez</u> une fête est célébrée en ville, certainement pour la victoire sur le blocus maritime romain à Massalia. Une visite est organisée au sanctuaire, pour une sécurisation?

<u>À Bandol</u>, les Romains remettent en fonction la récolte ou entretiennent les cultures. Ils s'approvisionnent. Sur la butte, soit le lieu-dit du château actuel, le véritable chef romain a pris place, on dirait un tyran qui règne. Il fait des caprices, fait tuer, écarteler, supplicier pour un rien. Ce n'est pas César. Parfois, il regrette sa mère comme un bébé.

En haut de la colline du bois Maurin, où s'étaient réfugiés auparavant les Grecs sympathisants Optimates de Pompée, ils ont érigé un symbole romain, comme un trophée, avec des drapeaux certainement, flammes, un brasier permanent.

<u>À Cytharista</u> les Grecs de Tauroeïs aidés des trirèmes sont venus casser le blocus maritime, les troupes venant de Carcisis les prennent à revers, soit une attaque par terre et par mer en même temps. C'est la victoire et le soulagement. Les troupes ennemies ont pris la fuite vers l'ouest. En mer les navires romains n'ont pas combattu. Ils ont fui à la vue des trirèmes, essayant d'échapper à leur attaque et à leur perte certaine (ils ont dû se replier vers Arles certainement). En conséquence, les hommes de la cité ressortent se réapprovisionner, manger à leur faim et faire des provisions dans l'optique de futures attaques.

Ils vont dans le camp adverse récupérer tout ce qu'ils ont laissé, car leurs assaillants ont dû partir à la hâte.

<u>À Massalia</u> Les Romains enragent, ils essaient d'envoyer des espions par mer pour comptabiliser les bateaux du port, soit un nageur isolé, capable de forte apnée pour se dissimuler au besoin. Les habitants récupèrent doucement et se contentent d'un faible ravitaillement. Certains cherchent toujours à partir. Une légère tranquillité est revenue malgré tout, comme une respiration.

César s'en va, on dirait. Va-t-il en Espagne ou avec Brutus à Arles ? Ou alors envoie-t-il Brutus à Arles ? Il casse un objet rond avant sa décision. Sa tente est au vent, propice pour lui à la réflexion.

Des destinations maritimes pour les Massaliotes sont rouvertes vers l'Espagne et autres. Le fourmillement dans la ville revient. Les Massaliotes tentent de communiquer, ils sont en recherche d'informations envers les autres cités dans les terres. Aouenion (Avignon), etc.

Il y a des naissances, certains brandissent leur nouveau-né vers le ciel, l'espoir revient. Des offrandes sont faites au grand temple, le centre religieux, en guise de remerciements.

<u>À La Cadière</u>, les Romains ont mis la main sur du vin. Ils organisent une petite fête en secret, l'un d'entre eux tombe ivre mort.

<u>Au Castellet</u>, la cité a été aménagée pour les Romains. On célèbre un culte pour baptiser la cité. Puis il y a un discours élogieux fait par des acteurs pour une nomination, soit le nouveau chef de la cité. C'est l'entrée en scène dans mes lectures de ce personnage, ce chef romain, dont j'ignore le nom, qui est nommé et qui m'a paru dès le début complètement mégalo, puisque pour son intronisation déjà, des acteurs sont engagés

pour le couvrir d'éloges et louer ses victoires. Je pensais que cela venait de sa volonté, mais dans les prochaines lectures, j'ai pu me rendre compte que ce mythe était réel de par la réaction et les agissements de ses contemporains à son égard.

Sa garnison entre dans l'acropole après son discours. Il demande qu'on lui ramène des richesses et des victuailles aux alentours. Une femme esclave lui est amenée pour le satisfaire, il finit par la fouetter, puis elle retourne avec les autres esclaves, car elle ne l'aime pas " au naturel " comme il le voudrait, évidemment. Les fréquences des Romains de César, soi-disant les "Populares", sont assez désagréables à lire pour moi. Les mots qui me viennent pour les évoquer de par mes lectures seraient " l'ère des fous ".

À la tombée de la nuit, ce chef devient complètement paranoïaque. Il a peur du noir et de la nuit. Il sollicite sa servante plusieurs fois dans la nuit, insomnie, cauchemars, angoisse. L'aube fait fuir sa peur et il décide de partir à la chasse.

Lecture du 29 mai

À Bandol, les navires qui ont fui La Ciotat ont rejoint Bandol et le tyran accepte difficilement la défaite. Dans une petite arène, des jeux mortels sont organisés avec les chefs romains vaincus du siège de Cytharista, notamment avec des fauves. Le tyran est satisfait des cris qu'il entend de sa butte (le château).

Aux Embiez des bateaux sont arrivés de Massalia avec des populations qui voulaient se réfugier à Tauroeïs. Une organisation est faite pour les accueillir. Il y a comme une sorte de tri dans un premier temps, puis ils sont parqués vers le port actuel des Embiez.

À La Ciotat, ils sécurisent ou piègent les positions où l'ennemi avait installé son camp, mais j'ignore comment, des trous ?

Pics?(goudron dans les textes) Ils étendent des fortifications dans ces zones.

À Massalia les Romains attendent leur flotte en construction pour refaire le blocus maritime. Ils essaient de répandre des maladies dans la cité en catapultant des morceaux de cadavres d'animaux pourris, le plus loin possible dans la cité.

Ceux qui n'ont pas fui Massalia sont bien confiants sur la future victoire contre les Romains. Les autres sont partis, à Tauroeïs ou autre ? Des cérémonies reprennent au grand temple pour demander l'abondance, la vie pérenne et la victoire.

À Carcisis ils sécurisent également des positions avancées sur terre, étendent les fortifications et font des pièges défensifs.

À La Cadière les Romains décuvent, en fait, il ne s'agit que d'un petit groupe pour garder l'Acropole. Cette place ne les intéresse pas. C'est le front, soit la limite avec le territoire ligure qui les préoccupe.

Au Castellet le chef romain a récupéré un petit bébé animal pendant la chasse ou autre, il se focalise dessus, il s'attendrit en sa présence, le materne.

b/

Lecture du 30 mai

Aux Embiez, les nouveaux arrivants de Massalia sont allés faire des célébrations en nombre au temple du Cougoussa. Il y a une petite euphorie et un certain engouement. Le chef à la tour-fortin rappelle qu'il ne faut pas crier victoire trop rapidement. Des volontaires civils s'entraînent pour devenir des soldats ou participer à la guerre. Le petit sanctuaire dédié au mythe de Persée est également réutilisé. La cité se prépare au combat. Des voyages vers Massalia sont réalisés, aller et retour.

<u>À Bandol</u>, ils organisent des jeux, se préparent au combat également. Le tyran, chef de la cité, a peur. Dans la colline, inutilement, semble-t-il, du fait qu'il n'y est plus de présence ligure, les Romains sont sur leur garde.

<u>À Cytharista</u> les nouvelles fortifications et les pièges sur le lieu de campement de l'ancien siège sont presque finis. La cité a retrouvé son calme et sa sérénité.

Il y a un renforcement de la communication maritime avec Tauroeïs également. Peut-être préparent-ils l'attaque en prenant les Romains de Bandol à revers également par des troupes au sol et un débarquement, d'où la raison des Romains en vigie sur les hauteurs (pour prévenir de l'attaque). Ils avancent finalement vers Bandol.

<u>À Carcisis</u> des troupes rejoignent Cytharista par voie de terre pour se joindre à l'assaut. Les corps des deux amoureux ont été retrouvés et enterrés ensemble, ils étaient connus de la cité.

<u>À Massalia</u> : je suis très heureux d'apporter cette donnée, même si je sais qu'elle ne pourra peut-être jamais être prise en considération. Le 30 mai est un jour historique pour Massalia, c'est le jour où la ville s'est débarrassée du siège romain en moins d'une heure, Massalia la suprême comme je l'appelle pour ce jour de victoire.

En fait, pendant quelques jours, j'ignore depuis quand, les Grecs avaient pris la décision de déplacer certaines des catapultes de l'ensemble du contour de la muraille défensive de la ville pour les concentrer silencieusement et à l'aveuglement de l'ennemi, face au front, soit orientées vers les légions romaines. J'ignore si la contre-attaque a été de nuit. Je le pense, car cela est plus plausible, mais les légions de César ont subi une pluie de projectiles et de boules de feu incessante et autres, si bien qu'elles ont été prises de cours et n'ont eu aucune autre solution que de fuir précipitamment en abandonnant tout sur place. En une heure, la position était vide de tout romain.

Massalia s'est débarrassée des légions romaines en 1 heure, la débâcle éclair pour les Romains.

Une sortie à cheval de la ville est organisée, les portes s'ouvrent, un cavalier que je découvrirai plus tard être le strategos (général des défenses) de la cité est en tête. Le camp romain est vide, il ne reste que les blessés qui n'ont pas pu s'enfuir. Le Strategos récupère un symbole (porte-drapeau aigle ?) sur le camp déserté sous le bombardement. Les légions romaines ou la légion s'est repliée au fort extérieur. Le bombardement a été une pluie. Ils récupèrent tout ce qui peut l'être. Ils creusent des trous pour rendre le terrain inaménageable quand ils le peuvent, certainement comme à la Cytharista. (ajoutent-ils du goudron comme César le précise?)

Le soir, une petite fête sans prétention est organisée par les femmes pour les soldats en soutien, vins, etc. Étant passé dans l'ancien camp romain lui-même, le Strategos ne se fait aucune illusion : il a compris que cela allait être bientôt la fin du fait d'avoir ressenti les fréquences des Romains, plus que noires.

Les prêtres / prêtresses sont sereins malgré que la victoire étant effective, la fréquentation du temple s'est effondrée. Au port, un fort échange persiste. La ville est sereine également.

Au fort extérieur (au début je pensais qu'il s'agissait de Fos-sur-Mer) le chef est assassiné par les Romains d'un coup de glaive dans le ventre du fait d'avoir mal renseigné ces derniers sur les défenses et la capacité de la ville. Un messager est envoyé à Arles pour voir l'avancée de la construction des travaux et l'annonce de la débâcle, certainement.

À La Cadière, le petit groupe de Romain est toujours là. Des Grecs arrivés de Cytharista sont en repérage, ils se sont arrêtés dans les temples du sanctuaire sur la crête, ils ont la nostalgie de leur passé souverain.

Au Castellet, le chef " taré " a été prévenu de mouvements de troupe ennemie. Il montre d'abord des signes d'ignorance, en restant avec son " bambl ", puis donne un ordre et se transforme en tacticien de guerre redoutable et tue le petit animal. Ensuite il part en repérage avec ses hommes pour évaluer le terrain. Il décide finalement de rester en position forte au Castellet, soit de défense, et de garder la position. Ils ont constaté que les Grecs étaient plus nombreux. Le soir, il demande qu'on lui cuisine le petit animal et le mange. Pour se rappeler qu'il ne faut jamais s'attendrir.

Puis la peur du noir revient et, dans la nuit, la culpabilité d'avoir tué et mangé la petite bête, la peur qu'il revienne se venger, etc… Cauchemars.

c/

Lecture du 1 juin

Antipolis et Nikaïa

Les colons romains se sont installés, j'ignore depuis quand.

Aux Embiez la cité est sereine, à la tour-fortin des plans sont échafaudés par les chefs massaliotes pour reprendre Antipolis, Nikaïa et Monoikos (et les autres comptoirs, comme je le comprendrais plus tard).

Des cérémonies funéraires sont données au temple du Cougoussa. C'est avec cette répétition de rites funéraires donnés au temple du Cougoussa que la divinité que j'y avais associée ne tenait plus debout, soit le temple d'Athéna déesse de la sagesse. Je regarde donc qui est attribué pour les rites funéraires

chez les Grecs et je trouve Perséphone déesse des enfers…
Moi qui avais voulu finir mon premier livre en beauté en citant la divinité du temple de la pointe du Cougoussa comme étant celle dédiée à Athéna sous son deuxième attribut de déesse de la sagesse et bien non. C'est le temple de Perséphone, déesse des enfers. Ils vont être contents aux îles des Embiez…*PLANTAGE TOTAL.* En fait, l'erreur vient de la lance. Il n'y a qu'Athéna qui soit représentée avec une lance à ma connaissance. Elle n'avait pas de casque, donc pas en position de guerrière et tenait dans sa main gauche quelque chose qui ressemblait à des Tables de la loi, du moins dans la forme et la position. Je regarde des représentations de Perséphone pour voir si elle a une lance : aucune lance. Par contre elle est représentée exactement dans la position que je l'ai trouvée au temple du Cougoussa…Cela s'annonçait très mal. Et elle tient des plantes symbolisant le printemps dans la main gauche qui pourrait être ce que j'ai pris pour des tables de la loi de par la correspondance de forme et de position, mais alors c'est quoi cette lance ? Je ne trouve aucune gravure ni statue où elle est représentée avec une lance et d'un coup…une représentation de Perséphone accompagnée d'Hadès et là : Hadès tient un bâton ou un sceptre dans sa main…

Voilà la bourde, c'est Perséphone représentée avec le bâton ou spectre d'Hadès. Alors si quelqu'un en a une représentation je veux bien la voir, car normalement le bâton ou spectre d'Hadès reste avec Hadès. C'est dans ces moments-là qu'on se dit qu'on aimerait bien avoir l'avis de spécialiste de la mythologie qui vous affirmerait " nous aussi on se serait planté ".

On verra si ça arrivera. En attendant si vous entendez quelqu'un vous dire que le temple de la pointe du Cougoussa était dédié à Athéna déesse de la sagesse et bien, vous saurez qu'il n'a lu que le premier volume. J'ai décidé de ne pas modifier mon erreur sur mon premier livre pour bien montrer que déjà on est bien dans le domaine de la recherche et qu'il ne faut jamais baisser la garde de votre esprit critique même si pour suivre mes ouvrages il faut avoir un entendement bien ouvert. La seconde raison de mon erreur est que j'avais bien senti que cette divinité était vraiment aimée des Grecs. Perséphone est la déesse des enfers, mais que de nom j'ai envie de dire. Déjà c'est une victime, elle n'est pas aux enfers par choix délibéré puisque son oncle Hadès l'a enlevée.

Ensuite elle revient des enfers chaque printemps et elle symbolise ainsi la renaissance après la mort (l'hiver) et pour finir elle a, dans les domaines qui lui sont attribués, les Champs-Élysées, soit l'équivalent du paradis à l'antiquité. Donc quand on demandait à Perséphone de prendre soin de nos morts, on lui demandait de les accepter aux Champs-Élysées j'imagine. Elle devait représenter globalement pour eux, la fin des souffrances terrestres.

d/

<u>À la tour-fortin</u>, des plans sont toujours échafaudés pour reprendre Antipolis, Nikaïa et Monoikos et les autres comptoirs grecs.

<u>À Bandol</u>, les Grecs ont finalement repris la cité (c'étaient des défenses qu'ils avaient construites eux-mêmes, ils les connaissent parfaitement ainsi que leurs failles, peut-être même qu'elles étaient prévues pour d'éventuelles reconquêtes). Ils nettoient la ville des affres de la bataille et brûlent les corps. De nouveaux colons venus de Massalia directement réentreprennent tout. Des terres et des habitations sont réparties aux nouveaux arrivants. De jeunes femmes sont parquées au château, je pensais alors que c'était pour les sécuriser en attendant la réhabilitation du site. Or non pas du tout, c'est ce que je verrai par la suite.

À Massalia la vie est sereine à nouveau. C'est de cette grande ville que partent les renforts et les nouveaux colons pour les autres comptoirs, volontaires, à qui on promet des richesses faciles, des terres et un toit.

Les Massaliotes voulaient mener une expédition (certainement à but punitif) au fort extérieur, mais les Romains avaient déjà exterminé tous les occupants en partant . Ils ne prennent pas la position, ils laissent seulement quelques vigies derrière eux. Plus un seul Romain " Populares " de César n'est en vue. Massalia réarme des bateaux. Les Grecs construisent de nouveaux navires, ils se préparent à la guerre. Peut-être savent-ils que les Romains préparent une flotte à Arles, comme il est dit dans les textes (Guerre civile, César, livre 1 chap.36). Des provisions sont faites, munitions, armes, etc, ainsi que l'enrôlement de nouveaux soldats. Les volontaires sont formés au combat. Les prêtres du grand temple proposent de donner l'argent récolté lors des premiers assauts pour aider à ce que l'on peut appeler " l'effort de guerre". Ils sont résignés à faire ce don, de toute manière, ils ne savaient pas quoi faire de toute cette masse d'argent. À la grande surprise des prêtres, les militaires prennent absolument tout le butin.

Les derniers peureux quittent la ville pour des terres qu'ils pensent être meilleures et plus sûres.

Les Grecs brûlent les corps des Romains morts pendant la bataille, puis ils récupèrent les bêtes des petits bourgs et exploitations aux alentours.

À Cytharista comme à Carcisis, ils sont sereins et prêts au combat. Des navires oeuvrent en ravitaillement.

Au Castellet, les Grecs ont finalement bombardé massivement la place. Le chef romain se sentant perdu, il s'est lui aussi, à son tour, habillé en serviteur. Apeuré, il est sorti hors de son habitation et a été tué par un projectile. Il sera mort considéré comme un serviteur, un esclave. Les Grecs reprennent la position. Ils cherchent le chef sans le trouver. Ils demandent à un Romain prisonnier où est-ce qu'il se trouve et ce dernier désigne le chef mort habillé en esclave. Les Grecs ne le croient pas, ils l'exécutent. Ils pensent alors qu'il s'est enfui avant l'attaque. Puis finalement, ils demandent à un esclave qui leur montre le même corps. Ils comprennent alors que c'était bien lui. Il est séparé des autres corps. Peut-être, je pensais alors, pour lui donner un rite funéraire, un enterrement digne d'un Romain? Peut-être avait-il vraiment une grosse réputation finalement. Les Grecs semblent vouloir le respecter, comme s'il était connu, comme un hommage rendu à un guerrier. Ils descendent le corps pour l'amener à Tauroeïs ou autre pour qu'il ait une sépulture digne de lui. Le Castellet est réhabilité.

Lecture du 2 juin

Aux Embiez, les galères sont parties pour la récupération des autres comptoirs grecs, Antipolis et Nikaïa j'imaginais alors. À la tour-fortin, les chefs sont remplis d'espoir. Cette dernière est réellement devenue le centre de décisions des opérations militaires massaliotes de reconquête des comptoirs perdus. Et donc Tauroeïs était bel et bien la zone refuge pour la tête gouvernante de Massalia en temps de guerre, l'une des raisons pour laquelle elle a été construite.

Il y avait une masse noire à côté du port de commerce, au début de la ville, soit de la lagune actuelle. J'ai d'abord cru à une zone de combat, mais il s'agissait en fait des esclaves qu'on avait amenés avant embarquement pour les galères, en grand nombre pour les trirèmes.

Voilà ce qu'étaient ces masses noires que j'avais vues à la bataille navale de Tauroentum lorsque les navires coulaient par l'avant. Pensant qu'elles correspondaient aussi à des zones de combat et de mort, je m'étais dit, en déduction, peut-être que pendant que le navire coulait et que les guerriers s'élevaient ainsi par-dessus la mer et se retrouvaient à découvert, ils mourraient, tués par des lances ou des flèches. Or non, il s'agit en fait des esclaves. Je n'aurais jamais cru que ces derniers fassent une masse noire aussi importante. En attendant, cela me donne la position de potentielles épaves qui auraient coulé par l'avant ou l'arrière, laissant des émergences de masses noires sur la zone de bataille.

À Bandol, la cité se réharmonise. Ils commencent en priorité à remettre des esclaves pour les plantations, culture, etc : les esclaves, le fioul des comptoirs grecs. Ils les envoient chercher des vivres,etc, pour l'instant, car ils ne sont pas encore en grand nombre.

À Cytharista, les troupes du Castellet ont ramené le corps du chef romain mort, emmitouflé dans un drap. La tristesse règne dans la cité à l'annonce de sa mort. C'est à ne rien y comprendre. Il devait vraiment être un mythe vivant dont César ou un autre dirigeant auraient voulu se débarrasser en le nommant à une place impossible à défendre en cas de revers. Un mythe qui faisait de l'ombre à César, peut-être.

À Carcisis la cité est également frappée par la tristesse à l'annonce de sa mort.

À Massalia la situation est redevenue presque normale. La nouvelle les attriste également. Une partie du peuple se révolte à l'annonce de la mort du chef romain ???!!!

Le renforcement des positions militaires de la cité continue. Des espions éclaireurs sont envoyés pour connaître les activités et la position des légions de César. Le Strategos a toujours un mauvais pressentiment, il reste pessimiste sur l'issue de cette guerre, même si les légions sont parties.

Les prêtres se sont fait dévaliser, les militaires ont tout pris. La grande prêtresse est morte, dans le relâchement de la pression. La mendiante est partie en bateau se refaire une vie ailleurs où on ne la reconnaîtra pas.

Il semble que les Romains attendent la construction de leur flotte, et peut-être le retour des légions d'Espagne. La pêche avec de petites embarcations a repris à Massalia.

<u>À La Cadière et au Castellet</u>, les Grecs veulent organiser une expédition punitive contre un camp ou une ville ligure et tout raser.

Lundi du 3 juin

<u>À Bandol</u>, des prisonniers sont amenés et subissent la moquerie, la raillerie de la cité. Peut-être s'agit-il des anciens Grecs félons, rendus à l'esclavage, qu'on a retrouvés dans les collines dans lesquelles ils se cachaient. Ceux qui les ont capturés sont applaudis. Il y a parmi eux également des Romains qui ont été capturés. Le groupe de femmes est toujours au château. Le chef ou l'intendant de la cité est une femme, à la place, soit au quartier du château où il y avait l'ancien tyran. Elle est légèrement âgée, les autres sont jeunes, la place forte est occupée, du moins les appartements des dirigeants, par des femmes et non des soldats. Ce sont les filles de personnes importantes. Des riches personnes ou autres ont placé leurs filles ici en pensant les mettre en sécurité. Forme de couvent de l'époque ? Une garde promise pour un mariage arrangé avec des personnes importantes. Elles doivent rester vierges, etc.

En fait, vu les personnes qui vont reprendre les exploitations de Bandol, La Cadière et du Castellet , je pense qu'il devait s'agir de ventes de domaines. Des riches massaliotes rachetaient l'exploitation à Massalia et venaient s'y installer.

À Cytharista la cité est toujours en deuil du chef romain, des hommes et des femmes viennent pleurer à côté de son corps. Quelques personnes viennent de Massalia pour le voir.

Carcisis retrouve son " on se fout de tout ".

À Massalia, un messager romain porteur d'un pli sème l'effroi dans la foule. Il s'agit d'une demande de reddition et d'abandonner la ville, de la laisser vide aux Romains.

La réponse est sous cachet : aucune place ne sera abandonnée, les Massaliotes sont prêts à se battre corps et âme. César attend la réponse vers Arles ou Nîmes peut-être, le camp est immense. Le strategos, soit le général de la défense de la ville a peur, il est parcouru d'effroi. Les chefs massaliotes pensent pouvoir repousser les Romains et doublent la cadence de réapprovisionnement, munitions, enrôlement, fabrication d'armes, munitions, etc.

César est dans une position délicate, attaquer les forces de Pompée en Espagne ou attaquer les Marseillais?

Au port de Massalia, les navigateurs, pêcheurs, ne sont pas rassurés. Ils ont ordre de ne pas trop s'éloigner de la cité ce qu'ils avaient fait auparavant, car il leur semblait que tout allait bien. Au temple, comme la prêtresse est morte, l'humeur est triste, les murs résonnent de vide. Une vie tranquille reprend dans les calanques, très appréciée de quelques Grecs.

À La Cadière, une fête est donnée dans une grande salle prévue pour les réceptions (l'oratoire actuel). Convives, musique, invité de marque, pour la nouvelle cheffe de la cité, une femme également qui est la seule à avoir le droit de s'allonger sur un banc, les autres doivent rester debout. C'est elle qui a convié à la fête. Les invités lui font des signes d'allégeance, etc.

Au Castellet de nouveaux esclaves ont été amenés. Un tri des esclaves est effectué, une partie pour le personnel, domestique, une partie pour l'extérieur, soit les exploitations. Une femme est prise en personnel, par le nouveau chef grec. Une fois que ce dernier ait abusé d'elle, elle reste immobile, absente dans sa tête, elle ne sait pas si elle doit mourir, se suicider ou pas. Puis elle retourne avec les autres esclaves et préfère tout oublier dans le travail. Le travail l'aide à ne pas penser. Tout se réorganise autour de la nécessité de l'exploitation des cultures.

À partir de maintenant, fidèle à l'idée de tout retranscrire, je vais continuer à faire le récit de ces trois personnages, soit la cheffe de Bandol et de La Cadière et le chef du Castellet, comme je l'avais fait pour les chefs romains. Comme ces derniers sont des chefs justement, leurs fréquences résiduelles sont fortes alors que celles des esclaves ou autres sont beaucoup plus effacées. Il est plus facile donc de les lire et de toute manière, elles sont prédominantes. Je prends le choix donc de continuer à énumérer leur petite vie afin que l'on puisse bien voir leur psychologie et que l'on puisse la comparer à celle des Romains et vous verrez que parfois cela s'en rapproche en certains points. Ne dit-on pas " le pouvoir pervertit l'esprit humain ", mais je vous préviens , par moment cela va être ennuyeux. Personnellement je me suis ennuyé. La lecture des échos temporels me prend beaucoup d'efforts de concentration, d'énergie et également du gasoil pour aller sur des points culminants, je fais 40km par jour, je crois, dans ma ronde pour tout relever. Mais quand il s'agit de relever des banalités parfois vous verrez, c'est vraiment du gaspillage. Enfin, quelqu'un m'avait demandé, quand je cartographiais tous les édifices défensifs de Tauroeïs, comment est-ce que les Grecs vivaient, et bien ça va un peu répondre à sa question. Cela comporte quand même quelques aspects intéressants qui m'ont amené à de nouveaux éléments de compréhension de leur vie à l'antiquité, que je citerai plus tard, mais quand il n'y a rien, du moins pas de guerre, les fréquences résiduelles ne sont pas fortes car les émotions ne sont pas fortes, en conséquence c'est un peu le vide pour moi, soit rien de pire. Enfin j'ai quand même pu en tirer des éléments, mais difficilement.

Le Chef du Castellet écrit un pli et l'envoie via un messager, une simple lettre comme bonne prise de position, etc. Puis il partage des jeux avec des enfants. Il préfère se réfugier avec des enfants qu'être au contact des adultes. Le monde des adultes le noircit, l'administration des cultures, etc.

Aux Embiez, les chefs à la tour-fortin sont contents des nouvelles de reprise de la Cadière et du Castellet, peut-être également Hérakléia dont je n'ai vu qu'après qu'elle avait été également prise par les Romains lors de la première vague d'attaque, puisque les Grecs ont dû la reprendre. Des rites funéraires ont lieu au temple de Perséphone.

Lecture du 4 juin

Au Embiez, la cité reprend confiance en elle, peut-être ont-ils appris que la légion de César a été expulsée de Massalia en une heure, ce qui peut évidemment provoquer un léger orgueil.

Des visites au sanctuaire de Persée reprennent, les statues brisées sont remplacées provisoirement par des représentations sur tissus. Des dons pour la reconstruction des statues sont effectués. À la tour-fortin, le chef qui est resté pour gouverner pendant que les deux autres chefs sont partis mener les excursions de reprise des comptoirs profite de sa nouvelle condition exclusive.

À Bandol, les jeunes filles se moquent entre elles de la vieille femme qui les garde. Elles font une fête interdite. En ville, des esclaves sont punis pour montrer l'exemple (tentative d'évasion?) des coups de fouet sont donnés. La cité est spectatrice. Puis ils sont ramenés au camp d'esclaves.

À Massalia, des troupes arrivent en renfort, est-ce les Albiques, cités dans les textes ? (Guerre civile, César, livre 1 chap. 34)

Les Grecs veulent réaménager le fort extérieur (déjà vidé de tout contenu par les Romains) pour défendre la ville en premier front. Chez les prêtres, la peur reprend. Le Strategos boit pour enlever la tension, car il a peur également. César semble être parti pour l'Espagne.

À Cytharista, la dépouille du chef romain est amenée à Massalia en bateau. La cité reprend ses intérêts commerciaux, sa productivité, etc. Les échanges reprennent, départ de bateaux etc.

À Carcisis, les soldats testent les défenses, ils s'entraînent. Un nouveau chef mène la vie dure aux soldats. Il les trouve trop relâchés.

À La Cadière, après la fête, la dirigeante a choisi un amant parmi les soldats mercenaires qui étaient venus l'aider à reprendre la cité, qu'elle avait payé pour leur mission évidemment.

Le lendemain, elle les remercie et ils repartent, dix soldats à peu près, certainement les chefs de petite escouade. Celui qu'elle avait choisi pour sa nuit reste au fond pour cacher leur rapprochement récent et surtout, il ne veut pas rester. Elle boit un verre pour oublier le départ, elle aurait aimé qu'il reste, se sentant seule, elle écrit à d'autres prétendants.

Au Castellet seulement des banalités autour de la vie de l'intendant.

Au Brusc, le chef qui est resté profite toujours de sa nouvelle position de chef unique.

À Antipolis la cité est sous siège grec, c'est la fameuse excursion préparée à la tour-fortin, la ville côté ouest brûle. Des Romains se sont réfugiés au bastion où se tient actuellement le fort Vauban. La ville avait tout simplement commencé à être colonisée par les Romains.

Lecture du 5 juin

Au Brusc, à la Caserne du bastion sud, de petits combats sont organisés. Les soldats sont impatients d'en découdre, ils se sentent invincibles, gonflés par la victoire de Massalia et des autres victoires de reprise des comptoirs.

La population de Massalia qui était venue se réfugier en ville est un peu lassée d'être dans la forteresse, ils en ont vite fait le tour.

À Bandol les prêtres ne sont pas revenus dans le petit sanctuaire, il n'y règne donc aucune activité. Au château, les promises ont de bonnes nouvelles, il y a des prétendants qui vont venir se présenter. La chef âgée est très déçue, elle sait qu'elle va les perdre (en fait il s'agit d'autre chose). Des esclaves sont encore punis pour montrer l'exemple. On dirait qu'il y a une équipe de tortionnaires qui cherche des excuses pour se défouler tous les jours. Il semble qu'il y ait une mise à mort cette fois-ci, suite à un problème de productivité ? Je pense plutôt qu'il s'agit d'une mise aux plis des nouveaux esclaves avec démonstration de ce qui les attend s'ils ne se soumettent pas à leur nouvelle condition de vie.

À Massalia, le corps du chef romain a été ramené en ville. Il passe en plein milieu de la foule, pleurs, etc. Il est amené dans un endroit où il faut payer pour voir le corps en passant devant.

Le strategos de la ville s'impatiente, il attend de nouvelles armes ou hommes.

À Cytharista, la ville reprend son quotidien après le départ du corps du chef romain.

À La Cadière, la dirigeante écrit des lettres à tendance " roman-photo ". L'Acropole est tenue.

Au Castellet, l'intendant demande qu'on capture de nouvelles esclaves (certainement lors de l'expédition punitive contre les Ligures).

e/

6 juin

Antipolis a été reprise. Dans la ville on célèbre la victoire au bastion de l'actuel fort Vauban. Les corps n'ont pas encore tous été enlevés.

À Nikaia l'attaque a commencé, frontale, face au cours Saleya. Il y a des combats dans les rues, la ville est reprise rue par rue. Les Romains se réfugient où ils peuvent. Le bastion du château n'est pas encore repris.

Je le découvrirai plus tard, mais dans les jours qui ont précédé ces attaques, ils ont également dû reprendre Pergamention (Brégançon), Hérakléia et Athénopolis. Ce qui implique qu'il avait été pris par les Romains lors de la première vague donc, début mai.

Au port de Massalia, tous les navires sont armés pour être préparés à la guerre.

Hérakléia (Cavalaire, se dit normalement Hérakléia Caccabaria) semble avoir été reprise également, il y a eu une bataille navale en mer.

Athénopolis (Saint Tropez) a été reprise aussi, donc elle avait dû être annexée par les Romains dès le début.

Brégançon a dû être reprise également, j'imagine (pas de webcam).

À Nikaïa, finalement, le château est repris, les Romains survivants ont fui par le port en bateau.

Aux Embiez, une fête est donnée en dessous du temple du Cougoussa.

À la tour-fortin, le chef est inquiet, en attente de réponse Antipolis Nikaïa, etc.

À Bandol, les jeunes filles sont parties en bateau, pour leurs prétendants ? En conséquence, la dirigeante se retrouve seule. Il n'y a pas d'exécution ni de punition aujourd'hui, le corps du supplicié est toujours exposé, les esclaves travaillent toujours dans les champs, ils ont finalement pris le pli. La productivité est relancée.

À cytharista, il y a également des festivités, j'ignore de quoi, des rites religieux. Des échanges commerciaux par voie maritime sont effectués, le commerce reprend.

À Carcisis il y a une fête également. Pour savoir quel type de rites pouvaient-ils célébrer, J'ai fait une recherche et voici ce que j'ai trouvé, issu de la page Facebook " Prayers To The Gods of Hellas[5]"

Publication de la page pour ce jour du 6 juin, et vous verrez, cela colle parfaitement sur certains points.

Aujourd'hui (6 juin), Hemera Dios (jour de Zeus - jeudi), à partir du coucher du soleil, coïncidera avec le trentième et dernier jour du mois de Thargélion.

"Marquez le jour qui vient de Zeus... et que le trentième jour du mois est le meilleur pour examiner le travail et distribuer les provisions".

- extrait d'Hésiode, Les jours et les œuvres

---

[5] Page Facebook „prayers to the gods of hellas"(voir biblio.num.)

Le dernier jour de chaque mois, nous célébrons l'Heka kai Nea - "Ce qui est ancien et nouveau", également connu sous le nom de Deipnon d'Hécate.

Il s'agit d'une période de purification du corps mortel, de l'âme, des affaires et de la maison, organisée en l'honneur d'Hécate et des dieux kthoniens.

C'est une période de gratitude pour nos anciennes bénédictions et d'attente des nouvelles. Il est également conseillé d'effectuer des rituels de purification ce jour-là pour se débarrasser des miasmes accumulés au cours du mois précédent, afin d'être en mesure d'affronter le mois suivant sans pollution.

Dans la Grèce antique, les ménages accomplissaient ce jour-là un rite d'expiation consistant à introduire un chien dans la maison et à le faire caresser par tous les membres de la famille.

Les citoyens les plus riches se rendaient également aux sanctuaires d'Hekate situés aux carrefours pour y déposer des offrandes. Les offrandes étaient alors une bénédiction pour les pauvres qui les mangeaient.

"Demandez à Hékate s'il vaut mieux être riche ou mourir de faim ; elle vous dira que les riches lui envoient un repas tous les mois et que les pauvres le font disparaître avant même qu'il ne soit servi".

- extrait d'Aristophane, PlutusDes offrandes étaient également faites en l'honneur des morts le dernier jour et des gâteaux d'orge étaient préparés pour les offrandes à Hermès pour la Noumenia.

<u>À Massalia</u> la fête est célébrée également, mais elle est moindre, il y règne plus de retenue.

La population n'est pas sereine, certaines demandes, issues de leurs prières n'ont apparemment pas été accordées. Le

Strategos a reçu ses armes. Ce sont des lances pour pouvoir armer les nouvelles recrues. On dirait que le cœur de Massalia bat à nouveau à fond, peut-être plus même qu'avant le siège.

Au fort extérieur de Massalia, les hoplites réinvestissent complètement la place.

Normalement, historiquement, César doit être en Espagne avec ses légions pour combattre les forces de Pompée. Dans les petites villes, bourgades, autour de Massalia ils enterrent leurs biens qu'ils avaient au préalable cachés en prévision du retour des légions. Le mari de la prêtresse ne va pas bien après la mort de sa femme, il a quitté le temple.

Une nouvelle prêtresse a été nommée au grand temple, ce qui a dû précipiter certainement le départ du prêtre. Elle est complètement allumée, beaucoup plus jeune que sa prédécesseure. Elle effectue des danses pour les dieux en état de semi-transe dans les cérémonies, en faisant des incantations et tout ce qui va avec, le tout, toujours à moitié en sens divinatoire. Puis elle prépare ses potions, des drogues certainement, pour entrer dans des états de transe et voir, faire des divinations.

<u>À La Cadière</u>, c'est toujours la même romance, je pourrais très bien taire le sujet mais je trouve qu'il est intéressant de s'attarder sur les traits psychologiques de ces personnages antiques, et là pour le coup, nous avons une sorte de Madame Bovary antique. J'ai par plusieurs fois remarqué des similitudes avec des traits de notre civilisation contemporaine, comme quoi nous ne sommes pas tant éloignés de cette période de l'Antiquité, l'humain reste l'humain. Donc c'est toujours pareil, elle écrit des lettres à de futurs prétendants j'imagine, elle rêve d'amour, etc, d'homme. On a trouvé la Bovary antique sans le mari donc. La cité s'oriente vers un retour de la productivité.

<u>Au Castellet</u>, le nouvel intendant grec massaliote commence à prendre la vitesse ambiante qu'inspirent ces lieux, en état

contemplatif, méditatif face au paysage offert par cette place haute au coucher de soleil. L'expédition punitive n'est toujours pas revenue.

Souvent, après avoir fini ma boucle de lecture d'écho temporel, je reviens à Bandol pour des lectures plus précises, je me gare à côté du château et je lis.

La soi-disant entremetteuse, locataire actuelle du château, compte son argent. En fait, elle a vendu les filles. Cela devait être de jeunes filles jolies à qui on promettait un mariage sérieux et qui ont en fait été vendues, pour servir chez quelqu'un d'important dans un autre royaume, j'imagine.

Privée de la compagnie des jeunes filles, la vieille redevient ce qu'elle est : noire à l'intérieur. Elle pense à aller trouver d'autres prétendantes ailleurs qu'à Massalia de façon à ne pas éveiller des soupçons. Les filles sont dans un bateau et elles ont compris qu'elles ont été trompées, certainement parquées et privées de liberté.

7 juin

À Antipolis, les Grecs brûlent les corps issus de la bataille. Ils se disent qu'il va falloir faire venir des colons de Marseille pour recoloniser, repeupler la cité qui est vidée de tous ses anciens habitants, les légions de César n'ayant laissé aucun survivant lors de leur passage début mai. Les chefs grecs de la tour-fortin sont à la place de l'actuel bastion du fort Vauban où tout a été nettoyé, les corps ont été enlevés et brûlés, etc.

À Nikaïa, les Grecs laissent quelques hommes pour garder la cité. D'anciens habitants qui avaient dû se réfugier dans les collines, montagnes environnantes, sont revenus, voyant que la cité a été reconquise. Il semble que les navires des Grecs ont poursuivi les fuyards romains vers Monoikos. Les webcams de

Monaco ne fonctionnant pas, je suis privé de toute lecture…Ça va gueuler au rocher.

Aux Embiez des passages sont effectués au temple de Perséphone puis des offrandes sont faites derrière ce dernier sur la zone prévue à cet effet, pour les personnes non importantes, communes. À la tour-fortin ils sont en attente de nouvelles, mais ils restent sereins quand même.

À Bandol, de nouvelles troupes sont arrivées en renfort par voie maritime. La trafiquante d'êtres humains se flagelle pour s'auto-punir. Une fois qu'elle a fini, elle considère qu'elle a payé sa faute et se prépare à recommencer, comme un petit arrangement avec sa conscience.

Ayant les fréquences des filles, soit comme une adresse, je lis également leur sort. l'une d'elles n'a pas supporté le voyage, elle en est morte, les marins jettent son corps par-dessus bord.

À Massalia, ils n'arrêtent pas de faire des échanges avec les communautés aux alentours pour le renforcement et le réapprovisionnement de la cité. Les échanges maritimes reprennent également. Strategos est satisfait de son nouvel armement, il considère que ses défenses sont prêtes. La nouvelle prêtresse fait des prédictions pour des personnes aisées, presque l'ancêtre de Madame Irma en gros, comme un oracle. Au moment où elle se couche, le soir, elle se demande ce qu'elle fait dans ce monde de fou, elle pense ne pas être à sa place.

À Cytharista la cité est sereine et les échanges maritimes reprennent également.

À Carcisis, ils célèbrent encore quelque chose.

À La Cadière une fête est célébrée également au temple d'Eurydice et à celui d'à côté qui se trouve sur une zone privée que je n'ai pas pu encore cartographier. Vu l'activité qui y règne selon les fréquences résiduelles ravivées dues à l'écho temporel, le sanctuaire est beaucoup plus grand, comme je le pensais, soit il s'étend sur une bonne partie de la crête. Notre Bovari antique reçoit un prétendant et arrive finalement à ses fins. Donc Carcisis et La Cadière ont célébré une fête seulement le lendemain. À la Cadière, au sanctuaire, les célébrations ont été faites, évidemment, avec beaucoup de musique et de musiciens.

Au Castellet les troupes sont finalement revenues de l'expédition punitive avec de nouveaux esclaves. Quatre ou cinq femmes sont prévues pour l'intendant. Il en essaye une le soir même. Elles sont jeunes apparemment. Il ne pense qu'à ça. C'est un harem avant l'heure, il considère ces femmes comme des trophées qui honorent sa personne. Évidemment l'expédition punitive s'est faite sur un petit village ou camp, sans risque majeur pour les assaillants. L'intendant aime avoir la compagnie de toutes ces femmes en même temps.

Le nombre d'esclaves à l'Acropole, réuni pour effectuer les travaux, commence à devenir confortable.

8 juin

À Antipolis, des habitants de Nikaïa sont venus pour repeupler la ville. Les dirigeants massaliotes qui étaient dans la tour-fortin de Tauroeïs sont toujours dans le bastion de l'actuel fort Vauban.

À Nikaïa, effectivement le nombre d'habitants reste minimum. Antipolis semble prioritaire.

À Hérakléia la cité est sereine. Première chose à faire, le retour des esclaves, soit le fioul de la cité. Ils sont débarqués et passent de rameur à homme à tout faire.

Aux Embiez, les nouveaux habitants venus de Massalia commencent à apprécier la prison dorée qu'est la forteresse-ville de Tauroeïs, le temple de Perséphone est toujours autant sollicité.

Une mauvaise nouvelle est arrivée à la tour-fortin : qu'à Antipolis les Romains n'avaient laissé aucun survivant ?

À Bandol trois nouvelles filles sont arrivées dans le piège de la trafiquante d'êtres humain qui vit dans le château, soit à la place du chef de la cité. Elles sont venues d'elles-mêmes en étant pré-recrutées. La matrone, appelons là-ainsi, est devenue encore plus mauvaise, gonflée par la réussite de son entreprise et son apparente insoupçonnabilité. La vie dans la cité s'intensifie.

À Massalia les navires ont quasiment fini d'être armés, transformés en navires de guerre.

Des jeux sont organisés avec pour but de pousser les hommes à un entraînement maximum, agilité, combat, tir à l'arc, etc, pour gonfler le moral des troupes. Le grand gagnant des épreuves, soit le champion, a le droit de combattre un prisonnier romain qui avait dû être capturé après le bombardement défensif du 30 mai, ayant été certainement blessé et immobilisé par ce dernier. Une fois vaincu, le champion le décapite et brandit sa tête au bout de sa lance. La foule l'acclame et tout le monde se laisse aller à des cris de fougue guerrière.

La nouvelle prêtresse se déplace chez quelqu'un d'important, une femme, pour faire une divination. De retour au temple, on lui dit d'avoir plus de retenue dans ses danses, ses transes, ses divinations, car elles ont effrayé des fidèles qui ne viennent plus au temple du fait.

Au fort extérieur de Massalia, la cité a été renforcée. Elle est prête maintenant à recevoir un assaut et à se défendre.

Le chef de la muraille, le strategos, est confiant pour la défense de sa ville.

À Carcisis ils semblent également prêts pour recevoir un assaut, ils sont résignés.

À Cytharista la pêche a repris. On dirait qu'ils s'organisent à plusieurs sur la côte pour rabattre le poisson vers des pièges à poissons. Les récoltes ou objectifs de production sont encore éloignés.

Au Castellet, l'intendant ne se lasse pas de ses cinq femmes. Il se moque d'elles parfois, se trouve supérieur à elles, leur reproche de ne pas être évoluées, en même temps ce sont des jeunes ligures. Il les mange psychologiquement et physiquement (rapport sexuel).

À La Cadière, le nouvel amant de notre Bovary antique est resté, car il est intéressé matériellement par la position que lui offre cette union. Elle le présente à ses convives, ils partent ensemble à cheval pour visiter le domaine où les esclaves travaillent, ils passent dans les champs à cheval avec les esclaves qui travaillent à côté…

9 juin

Aux Embiez, une mauvaise nouvelle est arrivée au fortin, la ville s'y était préparée.

À Bandol la matrone commence à devenir folle et les nouvelles prétendantes commencent à la trouver bizarre. La ville fonctionne normalement, les esclaves sont à leur place, etc.

À Cytharista ils n'ont pas l'air encore atteints par la mauvaise nouvelle.

Massalia et Carsicis étant invisibles à cause de mauvais temps ce jour-là je n'ai pu effectuer aucune lecture.

À la Cadière, les deux tourtereaux roucoulent le parfait amour. Il fait le petit chien, cède à toutes ses exigences et projections du couple en espérant un mariage pour s'accaparer des terres.

Au Castellet l'intendant a exclu deux filles, il lui en reste trois avec lesquelles il est quand même assez rassasié. Celles qui sont restées ont peur, car elles ne savent pas ce qu'il est advenu des deux autres filles. Peut-être un retour au champ avec les autres esclaves j'imagine, sans avoir d'information à ce sujet. L'intendant semble être parti en excursion.

À Bandol la matrone commence réellement à devenir folle donc, elle ne tient pas le coup on dirait, peut-être s'agissait-il de son premier forfait.

En fait, les filles sont envoyées dans des royaumes lointains dirigés par des rois (j'opte pour la Numidie). Une fois qu'ils ont fini de s'amuser avec elles, car ils veulent vraiment être les premiers, ils les revendent ensuite également et elles descendent de classe sociale en classe sociale. Ces rois ont des mines d'argent et de l'or, et il n'y a pas la même valeur. Ce qui fait que les échanges sont très fructueux.

10 juin

À Antipolis la vie reprend, ils se rétablissent sans les esclaves qui sont en nombre insuffisant. Les dirigeants massaliotes sont partis de la place forte.

À Nikaïa les chefs massaliotes sont arrivés pour inspection, car cette dernière va servir de base militaire uniquement, semble-t-il.

À Hérakléia une attaque ligure a rasé tout ce qui avait commencé à être reconstruit, étant en nombre insuffisant. Cela devait être ça, la mauvaise nouvelle arrivée au fortin.

À Olbia la cité est restée grecque, j'ignore pourquoi, mais elle n'a pas intéressé les Romains, (ils n'ont pas réussi à débarquer je crois lors de la première vague d'attaque début mai) juste une petite attaque marine en bas du tombolo, mais Olbia a dû bien se défendre (présence d'une seconde griffe d'Archimède ?, voir vol. 1 Tauroeis et non Tauroentum)

<u>À Massalia</u> au port, la flotte est sortie. Peut-être veulent-ils empêcher César de monter sa flotte.

<u>Aux Embiez</u> la ville est sereine. À la tour-Fortin, à la grande muraille, tous s'entraînent, revue des troupes, etc.

Enfin c'est pour se rassurer, car ils ont peur. Certainement à cause de l'attaque ligure (cannibales) d'Hérakléïa.

<u>À Massalia</u>, la ville retrouve la peur. Les bourgs aux alentours se vident. Ils commencent à essayer d'organiser la cité pour un fonctionnement en autarcie. Les légions reviennent apparemment, elles ont été annoncées.

Le Strategos se sent prêt, mais ses jambes tremblent quand même. La muraille est prête, les munitions, armes, ainsi que les hommes, etc. Au port, les bateaux sont rentrés, mais ils n'ont réussi à rien faire apparemment.

La nouvelle prêtresse n'a pas supporté les nouvelles restrictions qu'on lui imposait au temple et est partie. Je lui donne ma palme des personnages que j'ai pu trouver dans les échos temporels. Elle remonte seule, à pied vers Avignon (Aouenion au temps des Massaliotes). C'est une femme, on est à l'Antiquité, elle est seule sur la route, elle a les légions de César qui arrivent à gauche, les Ligures à droite, et elle s'en fout complètement. Elle marche seule, juste un cheval la bouscule sur la voie romaine, elle crie après le cavalier. C'est la personne la plus rock'n'roll du récit, il y a un film entier à faire rien que sur elle. Au temple une autre prêtresse a été nommée, plus vieille, plus conventionnelle. Les gens profitent de ces derniers jours de fausse paix, ils savent que ça ne va pas durer. Comme les soldats, la population est prête à subir le siège également.

À Cytharista, ils ne sont pas rassurés non plus, ils s'attendent au pire.

À Carcisis, ils croient toujours qu'on ne va pas s'intéresser à leur petite cité.

Peut-être César a t-il appris que les comptoirs grecs ont été repris.

À La Cadière, sachant que César arrive, notre Bovary antique, décide de partir en bateau et de laisser donc l'exploitation, etc, peut-être pour un retour en Grèce ou autre et demande à son nouvel amant de la suivre. Il refuse, car il n'y avait que les terres et les richesses de son amante qui l'intéressait. En conséquence, se sentant trahie, cette dernière devient très obscure intérieurement, elle écrit à son ancien amant soldat pour qu'il le tue contre une somme d'argent, soit un contrat, son amant étant déjà parti. La cité se prépare au siège et à se défendre, mais progressivement, sachant que César est encore loin.

Au Castellet, l'intendant pense à partir également, il est à moitié décidé, lui par contre a très peur. Il oublie son stress sur ses maîtresses esclaves. Je ne sais pas ce qu'il était avant, mais quelques jours de pouvoir l'ont rendu complètement ignoble. Son monde s'effondre, il fait des crises d'angoisse, ne se sent pas bien et demande à ses esclaves de le laisser seul et s'endort.

À Bandol, comme les filles commençaient à se douter de quelque chose, elles se sont rebellées. La matrone les a faites attacher, droguer, et prostituer. Elle les punit de l'avoir, selon elle, maltraitée et comme elles sont perdues pour la vente , elle essaie d'en tirer le maximum de profit.

f/

11 juin

<u>Antipolis</u>, a subi une attaque ligure massive. La cité est renversée. Ceux qui pouvaient sont partis en navire, abandonnant la cité.

<u>À Nikaïa</u>, la position est stable.

<u>À Olbia</u>, la cité subit une attaque ligure également. Les Ligures savent que les Romains ne protègent plus les Grecs et qu'ils sont ennemis, conséquemment ils en profitent.

<u>Au Brusc</u>, au bastion sud, quelqu'un reçoit une gratification. En ville, les gens sont déçus. Certainement de la perte d'Antipolis, d'Hérakléia, de l'attaque d'Olbia et de plus, de l'arrivée de César. Certains veulent partir.

<u>À Bandol</u>, la matrone engrange de forts revenus, elle se rend compte que c'est beaucoup plus rentable. Les filles sont hagardes, elles sont retournées pour que les hommes ne s'en rendent pas compte. Dans la ville, cela se sait et certains projettent de futures visites.

La matrone sort du noir de sa conscience avec son nouveau profit, pour fuir son auto-jugement, elle se raccroche aux gains.

<u>À Massalia</u>, une grande procession est donnée dans la ville, une effigie dédiée à je ne sais quelle divinité (à Niké peut-être, déesse de la victoire) passe dans la foule, élevée par des porteurs. Ils font le tour de la ville avec, du moins les rues principales, pour demander la victoire ou la survie. Massalia est pleine d'espoir, elle s'en remet aux dieux. Le port est fermé. Il devait y avoir un mécanisme de fermeture.

Ils font creuser une tranchée avec des bœufs devant la muraille et ils mettent je ne sais quoi dedans (certainement du goudron). Le chef de la muraille n'est pas rassuré, effondré même. On lui a amené les têtes de certains de ces capitaines ou de valeureux soldats, d'une autre cité qui serait tombée, j'ignore laquelle (Avignon, Fos?), par un Romain. Peut-être sait-il aussi que César revient avec trois légions, soit deux de plus pour l'attaque que la dernière fois.

À Cytharista, il y a une attaque ligure également. Certains plongent dans la mer tellement ils ont peur d'être dévorés, mais la cité tient.

À Carcisis la cité n'est pas attaquée.

À La Cadière, vu l'attaque ligure de Cytharista, la Bovary antique est résignée à rester. Étant seule, elle regrette d'avoir fait assassiner son ancien amant. La cité est prête à faire face, mais ne se sent pas en danger, bizarrement.

Au Castellet la cité se retranche dans ses murs également. L'intendant devient fou, il s'effondre sur lui-même. Il a peur du moindre bruit, semble perdre la raison. Un ou deux soldats ont fui en passant par-dessus le rempart à l'aide de corde ou autre, abandonnant leur uniforme, pensant qu'ils auraient plus de chance en étant isolés dans la forêt. Les habitants des deux cités ne sont pas extrêmement effrayés, car ils n'ont pas conscience du danger réel qu'ils courent dans les murs de la cité, n'ayant jamais été confrontés auparavant à une attaque dans ces lieux. Derrière leurs remparts, ils pensent être à l'abri.

CHAPITRE 4

Deuxième siège romain de Massalia

a/

2 juin

<u>Aux Embiez</u> mauvaises nouvelles sur mauvaises nouvelles à la tour-fortin, les hoplites de la muraille et du bastion sud sont également affligés, l'humeur ambiante est au noir. L'espoir s'est définitivement éloigné. En ville, les nouveaux habitants massaliotes sont bien contents d'être protégés dans l'enceinte de la ville-forteresse finalement. Des cérémonies pour les défunts sans corps sont données au temple de Perséphone.

<u>À Cytharista</u>, les Ligures ont escaladé les murailles pendant la nuit, mais ils ont été anéantis par les pièges et autres. Ceux qui ne sont pas entrés dans la muraille ont pu fuir. Les Grecs sont surpris de leur victoire rapide. Au port, des navires ont pu ravitailler la cité et partir apparemment.

<u>À Massalia</u> César ou ses légions sont là, mais ils n'attaquent pas, ils vont directement se positionner devant Massalia, mais pas aussi près que la dernière fois, évidemment. Ils installent leur camp, ils sont rouges de rage. Ils veulent intimider la cité, le blocus terrestre est effectif.

Les Grecs en profitent pour faire partir ou faire rentrer les derniers bateaux. Le Strategos ordonne des rondes croisées permanentes sur la muraille, de façon à éviter tout passage d'espions, ou toute intrusion qui pourrait ouvrir ou saboter les portes. La nouvelle prêtresse incite au calme les fidèles qui sont paniqués. César échafaude ses plans sur ces cartes et réfléchit seul dans sa tente. Il y a apparemment des pourparlers (César devant Marseille Guerre civile, livre 2, fait mander les 15 dirigeants ?), mais la cité se méfie. L'accès aux légions est refusé, mais pas à César, comme il est dit dans les textes (Lucain, La Pharsale). Malgré tout, la cité se sent forte, elle savoure ses derniers jours, heures de paix.

La prêtresse qui était partie du sanctuaire s'offre une vie autarcique dans les bois.

<u>Carcisis</u> est ravitaillé.

<u>À La Cadière</u> l'attaque ligure ayant échoué, notre Bovary antique a pu partir par bateau à Cytharista, elle a donné ordre de garder la cité.

<u>Au Castellet</u>, l'intendant est devenu à moitié fou à cause de la peur. Il est resté, mais il délire, il est dans un état lamentable.

<u>À Bandol</u>, une des trois filles est morte d'épuisement ou autre. Les deux autres filles pleurent, la matrone est devenue tellement ignoble que je n'arrive même plus à lire ses fréquences tellement elle me fait vomir. Elle attend de nouvelles filles et a de nouveaux projets.

13 juin

<u>Aux Embiez</u>, une cérémonie est faite pour un chef défunt, peut-être lors des attaques d'Antipolis ou autres. La grande muraille est très triste. Le corps est d'abord exposé en ville pour tout le monde afin de recevoir les derniers adieux du peuple avant de le monter au temple de Perséphone. Il semble que sa mort ait été causée par une flèche ligure sur le repli.

<u>À Bandol</u>, quelqu'un a dénoncé les agissements de la matrone, les filles ont été libérées. Elle a été condamnée à l'esclavage. Quelques hommes ont également été punis. L'ancienne place de la matrone est occupée par quelqu'un qui n'y a pas droit normalement, mais qui profite du lieu, peut-être un serviteur.

Voici pourquoi j'ai décidé de vous narrer l'histoire de la matrone quasiment entièrement. C'est pour vous montrer un des aspects de la justice antique que j'ai trouvé à travers les échos temporels. À l'Antiquité il n'y a pas de dossier centralisé des délits et autres, ni de listing de délinquants ou autre, encore moins de descriptif physique. Non, il n'y a qu'une marque que l'on vous fait certainement au fer rouge quand vous devenez esclave et qui vous suit à vie. Vous pouvez très bien changer d'endroit, ainsi on ne saura jamais ce que vous avez fait, ni personne ne vous reprochera vos délits, par contre, vous perdez votre citoyenneté et vous êtes esclave à vie. Au lieu de vous tuer, on se sert de votre corps jusqu'à la fin de votre vie. Vous devenez un objet.

<u>À Massalia</u>, les Romains brûlent (tout est sous ordre de César maintenant) tout autour de Massalia, végétation, etc, pour signifier la colère de César ? César veut offrir un spectacle de terre brûlée, de ténèbres à leurs yeux, de plus en brûlant tous leurs champs, ils détruisent toutes leurs possibles ressources post-siège. Cette fois-ci, il n'y a quasiment personne à kidnapper, toutes les personnes des exploitations environnantes sont entrées dans l'enceinte de la cité. Le Strategos attend, il ne tente aucune sortie, il attend l'attaque de son ennemi, il reste dans la muraille en position forte. Les légions ne sont toujours pas visibles, cachées derrière les collines. César attend, laisse encore quelques jours de réflexion aux Massaliotes.

La prêtresse du grand temple s'éternise dans des célébrations, des demandes, des prières, etc. Des éclaireurs, espions romains, font des repérages sur le fort extérieur de nuit, ils passent à côté des gardes furtivement sans être vus, pour tenter de faire un décompte dans la cité. Des gardes n'ont entendu qu'un léger bruit.

La majorité de la flotte est sortie et garde les îles du Ratonneau. Quelques navires sont partis encore pour emmener ceux qui souhaitaient quitter la ville avec leur famille, etc.

À Cytharista, la cité est sereine. Il y a beaucoup de départs également, d'échanges par voie maritime. Les militaires qui restent à terre par contre, ont peur.

À Carcisis, les échanges affluent également, ils profitent tous de leur capacité de mouvement par voie maritime avant un potentiel blocus. Des troupes sont débarquées à la cité et vont à Cytharista à pied.

À La Cadière, un camp ligure s'est installé sur la crête, au niveau du sanctuaire des temples dédiés aux divinités ayant un rapport avec la musique. Un camp massif, ils ne se cachent pas. Ils veulent impressionner, faire naître la peur chez l'adversaire.

Quelques soldats désertent, ils sont abattus d'une lance dans le dos. Conséquemment, ils tiennent tous leurs positions, mais avec la peur au ventre.

Au Castellet, subissant trop d'angoisse et de stress, l'intendant est dans une semi-conscience, alité, presque comateux. Un messager part pour Cytharista pour prévenir de la présence du camp ligure.

Embiez, lecture sur place.

C'est bien un des chefs qui est mort, durant les raids d'Antipolis, d'une flèche de ligure donc, semble-t-il.

À la Tour-fortin, tous les hommes sont abattus par la perte de l'un de leurs dirigeants donc. Les femmes pleurent également, etc.

b/

14 juin

À Antipolis, il semble que la flotte de Domitius soit entrée dans le port. À la vue du nombre impressionnant de navires, les Ligures sont partis sans combattre. C'est maintenant la partie hollywoodienne du récit, déjà que. (il faut rappeler que les échos temporels sont faits de fréquence résiduelle de fréquence émotionnelle forte, ce qui explique le caractère parfois mélodramatique de l'écho) En fait, les hommes de Domitius arrivent en masse dans quasiment tous les comptoirs, pratiquement le même jour ou sur deux jours et rétablissent la situation. (il s'agit bien de Domitius, j'ai attendu l'arrivée de Nasidius le 28 juillet pour être certain qu'il ne s'agissait pas de lui vu l'importance de la flotte décrite dans les textes soit 18 navires, or la flotte de Domitius semble être bien plus importante. César dans son texte a l'air de diminuer Domitius, allié de Pompée, son ennemi, afin de lui laisser une trace peu importante dans l'histoire, comme une sorte de mépris. Cela fait un peu comme la cavalerie qui arrive au secours des Grecs au moment où, en essayant de se redresser, les Ligures en profitent pour essayer de leur assigner un coup fatal, par endroits d'ailleurs, ils arriveront malheureusement à leurs fins. Il faut bien comprendre que depuis 600 ans, les Ligures ont perdu progressivement leur accès à la pêche, et aux terres où leurs ancêtres étaient enterrés où ont vécu. Même si la victoire de -154 av J.-C de Quintus Opimius[6] a, sur le papier, fait taire les Déciates et les Oxybiens (Ligures de la vallée de la Siagne) par la défaite, on voit bien qu'ils sont toujours présents et que dès que la possibilité leur en est donnée, soit un signe de faiblesse ou un abandon de l'aide des Romains, ils en profitent

---

[6]Arbre celtique "terrtoire Oxibiens et Deceate cédé à Massalia"

directement pour essayer d'en finir avec les Grecs. En ce qui concerne Domitius, la suite montrera que cela n'a pas été aussi hollywoodien et que l'histoire va reprendre un cours d'évolution bien réaliste. Mais c'est quand même intéressant, les Domitiens, comme je les appelle pour ne pas répéter les hommes de Domitius à chaque fois, ont un aspect psychologique bien particulier, touchant parfois l'irréel, mais c'est une note supplémentaire à ajouter à ce tableau de l'Antiquité fait par les échos temporels recueillis de cette saison 49 av J.-C. À ce propos, pourquoi suis-je témoin de cette année-là et pas des autres ? Je pense que c'est parce que c'est la dernière à avoir imprimé les fréquences résiduelles. Ensuite il y a eu l'ère romaine et les fréquences sont beaucoup moins fortes, mais ce n'est qu'une supposition, à rappeler qu'en temps de paix les fréquences laissées sont très faibles et que je suis, par ce fait, de fait, quasiment aveugle.

Les Domitiens arrivent également à Nikaïa.

À Olbia aussi, les Ligures avaient poursuivi les Grecs qui s'étaient retranchés sur la presqu'île de Giens actuelle, les Domitiens les ont bloqués sur cette péninsule en prenant la partie supérieure du tombolo. Les Romains du courant politique Optimates, opposé à César donc, hommes de Domitius, amis de Pompée, ont repris la ville entièrement. Pas de survivants du côté des Grecs ou très peu sauf ceux qui ont pu se réfugier sur la presqu'île. Des Grecs s'étaient alors jetés à l'eau en ultime recours pour échapper aux Ligures, ils étaient devenus de ce fait, la proie de leurs archers. Olbia a donc été quasiment rasée de sa population par les Ligures et non les Romains de César.

À Hérakléia, c'est également une arrivée de troupes massives par voie de mer.

Idem à Cytharista, je ne comprends pas comment une vague de bateaux aussi importante peut arriver simultanément.

Quelques personnes embarquent dans les bateaux domitiens pour aller avec eux à Massalia. C'est l'entente cordiale, les Grecs massaliotes sont ravis, évidemment.

Temps couvert à Marseille, la ville était bouchée par des nuages bas, je n'ai pu faire aucune lecture. Heureusement que la région est régulièrement ensoleillée, sinon mes relevés auraient eu le même sort que Monaco et ces webcams qui ne fonctionnaient pas.

La webcam du vieux port de Marseille a pu me donner la même information, une vague massive de bateaux Domitiens, également.

Au Castellet, l'intendant est mort, la cité ne sait pas quoi faire.

À La Cadière, une troupe armée domitienne a fait fuir le camp ligure de par son mouvement en sa direction. Dans la cité, ils sont rassurés.

À Bandol, la cité est également baignée par les Domitiens, nouveaux arrivants. Au château, les appartements des chefs sont occupés par des personnes de haut rang, je pense qu'il s'agit de Domitius et de sa femme.

Puis je suis allé aux Embiez sur place pour vérifier et faire une lecture précise des nouveaux arrivants. Ils ne parlent pas la même langue, donc c'est vraiment les Romains de Domitius, mais c'est la crème et la puissance en même temps. Ils sont vraiment nombreux, ils sont arrivés sur tous les comptoirs quasiment en même temps à un jour près, c'est à ne rien y comprendre.

À la tour-fortin, le chef Massaliotes et Domitius discutent, font des plans, parlent d'assurer des positions, etc. Ils font des accords, s'entendent sur des partages, des terres, ressources, etc. Des contrats sont conclus entre les deux parties. Le chef grec prie un peu après l'entrevue pour que ça marche. Les accords commerciaux et autres sont donc faits entre Domitius et le chef massaliote.

Notre prêtresse rock'n'roll dormait dans les arbres, se lavait à la rivière. Se nourrissant de ce que lui donnait la forêt. Dans la nuit elle a pris froid, malade elle retourne à la civilisation pour trouver soin et chaleur.

15 juin

À Antipolis, les Romains de Domitius s'installent et tiennent la position.

Au Port de Massalia il y a un mouvement de flotte, soit la moitié de la flotte est sortie.

Nikaia est restée grecque.

À Olbia la position et la ville sont tenues par les Domitiens. Quelques rares Grecs locaux ont survécu à l'attaque ligure, ces derniers ayant tué pratiquement tous les habitants.

Il semble que les Ligures se soient réfugiés dans un camp à la pointe ouest de la presqu'île de Giens.

Athénopolis n'a eu aucune attaque de la part des Ligures.

Aux Embiez, le contrat qui a été passé avec Domitius est trop exigeant. Les Massaliotes considèrent qu'ils ont été lésés, mais ils n'avaient pas le choix. C'était le prix à payer pour une sécurité immédiate, ensuite une fois la paix rétablie, ils aviseront et changeront certainement d'accords.

Certains se préparent pour une nouvelle excursion d'attaque. La ville est sereine. Les Domitiens évaluent la cité, font des repérages. Une visite de courtoisie est organisée au sanctuaire de temple du mythe de Persée pour Domitius et sa femme, accompagné de leurs gardes. Sa femme est ravie alors que Domitius et ses soldats ne présentent aucun intérêt à cette visite.

Les autres soldats de Domitius restent en ville, ils n'ont pas accès à la grande muraille défensive. Des cérémonies funéraires sont toujours données au temple de Perséphone. À la tour-fortin, plus tard, le chef massaliote rumine un plan de sortie de cette alliance trop coûteuse.

À Massalia il y a un mouvement de troupe romaine vers l'est, certainement une légion. Le feu a tout mis à découvert autour de la cité, personne ne peut sortir sans être vu. Le strategos de la cité est pris par un sentiment de dégoût, il n'y a aucun combat et pourtant le blocus est effectif. Sortir de la cité revient à s'exposer et à être anéanti. C'est une guerre d'attente, ancêtre de la drôle de guerre. Le grand temple est vidé, ils attendaient un dénouement rapide suite à leur prière, et rien n'est venu. La cité a bien été réapprovisionnée, personne n'a faim, le port est toujours ouvert, la mer est aux Massaliotes. Ne connaissant pas la stratégie de César, quelques catapultes ont été ramenées le long de la muraille sud. César compte sur sa flotte.

À Carcisis, les soldats ont peur que le mouvement de troupes romaines se rabatte sur eux, mais il ne fait que passer.

À Cytharista les Domitiens viennent prendre leur dû, les hommes de Cytharista trouvent que c'est beaucoup, mais c'est le prix de la sécurité. Toutes les denrées, tributs, sont embarquées en bateau.

À la Cadière, le camp Domitien est resté en position de garde en face du sanctuaire.

En fait, la légion arrive, elle passe sur le plateau du Castellet, les hommes entendent un " brouhaha " impressionnant au loin.

Au Castellet, ils ont peur, comme à la Cadière, mais pour l'instant ils voient la légion seulement passer. La mort de l'intendant est déjà de l'histoire ancienne, il a été inhumé du fait qu'il semblait souffrir d'un mal étrange et inconnu. Tous les occupants de la cité sont terrorisés par le passage de la légion. Un ou deux fuyards n'hésitent pas à sauter du rempart pour aller se cacher en forêt et espérer survivre en cas d'attaque des Romains.

c/

16 juin

À Antipolis, les Domitiens sont sur place, quelques Grecs reviennent et trouvent leur ancienne maison occupée. La cité est domitienne.

À Athénopolis les Domitiens sont également venus, pour garantir la sécurité selon l'accord conclu avec les Massaliotes.

À Olbia, des Grecs massaliotes sont revenus occuper la ville, mais en tout petit nombre.

Certains sont venus voir s'ils pouvaient retrouver leurs proches, il y a des pleurs, etc. Les Ligures sont toujours rabattus vers l'ouest de la presqu'île.

À Nikaïa la situation est normale

Aux Embiez, soit à la forteresse ville de Tauroeïs, la muraille défensive subit une attaque. Il semble que les assaillants veulent prendre le bastion sud par l'intérieur, soit en passant par le dédale. Je pensais alors qu'il s'agissait potentiellement des Domitiens, que leurs accords avec les Grecs n'avaient pas tenu, or vous verrez ce qu'il en était plus tard et c'est surprenant.

À Bandol, la ville se coupe en deux du fait de la différence de langage déjà, elle se scinde en deux clans, les Domitiens sont du côté château, soit la partie fortifiée, et les Grecs sont du côté nord. Les Grecs restent méfiants.

À Massalia, César essaye de ruser. Il essaie de faire entrer des émissaires pour parlementer, mais ce sont également des espions en reconnaissance. Ils sont refoulés aux portes sans qu'il ne soit fait aucune atteinte à leur personne (plus tard, je penserais qu'il s'agissait plutôt d'émissaires envoyés par César pour demander la reddition des Massaliotes suite à la défaite de la bataille navale). Strategos tient sa muraille de pieds ferme, il exige un contrôle de toutes les positions, tous les hommes doivent être prêts au combat à tout moment, aucun d'entre eux ne doit relâcher son attention.

Les Domitiens se répandent dans la cité et viennent compléter la muraille.

Au Grand temple une certaine tranquillité est revenue. Du fait de ne pas voir la guerre, les prêtres se relâchent et mènent une vie normale, pensant presque qu'il n'y aura pas d'assaut.

César attend des nouvelles de la légion qui est partie à l'est, il ignore le fort extérieur pour l'instant. Le camp des légions est tranquille, ils savent qu'ils sont là pour longtemps.

Suite au refus des émissaires, quelques divisions romaines s'avancent juste pour faire face aux murailles. La limite de sécurité étant leur ancien camp, ils savent les marques à ne pas dépasser. Ils attendent un moment puis repartent au camp. Il s'agissait d'une manœuvre juste pour intimider. Les hommes sur la muraille rient. Les Romains effectuent alors un tir de catapulte avec un élément léger et ils touchent un endroit voulu très précis de la muraille. J'ignore lequel, mais la précision impressionne. Les soldats de la muraille reprennent leur sérieux, frappés de stupeur. En conséquence un rassemblement est réalisé pour revoir la défense, consolider les points faibles atteignables par des tirs précis.

À Cytharista, les Domitiens ne sont pas restés, ils ont pris leur dû et sont partis, du moins les bateaux remplis de denrées.

À Carcisis, les soldats restent sur leur garde.

Le fort extérieur de Massalia est plus que tranquille, il ne se passe strictement rien.

À La Cadière, les Grecs ont donné l'autorisation aux Domitiens d'occuper la crête soit à côté du sanctuaire de temple dédié aux divinités de la musique.

En conséquence, la propriétaire de l'exploitation et du domaine (la Bovary antique) étant toujours absente, quelques musiciens se sont autorisés une petite fête dans la salle de réception (pensant que ce serait la dernière).

Les Grecs sont bien contents que la légion ne soit pas venue pour eux, mais ils ne sont pas rassurés pour autant. Cette dernière a contourné les acropoles en passant par le plateau du Castellet (voir plan p346) et scrute les limites, car ils veulent assiéger Tauroeïs où César sait qu'il y a la tête gouvernante des Massaliotes.

Au Castellet ce sont les mêmes sentiments qui règnent, soit ils ne sont pas rassurés, mais bien contents que la légion soit passée et ne les ait pas attaqués. Des espions partent du Castellet pour regarder ce que font les Romains, décision prise par la garde de l'Acropole. Ils veulent également envoyer des espions en direction de Massalia afin qu'ils vérifient si les Romains n'ont pas fait de dégâts sur la route qu'ils ont empruntée, soit les cultures certainement. En attendant qu'un nouveau gouverneur soit nommé, quelques personnes profitent des appartements de l'ancien maître.

Au front nord de Tauroeïs, soit la barre de colline du gros cerveau au mont Caume, la légion a pris position face au mur de falaise derrière les collines et des éclaireurs-espions sont envoyés pour repérer les positions, camouflés avec des branches, des feuilles, etc. Ils butent sur les falaises et les premières fortifications. Il n'y a aucun passage sauf à côté du gros cerveau, soit au même endroit où les Ligures avaient perdu tous les hommes de leur attaque pour s'être engouffrés dans le couloir bourré de pièges, où seuls ceux qui étaient restés en position arrière avaient survécu. Au fort de vigie du Gros Cerveau, les Grecs de Tauroeïs sont inquiets. Ils ont peur. Une légion romaine c'est impressionnant, soit 6000 hommes. Au fort du mont Caume, un messager est envoyé pour la forteresse des Embiez. Un tribun est présent pour gérer l'attaque. Un messager est envoyé à César pour le prévenir de la situation. Les Romains sont dans l'attente de sa réponse.

lecture précise sur place

<u>Aux Embiez</u> une attaque a bien eu lieu, par voie maritime, ils ont réussi à passer la chaîne de blocage de la baie (un commando pour l'ouverture, vu le lendemain seulement en plein jour) et à arriver jusqu'au port, l'attaque a été stoppée nette au pied du bastion sud, à la fin du dédale. L'attaque a-t-elle eu lieu de nuit au clair de lune ?(soit la soirée du jour précédent) Il y avait deux, trois galères, des mercenaires d'élite de César. À la tour-fortin, le chef grec est sorti crier sur la terrasse qu'ils n'avaient aucun honneur et qu'ils attaquaient non de front comme des lâches.

Ils avaient dû prendre des galères grecques et être déguisés en Grec pour pouvoir naviguer tranquillement jusqu'à la destination (des galères prises aux Grecs lors de la bataille navale, ce que je comprendrais plus tard, la mer étant redevenue sous domination grecque, les Romains n'ont pu attaquer qu'en se faisant passer pour des Grecs dans un premier temps pour l'approche).

J'ignore comment ils ont cassé la chaîne, ce qui favorise l'idée d'une attaque de nuit . Y avait-t-il un clair de lune ce soir-là ?

Car sinon la luminosité est vraiment insuffisante et dangereuse pour la navigation de côte.

À la tour-fortin, une garde rapprochée de beaucoup d'hoplites, au moins quarante, est présente pour entourer et protéger le chef. Ils restent pour le cas où il y aurait des infiltrés solitaires. L'attaque a dû se passer la nuit certainement, j'avais vu seulement des fréquences de bataille en plein jour et ce type d'attaque n'a pu être réalisé que de nuit, je pense. La tour-fortin est empreinte d'une forte paranoïa, la peur donc, qu'un assassin isolé se soit caché, attendant une occasion pour tuer le chef.

17 juin

Aux Embiez une célébration religieuse importante est donnée au temple d'Artémis du sanctuaire. Il semble avoir eu des problèmes au grand Gaou. En fait, je ne l'ai vu que ce jour, mais l'action a dû se passer en même temps que l'attaque de la muraille des jours précédents. Un bombardement incendiaire a eu lieu via les galères romaines au grand Gaou, soit la passerelle et la partie sud de la ville fortifiée. Une attaque sans résultats probants, seulement des dégâts. Il y avait une volonté d'incendier la ville, deux, trois galères également, pour faire diversion et laisser plus de chance à l'attaque de la muraille. Les derniers assaillants de l'attaque sont bloqués dans le dédale en dessous du bastion sud, soit dans le final du dédale. Une fois que les assaillants se rendent compte que l'accès au bastion sud est impossible, ils se rabattent sur ce qui leur semble être une issue dans le dédale et qui n'est en fait qu'un cul-de-sac. Ils sont alors acculés et ne peuvent faire demi-tour sous peine de repasser devant un flux de tirs mortels. Bloqués dans leur retranchement, ils sont tellement virulents que les Grecs ne tentent même pas de les attaquer, ils préfèrent les laisser emprisonnés pour le moment. À la tour-fortin, le chef s'est autorisé une sortie pour voir la lumière du jour.

À Bandol, une fête est donnée au château avec des danseuses pour la femme de Domitius, c'est elle qui organise. En fait, elle est seule avec les danseuses qui exécutent leur ronde. Après avoir regardé le spectacle et toutes les danseuses, elle fait son choix et la danseuse choisie doit s'occuper de sa maîtresse. La limite des Grecs et des Domitiens est toujours respectée.

À Massalia, la cité a subi un assaut massif avec tlrs de catapultes et un assaut d'infanterie progressant rapidement pour passer sous la portée des catapultes. L'attaque a été stoppée et repoussée. Il y a des pertes. Le Strategos est blessé. Les Romains laissent leurs appareils d'assaut sur place hors de portée des catapultes grecques de la muraille en se retirant. La muraille soigne ses plaies et ses blessés, etc. L'assaut a été massif et comportait de multiples tours d'assaut, etc. Dans la nuit, un brasier est allumé par les Romains à une certaine distance pour signaler qu'ils ne se retirent pas et intimider les assiégés. Ils effectuent des tirs de boule de feu trop loin pour atteindre la ville, mais pas la muraille. Ces tirs de boules de feu sont réalisés de temps en temps pour maintenir la pression. Ils catapultent également des corps de soldats grecs tombés de la muraille et qu'ils ont récupérés lors du repli ou autre.

Au grand temple, les Massaliotes reviennent prier. En ville également les gens sortent de leur lieu d'habitation et implorent les dieux de les protéger et de leur donner la victoire. Il n'y a pas de procession cette fois-ci. Celui ou celle qui ne sort pas de chez lui pour implorer les dieux est mal vu comme s'il portait la poisse à la cité. Au port, un navire est revenu abîmé, il a été attaqué.

À Cytharista des navires attaqués sont également revenus.

À Carcisis, le trouble et la peur règnent.

Au fort extérieur de Massalia, ils désespèrent à la vue d'une faction romaine qui vient sur eux. Le fort est assiégé par les Romains qui ne laissent aucun survivant.

<u>À La Cadière</u>, c'est la panique à l'Acropole, la cité a peur que la légion se rabatte sur eux. Les musiciens dorment encore et décuvent, ils fuient le présent, la réalité. Les Domitiens repartent à Bandol.

<u>Au front du Gros Cerveau</u> :

La légion s'est engouffrée dans le col à côté du fort du Gros Cerveau et a été repoussée. Auparavant une ligne de guerriers ligures s'était présentée face à la légion. Puis un homme seul s'était avancé pour parlementer. Certainement il avait dû vouloir les prévenir des pièges du col, enfin je n'ai pas d'information à ce sujet. Je ne pense pas qu'ils se soient liés aux Romains pour combattre mais les Romains ne les ont pas écoutés. Se sentant invincibles, ils ont plongé dans la défense du col du Gros Cerveau, du moins après le col et se sont fait digérer par les pièges comme les Ligures auparavant (également des tirs doivent être effectués du fort situé juste au-dessus). Finalement la légion a fait demi-tour et est partie vers Bandol en contournant le massif. Les Romains cherchaient alors à attaquer les défenses de Tauroeïs hors des collines, sur sa face ouest. Les Ligures se sont rabattus sur le Castellet, qui a tenu. Pareil, ils exhibent des corps de ligures mutilés aux murailles. Les Ligures repartent, car ils ne sont pas assez nombreux, ils ont juste tenté leur chance.

d/

lecture du 18 juin

À Nikaïa des émissaires ont été reçus pour parlementer.

À Olbia, des habitants de Massalia viennent pour repeupler la ville.

À Athénopolis Domitien et Grec vivent ensemble.

À Massalia, au port, de plus en plus de navires sont attaqués lors de leur sortie.

Aux Embiez tout est redevenu normal, les soldats acculés dans le dédale sont morts, criblés de flèches certainement, et le petit Rouveau a été réinvesti.

À Bandol malgré l'attaque au Gros Cerveau, c'est toujours dans une insouciance surréaliste que se passe la vie au château, rire et chants, etc, entre femmes. Elles sont droguées. (je découvrirais juste après pourquoi)

À Massalia, le front se déplace vers le sud-est et s'agrandit. Ordre est donné de détruire le plus possible les catapultes si possible évidemment. Le Strategos blessé est inapte au combat, il a été remplacé par un autre Strategos plus vieux qui n'a aucune autre stratégie que de continuer celle de son prédécesseur. Encore une journée où Massalia a subi un assaut massif, mais elle tient. Les Romains se retirent avec leurs blessés. Des espions ou saboteurs essaient de se dissimuler parmi les blessés ou se laisser pour morts, déguisés en Grecs. Cette fois-ci, vu la hardiesse de l'assaut, la ville a vraiment peur. Au temple c'est la panique. Des espions infiltrés sont dans la ville. Ils cherchent à tuer des décideurs, Strategos, etc, ou cible stratégique.

Les navires reviennent tous abîmés au port, le blocus maritime semble effectif.

À Carcisis, des bateaux ne pouvant aller à Massalia se sont réfugiés au port.

Cytharista semble à nouveau assiégée. On dirait que cette fois-ci elle n'a pas résisté longtemps.

Au front du Gros Cerveau, la légion n'ayant pas réussi à passer le col de Tauroeïs, elle s'est divisée, une partie a rasé Bandol. En fait les filles se sont droguées pour mieux accepter la mort, leur maîtresse (la femme de Domitius, je suppose) était partie avant en bateau vers la Corse en les abandonnant à leur sort (plus de passagers, plus de poids, moins de rapidité dans la fuite). Une autre partie de la légion a rasé La Cadière, cette fois-ci, le temple d'Héraclès tuant l'hydre de Lerne a été détruit, les Domitiens qui étaient au camp en face de la crête se sont enfuis dans la forêt (peut-être ceux-là étaient vraiment des pâtres, bergers, comme l'indiquait César), ceux qui ont survécu à l'assaut de l'Acropole sont faits prisonniers, les Grecs sont tués. Le Castellet n'est plus qu'un brasier géant, une torche allumée, et ensuite ils sont allés raser Cytharista. Cela a été le dernier jour grec de Cytharista, Le Castellet, Bandol et La Cadière.

Les filles de Bandol, servantes de la femme de Domitius, ne sont ni violées ni torturées, mais elles sont jetées dans les brasiers vivantes.

Dans ces quatre cités, l'assaut a été une vague inarrêtable, munie de grandes échelles, etc

À Bandol, un centurion s'assoit cinq minutes à la partie panoramique du château et contemple le paysage, soit dans l'appartement des chefs, puis repart.

19 juin

Aux Embiez c'est la panique en ville, des Grecs font des crises d'hystérie au temple de Perséphone. La muraille est glacée de peur. Ils ne voient plus aucune issue. Militairement, tout tient debout, tous les postes sont occupés. Le fort militaire de Portissol est pétrifié de peur également.

À Bandol les Romains adaptent et préparent le château (butte du château à Bandol, demeure des chefs). Il est remis en état.

À Cytharista la ville ayant été rasée de vie humaine, des Ligures isolés viennent faire de la récupération. Ils croient qu'ils resteront les maîtres de la ville.

À Carcisis la ville a résisté, la légion est répartie sur Massalia. En fait, ils se sont engouffrés dans le couloir défensif fraîchement créé et ont pensé qu'ils échoueraient comme au col du fort du Gros Cerveau, donc ils ont abandonné et rebroussé chemin.

À Massalia, le front s'élargit toujours en encerclant la ville doucement. Strategos ne veut plus gaspiller d'hommes et décide de laisser les pièges de la muraille faire le reste. Ils laissent entrer les Romains qui s'engouffrent dans des pièges, etc, soit il n'y a plus de front direct. Quand des prisonniers grecs sont faits, ils sont crucifiés, suppliciés sur une colline en face de la muraille, etc, pour bien les faire hurler afin de décourager les assiégés. Il y a des équipes spéciales pour effectuer ce type de pratique, soit pour les faire entendre le plus possible et déchirer le ciel de leur cri.

Au port quasiment tous les bateaux sont en réparation. César est averti de l'aspect redondant des appartements de Bandol. Une visite est prévue, il ira plus tard.

À La Cadière, au temple d'Héraclès qui est finalement semi-détruit, les Ligures y font également de la récupération, écoeurés que les Romains aient brûlé les corps : leur dessert. La légion n'a fait que passer, ils n'ont rien laissé derrière eux.

Le Castellet a tellement brûlé qu'il n'y a vraiment rien à récupérer.

À Bandol il y a de grands préparatifs effectivement, dans les appartements un grand cérémonial est prévu. Toute la partie du château est nettoyée pour César.

e /

20 juin

À Bandol des préparatifs de haut rang sont toujours effectués, impérialement, la ville est nettoyée et remise en ordre, les temples sont rasés et servent de carrière.

À Antipolis, les Domitiens sont sur le départ.

Nikaïa reste grecque.

Olbia reste Domitio-Grecque.

Des Ligures semblent toujours coincés sur l'extrémité ouest de la presqu'île de Giens.

À Athénopolis, les Domitiens vont partir, les Grecs restants ont peur, les nouvelles sont arrivées semble-t-il.

Au port de Massalia, faire une sortie en mer devient trop risqué, semble-t-il, le Ratonneau a dû être repris.

Aux Embiez, les bateaux qui étaient à Carsicis sont venus à Tauroeïs, les Domitiens et autres. Ça rassure les militaires, mais pas les habitants de la ville. Les hystériques ont été sortis du temple de Perséphone avec fracas. Les Domitiens font part du blocus de Massalia.

Il y a toujours des cérémonies et des cultes au petit sanctuaire, certains s'enferment dans la célébration. En ville, il y en a qui deviennent fous face à la peur de la mort, ils déraisonnent.

À Bandol, la cité est devenue très propre, romanisée, les pierres des temples ont été retaillées pour le besoin.

Le bastion militaire de Sanary/ Portissol est pétrifié de peur.

À Massalia, c'est une journée sans combat aujourd'hui, retraite.

On annonce à César que sa base arrière de Bandol est prête. Il est satisfait.

Les Massaliotes se reposent et récupèrent, et en profitent pour faire des réparations de la muraille, ils ont été très éprouvés. Massalia respire un peu, avec la trêve, la peur et la tension s'évaporent légèrement. Au grand temple, les gens pensent que les dieux les ont abandonnés, ils n'y viennent quasiment plus pour l'instant. La nouvelle prêtresse se prend des insultes, certains la tiennent pour responsable. Les Massaliotes réparent doucement la muraille dans la fatigue nerveuse et autre.

Une partie du camp romain est levée, César vient vers Bandol.

Au port de Massalia, quelques navires sont repartis, le problème vient plus de rentrer que de sortir apparemment. Strategos fait un décompte de ses pertes en hommes, le constat est navrant. Il sait qu'ils ne pourront pas tenir indéfiniment, qu'un jour la muraille sera percée. Il pense à orienter la défense sur une avalanche de pièges, sans mettre en péril la vie des hommes, au maximum. Ils élaborent en conséquence des stratagèmes et de nouveaux pièges avec de petits dédales.

Sur le front, c'est quand même une atmosphère de mort qui règne, beaucoup de corps sont toujours là, les Romains laissent pourrir les leurs pour espérer contaminer les Massaliotes par une potentielle épidémie et guettent une éventuelle ouverture de porte ayant pour but de les retirer, pour une attaque-surprise. Peut-être des soldats romains vivants sont cachés parmi les morts.

Carcisis tient toujours le choc, les bateaux sont partis pour Tauroeïs.

À Cytharista, toujours, dans les cendres créées par le passage de la légion romaine, les Ligures se remettent à la pêche avec le plus grand des plaisirs, eux qui étaient privés d'accès à la côte depuis longtemps.

À Massalia, au grand temple, la prêtresse sort les grands moyens, elle effectue le sacrifice humain d'un nouveau-né, et elle lit la victoire dans ses entrailles. Après les efforts pour réparer la muraille, après les assauts des jours précédents, les soldats sont exténués.

Le Ratonneau est occupé par les Romains, évidemment, dès qu'un navire est construit, il le rejoint.

Au grand camp des légions face à Massalia, les troupes romaines se soignent, etc. Les blessés, rendus inaptes au combat, sont achevés. Cela fait toujours moins de bouches à nourrir. Les autres soldats se taisent s'ils sont témoins ou on les amène plus loin, dans la discrétion si besoin, en charrette, etc. Certains sont soulagés que César parte à Bandol, personne n'est à l'abri d'un de ses caprices. Aucun soldat n'est perturbé par la guerre et tout ce qui vient de se passer, car c'est leur quotidien, comme s'ils étaient en enfer et qu'ils ne pouvaient plus en redescendre. Des prisonnières faites je ne sais où sont amenées aux centurions. Des soldats mangent des bouts d'homme en cachette, qu'ils avaient au préalable récupérés sur le champ de bataille ou autre. Les toilettes sont d'une puanteur manifeste. Les Romains font des trous, puis une fois pleins, ils les recouvrent de terre puis font un autre trou. Les chevaux semblent être mieux soignés que les hommes, soit des hommes sont aux petits soins pour eux. Un messager part pour Arles pour voir l'avancée de la construction des bateaux, je pensais alors.

À La Cadière les Romains de César réinvestissent et réparent l'Acropole en tant que base arrière protectrice de Bandol. César est venu à cheval à l'oratoire de La Cadière, soit le lieu de la demeure des chefs, pour inspecter l'endroit, et se dit : ce sera très bien pour un "tel", qu'il nomme à cette place, puis il part vers Bandol. Les temples du sanctuaire et autres sont transformés en tas de pierres et carrières également.

Le Castellet est tellement détruit qu'il y a juste une petite vigie, quelques hommes qui ont été mis sur place, avec un brasier pour indiquer aux Ligures la présence romaine.

À Bandol, César arrive avec deux cavaliers uniquement avec lui. À l'entrée de la ville, il leur demande de le laisser continuer seul, la ville est romaine maintenant. A son passage au galop en ville, prévenus et positionnés en ligne de chaque côté de la rue pour l'accueillir, les gens l'acclament fortement. Lui, fonce tout droit jusqu'au château. De fait, ils ont peur de ne pas avoir été à la hauteur puisqu'il ne s'est pas soucié d'eux. Il entre dans les appartements, cela lui plaît, il est conquis. Puis il prend un bain, aidé de sa servante. Il ne lui fait aucun abus. Plus tard, il donne des ordres pour le camp du front de Massalia avant de s'endormir.

La nouvelle ville romaine est fière d'avoir César dans ses murs.

21 juin

Aux Embiez la ville n'est pas rassurée, il y a eu une attaque romaine par voie maritime côté sud. Ils n'ont pas réussi à entrer dans l'enceinte de la ville. Il semble qu'ils ont détruit les temples du petit sanctuaire et les trois autres devant. Ils n'ont pas réussi à passer le dédale qui laissait croire aux assaillants qu'il donnait l'accès au mécanisme d'ouverture de la chaîne, permettant l'accès à la baie, soit située sur l'actuelle île du Petit Rouveau. Au port des Embiez, ils se préparent à les repousser en mer au cas où la chaîne tomberait. Ils postent pour cela des galères devant le petit Rouveau. Les navires romains repartent pour Bandol, l'attaque a échoué. Le temple de Perséphone est protégé de par les nouvelles fortifications. Quand les navires repartent, les Grecs considèrent cela comme une défaite de la part des Romains et crient leur victoire. Au niveau du port des Embiez actuel donc, c'est une attaque au niveau du dédale qui a été repoussée. J'ignore le nombre de bateaux qui ont été utilisés. Des romains se laissent passer pour morts pour essayer de rester sur l'île afin de pouvoir par la suite espionner les défenses ou créer des dégâts. Pour les raisons de l'attaque éclair, comme César était arrivé à Bandol, il fallait marquer le coup.

<u>À la tour-fortin</u> le chef perd de sa stabilité, ils ne sont plus que deux en haut gouvernement. Dans la ville, il y a des Grecs terrifiés qui creusent des trous en cas d'attaque pour se cacher.

<u>À Bandol</u> l'attaque a été faite pour honorer la présence de César donc. Ils rentrent au port, ils ont perdu, mais sont fiers d'avoir combattu. Il y a pas mal de pertes d'hommes. César se doutait bien qu'ils n'y arriveraient pas et cette forteresse de Tauroeïs commence à lui poser problème.

Il ne voit pas de solution viable, sur terre comme sur mer, c'est l'échec. Il veut faire appel à une légion pour faire des attaques plus massives sur plusieurs fronts. Les blessés graves ne sont pas maintenus en vie. Il y a des petits règlements de compte en ville dont j'ignore la cause, la convoitise, semble-t-il.

<u>À La Ciotat</u>, les Ligures voient des navires romains se rapprocher et prennent peur, ils s'éloignent un peu des côtes pour ne

pas être vus. Une troupe d'assaut est venue de Massalia. Carcisis a finalement été rasée de l'occupant grec. Les Romains ne laissent qu'une centaine d'hommes à Cytharista et continuent vers la Cadière.

<u>À Massalia</u> les combats n'ont toujours pas repris. Apparemment, César compte couper la tête du gouvernement massaliote à Tauroeïs en premier. Il pense que c'est la clef qui lui ouvrira Massalia sans un siège long et coûteux. Strategos semble surpris qu'il n'y ait plus d'attaque. L'ancien Strategos est finalement infirme, paralysé. Dans la ville, les gens profitent à nouveau des jours de juin, Massalia croit à nouveau qu'elle a vaincu César. La flotte est à quai, le blocus est toujours effectif, soit le port est vide d'activité. La muraille défensive de l'enceinte de la ville a fini d'être rafistolée, provisoirement. Massalia reprend son souffle. Les Romains laissent juste assez de troupes pour maintenir le blocus sans attaquer. Il semble qu'il y ait un mouvement de troupes vers l'est également. En ville, la vie continue presque normalement, ils ne sont pas encore en manque de ressources.

<u>À Antipolis</u>, les Domitiens sont quand même restés.

<u>À Olbia</u> idem, les Domitiens et les Grecs sont toujours là.

<u>À La Cadière</u> un chef romain a été nommé et prend possession de l'Acropole. Il est très noir intérieurement ,noir, noir, noir. Une place fixe, cela ne lui convient pas, il préfère mener des campagnes. Peut-être n'obéit-il pas toujours aux ordres de César et prend des initiatives hasardeuses. Il ne présente aucun travers psychologique pour l'instant, c'est juste un homme de guerre. Il s'ennuie dans ses nouveaux appartements, en même temps il n'est pas jeune. César le considère vraiment et pense faire ce qui est le meilleur pour lui. La place et le camp sont tenus en base arrière, c'est la protection idéale pour le camp de Bandol de César et c'est sa mission, qu'il accepte évidem-

ment, mais il espère bien un jour re-combattre, le plus rapidement possible. Les cris de la guerre lui manquent. Ses soldats ne rigolent pas, jamais l'Acropole n'a été aussi bien gardée. Ils prévoient d'agrandir le camp.

Au Castellet, il y a un peu plus d'hommes. Ils commencent à tout déblayer.

Bandol lecture plus précise

Bien qu'il ne lui donnait aucune valeur, César regrette l'échec de l'attaque. Il prend du bon temps, en profite pour se reposer. Il lit, il écrit. Réfléchi à des stratèges, etc. il règne un très grand calme autour de lui quand il est dans son appartement.

f/

22 juin

Aux Embiez il n'y a pas eu d'attaque aujourd'hui. La population retourne au sanctuaire et pleure ce dernier qui est détruit. Il semble qu'il y ait eu une petite rébellion sur la muraille.

À Bandol César est toujours là, il accueille quelqu'un de marque et lui fait tous les honneurs à son arrivée, il y a les drapeaux qui sont au vent, etc, rangés devant les appartements. La ville est au garde-à-vous pour accueillir cet invité de marque.

À Massalia, les Romains préparent quelque chose. Ils semblent surélever leurs catapultes, peut-être sur des tours, pour augmenter leur portée sans être atteignables par les catapultes grecques. Des essais sont effectués, sans résultats apparents. Seuls des éléments légers arrivent à destination, mais ils ne font pas de dégâts. Agaçés du manque de résultat, ils catapultent des têtes coupées de prisonniers grecs certainement, qui s'écrasent sur la verticalité de la muraille. Le Strategos trouve cette initiative méprisable, indigne du statut des Romains, ce qui pour lui, les rabaisse à un rang inférieur. Les Grecs reprennent les rondes croisées sur la muraille.

La nouvelle prêtresse veut fuir la ville, elle s'habille normalement pour essayer de prendre le premier bateau qui partira. La ville nage dans une tranquillité surréaliste. Les gens essaient d'être normaux, mais parfois, la peur s'exprime par des paroles irraisonnées. Au port, la situation est toujours la même et les bateaux qui essayent de partir sont repoussés et reviennent abîmés.

La prêtresse rock'n'roll a été capturée par les Ligures, elle sert d'esclave se faisant passer pour muette. (plus tard elle s'échappera lors d'une traversée de rivière, feignant de ne pas savoir nager, sachant qu'aucun ligure ne se risquerait à la sauver. Elle retournera à Massalia, arrivée discrètement aux portes, criant qu'elle était l'ancienne prêtresse, les gardes ne la connaissant pas du fait de son court passage au grand temple, la laissèrent dehors, pensant également qu'elle pouvait être une espionne ou issue d'un stratagème inventé par les Romains, c'est quand ces derniers l'abattirent d'un coup de flèche ou autre, que les gardes comprirent alors qu'elle disait la vérité) Au temple, on note l'absence de la prêtresse (celle qui l'a remplacée), on la fait rechercher en ville.

<u>À La Cadière</u>, en fait, c'est le chef de l'acropole de La Cadière qui a été invité chez César. C'est lui-même qui prépare son cheval. Le camp a été agrandi.

<u>Au Castellet</u>, l'intérieur de l'Acropole est reconstruit peu à peu, mais sous forme romaine. Il est demandé d'assurer la production pour fournir César, les troupes, etc. La cité sera tournée vers la production et non le militaire.

g/
23 juin

La légion qui était partie de Massalia a dû s'arrêter à Fréjus pour les prochaines opérations.

À Antipolis la légion romaine rase la ville, ils démantèlent les murailles et les fortifications (pour ne pas avoir à les reprendre si les Grecs venaient à récupérer la ville à nouveau : mortelle erreur, vous verrez par la suite)

À Nikaia il y a une attaque romaine également, les Grecs sont retranchés dans le château.

Olbia reste inchangée.

À Massalia, au port, la moitié de la flotte est présente, les bateaux sont abîmés, il y a beaucoup de morts dessus. (une nouvelle bataille navale, tentative de briser le blocus? comme je le penserai par la suite)

Aux Embiez, la cité semble avoir été renforcée.

À Bandol, la nouvelle ville romaine est devenue la cité du penseur, César. Il y a toujours ce qui semble être des règlements de compte en ville, des meurtres.

À Massalia, les Romains cherchent toujours à augmenter la portée des catapultes. Il commence à y avoir des résultats, mais toujours insuffisants. Pendant ce temps, la muraille se répare un peu plus, de consolidation rapide, ils passent à de réelles réparations. Les Romains envoient toujours des têtes catapultées de temps en temps. De nouveaux recrutements sont faits chez les Grecs. Ils acceptent de très jeunes recrues finalement, dévouées et voulant se battre pour défendre leur ville. La prêtresse est finalement partie avec un bateau qui a pu passer, il a pris une pluie de flèches. Toujours habillée normalement, peut-être avait-elle vu la fin dans les entrailles du sacrifié, un bébé volé. Les Romains construisent de nouvelles machines, des tours d'assaut ?

Quelqu'un tue l'ancien stratégos qui était blessé pour abréger ses souffrances, ou plutôt, ne pas le laisser dans cet état neuro-végétatif. Les yeux de ce dernier semblent le remercier.

Au grand temple, une autre prêtresse est nommée, très vieille celle-ci, elle s'enferme dans des rites anciens, délimite une zone avec je ne sais quoi pour la protéger. Elle n'est pas vigoureuse, elle manque d'énergie, elle est vite fatiguée. Elle ne fait qu'une chose à la fois.

À Cytharista les Romains réentreprennent la cité, ils démontent les fortifications également et laissent un bastion, comme à leur habitude.

À Carcisis, ils laissent une garnison, en attente de décision.

À La Cadière les hommes se relâchent un peu, ils savent qu'ils sont en nombre, ils ne craignent plus rien. Le chef romain mange abondamment, quasiment un festin pour lui tout seul, les serviteurs mangent les restes tellement il y a de mets.

Au Castellet, le camp s'organise doucement. Ils veulent en faire donc, une zone de protection des denrées de la production environnante.

À Bandol, César a lu puis s'est endormi, très méditatif. Ce lieu est sa retraite, il en profite. En fait c'est sa chambre, au bout de deux jours, je me suis dit que ce n'était pas normal, ça commençait à sentir le troisième âge. Les fréquences résiduelles des échos temporels journaliers sont dans l'ancienne pièce de réception de l'autre côté, son Q.G maintenant, où il passe ses journées, que j'ai trouvée du fait, en m'alarmant de si peu d'activité.

Aux Embiez beaucoup de réfugiés sont arrivés au port de Tauroeïs, dont des blessés, certainement ceux qui ont pu fuir Cytharista et Carsicis. Du côté du port des Embiez actuel, il y a une masse noire à terre (peut-être post brasier funéraire). Ce sont les blessés qui sont morts. Un premier tri est effectué. Il y a également une épidémie sur la muraille depuis hier, certainement à cause des soldats blessés ou morts qui ont été ramenés. Les Grecs ont le moral au plus bas, c'est la désolation.

24 juin

À Antipolis les Romains continuent le démantèlement des fortifications, ils rasent les temples qui sont transformés en carrières, à part peut-être quelques exceptions. Les corps issus de la bataille sont brûlés. Le bastion du fort Vauban est conservé.

À Nikaïa ceux qui s'étaient réfugiés dans le château, au lieu de fuir, ont tenté une dernière attaque suicide. Il ne reste que les morts. Les Romains commencent le démantèlement partiel également des murailles et des temples.

À Olbia la ville est rasée par les légions romaines également, sans grande difficulté. Les Domitiens résistent sur la partie sud de la ville.

À Athénopolis, c'est la confirmation d'une attaque par voie maritime qui a dû se dérouler hier. Les Grecs et les Domitiens sont retranchés dans le bastion, qui semble être sur l'emplacement de la citadelle actuelle.

À Massalia, le port est en feu, la flotte est en feu. Est-ce un sabotage ?

À Hérakléia, les Ligures ont rattaqué et ont fait fuir les Domitiens (par mer).

<u>Aux Embiez</u>, à la grande muraille défensive est, l'épidémie fait ses premiers morts, la ville est mise en quarantaine. Les morts sont brûlés sans passer par le temple de Perséphone. Il n'y a pas grand monde à ce dernier, juste un garde, car il est interdit d'accès. Certains habitants de la ville persistent à vouloir aller prier et demandent de l'aide devant les temples détruits, remplis de désespoir.

Le bastion militaire de Sanary est affligé.

<u>À Bandol</u> des jeux sont organisés sur la place, deux hommes sont exécutés, tués par des bêtes sauvages. César, bien qu'ordonnateur, n'y participe pas, ça ne l'intéresse pas. Il l'ordonne, car il sait que cela plaît au peuple. En fait il devait s'agir des assassins qui sévissaient en ville que j'avais pris pour des règlements de compte, ils prenaient prétexte de règlement de compte pour tuer la nuit. (il semble que ce soit une règle de justice, les assassins sont jetés aux fauves)

<u>À Massalia</u> les Romains sont arrivés à leur fin. Ils ont avancé un peu leurs catapultes et les ont protégées des tirs ennemis. Ils bombardent la muraille sans relâche. Puis c'est l'assaut des troupes qui est finalement digéré dans les pièges de la muraille. Les Romains sont dépités, ils n'ont même plus le cœur à catapulter des têtes. Un messager est envoyé à César. Les Massaliotes font des tas de soldats romains morts et les brûlent devant les murailles pour bien signifier leur victoire et leur détermination. Strategos est fier d'avoir une fois de plus repoussé les Romains sans trop de dégâts. Sur la muraille, les catapultes abîmées sont remplacées.

Au Temple la vieille prêtresse fraîchement recrutée s'est faite renvoyer, inapte à remplir son rôle selon eux. Personne n'a pris sa place actuellement.

<u>À Cytharista</u> les Romains remettent en route la production pour assurer l'approvisionnement des troupes, etc.

À Carcisis seule une petite garnison tient la ville actuellement.

À La Cadière, le camp ronfle toujours dans la sécurité. Un Domitien qui s'était réfugié dans la forêt a été capturé (après l'installation des Romains l'ancien camp s'était dispersé dans la forêt) il voulait juste se nourrir. Il a été pris pour un espion. Il est amené au chef, puis est battu, tué et rôti. Goûté par le chef qui le trouve de mauvais goût et le recrache. Le chef engueule le cuisinier de l'avoir mal cuisiné. Il lui dit que la prochaine fois qu'il loupe sa cuisson de cette façon, c'est lui qui sera rôti.

Au Castellet finalement les Romains détruisent également les remparts, certainement sous ordre de César.

À Bandol, dans la salle où il y avait les filles avant, César travaille avec plans, lettres et messager, c'est son quartier général donc. L'appartement derrière est utilisé seulement pour dormir quand il a fini sa journée. Il n'y a pas de manque de respect ou d'abus de pouvoir dans cette pièce de sa part envers les autres personnes. Il est en attente de nouvelles de messager en permanence, c'est la tête de tout. Aucun ordre ne part ailleurs qu'ici.

25 juin

Aux Embiez la cité se renforce de tous les rescapés des autres comptoirs. L'épidémie passe un peu. La ville reprend espoir, des voyages vers la Corse sont décidés. Il y a beaucoup de désespoir au temple de Perséphone. Bien que les autres temples soient détruits, ils vont toujours prier devant encore, mais en fait, je pense qu'il doit rester un temple debout dans l'intérieur de l'île que je n'ai pas encore cartographié. En ville on dirait qu'il y a une nomination importante.

À Bandol César a eu de la visite, certainement du chef du siège de Massalia (Trebonius selon les textes), les ordres ont été donnés.

À Massalia les machines des Romains sont au point, ils se préparent à une attaque massive. Comme il n'y a pas d'attaque, le Strategos sent que cela ne présage rien de bon. Au grand temple, personne n'a été repris, les enfants jouent dedans. Certains disent que c'est la fin. La flotte a brûlé dans le port : confirmation.

Pour valider ce genre d'informations de par son importance, je me suis rendu à Marseille, au vieux port. De toute manière, cela ne collait pas : comment la flotte pouvait-elle faire la bataille navale de Massalia le 27 juin selon César dans les textes, soit la guerre civile, livre 1 chap. 56-58, et brûler entièrement quelques jours avant ? J'ai toujours pensé que le 27 juin était la fin de Massalia. Et peut-être que les échos vont me donner raison.

Lecture précise (sur place) à Marseille.

À la muraille sud (Prado) les Romains simulent de fausses attaques pour obliger les Grecs a disséminer leurs troupes le long de toute la muraille et non les concentrer sur le front qui se trouve à la porte au nord, j'imagine.

La bataille navale a déjà eu lieu. Les Romains ont gagné, quelques navires ont coulé effectivement et trois ont été pris, les trois qui ont dû attaquer ensuite Tauroeïs de nuit soit le 16 juin, et la bataille navale de Massalia a dû être le 15 juin, soit le jour où j'ai noté mouvement de flotte grâce à la caméra webcam du vieux port. J'ai donc loupé l'écho temporel de la bataille navale de Massalia à cause des fausses dates données par César, moi qui disais dans mon premier livre qu'on pouvait lui faire confiance sur les dates, encore un plantage total, mais ce n'est pas grave, on avance, c'est cela qui est important. Des prisonniers ont été faits sur les bateaux pris. Ils les ont mangés sur l'île de Ratonneau, cannibalisme encore. En fait, il faut savoir que les légions sont aussi faites des peuples qui ont été vaincus, ainsi selon les peuplades, cela peut avoir certaines conséquences. Cela va faire couler de l'encre, peut-être, c'est sûr, mais les Provençaux qui vont certainement vouloir me lyncher déjà du fait que j'affirme que les Ligures étaient cannibales vont se sentir un peu moins seuls maintenant : car certains légionnaires des troupes romaines le sont aussi. Je suis moi-même provençal, mais je me dois de référer les données recueillies.

Puis les têtes sont envoyées à terre pour le catapultage. On connaît la provenance maintenant.

Pour le port, comme je l'avais supposé, les navires romains ont catapulté des boules de feu, la nuit peut-être, et des jarres remplies d'huile ou autre. Tout le port a pris feu, l'eau, etc. La flotte complète a brûlé, comme vu précédemment.

À Massalia la ville entière sent que c'est la fin.

À Carcisis la garnison romaine part rejoindre Massalia, ils laissent le minimum d'effectif.

À Cytharista également, les troupes romaines rejoignent Massalia.

Le front qui s'amasse derrière les collines de Massalia est énorme. Certainement les trois légions citées dans la guerre civile.

À La Cadière Idem, ils sont tous partis à Massalia, même le chef, la garde de l'Acropole est au minimum. Le chef est parti ravi, enjoué par la perspective de la bataille.

Au Castellet toutes les denrées récoltées sont envoyées à Massalia pour le réapprovisionnement des troupes. Il ne reste plus grand monde non plus, les hommes ont été envoyés pour le support logistique. Un feu est allumé pour signaler l'occupation et faire fuir les Ligures.

À Bandol César a reçu un général, je pensais, mais il s'agit de Trebonius, son lieutenant, et lui a donné certainement tous les ordres de bataille pour Massalia. Content de son entrevue et de l'optique de sa future victoire, il embrasse son chien en privé. L'entrevue : d'abord Trébonius fait son compte rendu, puis César donne ses ordres. Il pose une question à Trebonius, il répond et César donne son ordre, ainsi de suite pour tous les ordres. La question des prisonniers domitiens est évoquée, ils seront rendus à Domitius sous rançon. Pour les Grecs, il n'y aura pas de pitié, pas de survivants, demande est faite de raser la plupart des temples, etc. Ils s'entendent sur la méthodologie de faire croire aux citadins qu'ils pourront partir par le port afin qu'ils emmènent toutes leurs richesses avec eux de façon à les récupérer plus facilement, puis de tous les tuer.

Aux Embiez lecture précise sur place :

En fait, ce n'est pas une nomination, c'est quelqu'un qui leur propose de partir. Domitius dans son royaume ? Il leur promet qu'ils pourront vivre en sécurité. Les Grecs ne sont ni convaincus ni confiants. Ils réfléchissent, hésitent. Il leur promet des terres, du travail, etc. Ils se demandent s'ils ne vont pas plutôt devenir esclaves. Un Domitien dit à quelqu'un d'aller chercher les bateaux ou de préparer les bateaux.

À la grande muraille, au bastion sud. Les troupes se remettent de l'épidémie, à moitié guéries, il n'y a pas eu beaucoup de pertes apparemment.

À la tour-fortin, le chef massaliote fait savoir qu'il est d'accord pour la décision d'exil du peuple. Lui est dans une colère rouge de vengeance et veut rester avec ses hommes pour infliger le plus de dégâts aux Romains et à César. Peut-être qu'à ce moment-là il y a un changement de chef, du moins l'un part en exil et l'autre, le strategos de la forteresse des élites des Embiez, reste pour le combat et la vengeance.

CHAPITRE 5

a/

26 juin

Aux Embiez , les Grecs s'adonnent à un surentraînement militaire au bastion sud et à côté. Des navires partent pour la Corse. La ville se vide. Beaucoup de prières sont faites au dernier temple qui doit rester debout dans l'intérieur de l'île. Les positions sont tenues.

À Bandol une victoire est fêtée en ville. Ou débarquement triomphant. César y prend part et applaudit également. (j'ai d'abord Bandol en lecture, ensuite je vais sur les hauteurs pour voir Massalia)

Au port de Massalia, les Romains ont débarqué des troupes au début du port, et ont attaqué des deux côtés les remparts.

À Massalia les Romains ont percé la ceinture défensive de Massalia lors de leur assaut massif accompagné de leurs nouvelles machines de guerre. Tout ce qui est militaire a été vaincu. Strategos est fait prisonnier, puis on le décapite. Sa tête est amenée à César. L'assaut s'est déroulé ainsi : les tours amovibles romaines surmontées de catapultes ont pilonné les catapultes grecques sans être atteignable. Une fois qu'elles ont été anéanties, les tours ont continué à avancer toujours en tirant, et une fois à hauteur des murailles, d'autres tours ont pris le relais, les portes ont été abattues, les légions romaines sont entrées dans Massalia, priorité d'anéantir les hoplites présents sur les murailles, soient l'ensemble défensif. Aucun prisonnier n'est fait. Toujours pareil, parfois les Romains font croire aux assiégés que s'ils se rendent, leur vie sera épargnée, mais il n'en est rien. Dès qu'ils sont à l'abri des regards d'autres soldats qui ne se sont pas encore rendus, ils les tuent. Le sol est rouge. Les pertes romaines sont considérables. Les Grecs sont anéantis, des bastions sur la muraille résistent encore. Ils ne veulent pas se rendre. Pour les Romains, c'est déjà la victoire puisque strategos s'est rendu, ce qu'ils disent à tout bastion encore fermé à la reddition.

Les derniers bastions tombent un à un. Ils les enfument parfois quand c'est possible pour faire sortir les soldats de leurs retranchements. Quelques troupes retournent au camp avec les blessés graves. Parmi ceux-là, ceux qui ont encore un peu de mobilité sont tués et ceux qui ne bougent quasiment plus sont enterrés vivants avec les autres.

Les Romains tiennent la place. Le peuple n'est pas impacté pour l'instant. Les citadins qui essaient de fuir sont rabattus vers la ville, mais pas tués, on leur dit d'attendre les ordres. Un messager part pour Arles ? Dans la soirée, le calme revient dans la cité. Les Grecs sont surpris et ne se méfient plus. Ils se disent que s'ils n'ont pas été tués, ils ne le seront plus. Au grand temple, les Grecs cachent les objets de valeur. En aucun cas les civils ne sont pris à partie, mais déjà le cœur et les poumons de la ville se sont arrêtés. Les gens sont en suspens.

Des soldats romains peu scrupuleux commencent à voler les habitants, ils sont arrêtés par les leurs.

Tous les bateaux romains entrent dans le port, bien visibles des Grecs. César entre en ville en bateau, triomphant, ses troupes l'acclament. Il est demandé aux Grecs sur place d'en faire autant, car il leur a laissé la vie sauve. Ils l'ovationnent à leur tour en ayant le sentiment que leur tête va exploser. Ils sont perdus intérieurement. Les Grecs qui sont là ont été choisis pour l'accueillir. César leur dit que dès demain ils pourront partir par bateau et doivent laisser la cité vide. Ils peuvent emmener seulement ce qui a de la valeur ou qui est cher à leurs yeux. Les Grecs présents sur le port partent se préparer et répandent la nouvelle en ville. Ils ont la nuit pour cela. Pendant que les Grecs se préparent, les Romains organisent l'encerclement en ville et condamnent bizarrement quelques rues avant de les vider. Les Romains commencent à repérer les riches maisons et les dépouillent dans la nuit en égorgeant leurs habitants sans un bruit. Ils leur disent que pour eux ce sera des bateaux spéciaux qui les emmèneront, et finalement, une fois que les occupants leur annoncent qu'ils sont prêts, qu'ils ont pris tout ce qu'ils désiraient emporter, ils les tuent et récupèrent tous leurs biens. Tous les butins du massacre sont amenés en lieu sûr. Femmes, enfants, vieillards, personne n'est épargné par la tuerie générale. Puis le couvre-feu est instauré et les Romains passent dans les maisons une à une, veillant à ce qu'aucun bruit ne soit fait qui alarmerait les autres, soit les percepteurs assassins. Les corps sont parfois jetés dans des trous quand c'est possible. César s'installe en haut de la colline de la Garde et attend qu'on lui amène les premiers trésors, qui s'entassent dans sa tente. Le tout le long de la soirée et de la nuit. On lui amène une très jolie femme, prisonnière grecque, il lui offre un verre, est séduit par sa beauté, mais il n'aime pas le regard coupable qu'elle lui envoie, César ne veut pas voir ce qu'il provoque de négatif chez les autres, il ne veut pas voir son côté obscur que lui renvoient les autres. Elle sera esclave. Peut-être lui a-t-il demandé si elle voulait bien être à son service. Des trésors arrivent encore, César réprimande fortement les soldats quand il y a du sang dessus. Cette dernière vision l'a agacé, il veut se coucher. Le matin à l'aube, il se réveille au milieu d'un monticule d'or et d'argent.

<u>À La Cadière,</u> le chef romain est rentré, il est exténué, légèrement blessé, n'a pas pris trop de risque, il a juste donné quelques coups de glaive du haut de son cheval quand ils sont entrés dans la ville. Le moment fort a été quand les portes sont tombées dans un bruit fracassant, n'étant plus défendues. La

charge n'a pas pu être faite de suite, il a beaucoup attendu. Les premières ripostes de catapultes grecques ont été terribles. Certaines batteries n'avaient pas été anéanties par les tours catapultes (soit l'ancêtre du char). Puis les Grecs n'ont plus eu de munitions. Le flux d'hommes ne s'étant jamais arrêté. Quand il n'y a plus eu de munitions, certains soldats grecs ont enlevé leur uniforme pour retourner dans la ville, sachant qu'ils étaient perdus, afin de rejoindre leurs proches et de les prévenir.

<u>À La Cadière</u>, les soldats romains font la fête.

L'attaque vue par Strategos

Les troupes romaines arrivent, il dit d'attendre avant de tirer, puis quand ils sont à portée, il ordonne le tir. Des hommes tombent. Les Grecs rechargent, les catapultes romaines du haut des tours commencent à tirer. Il faut se parer de leurs tirs pour ne pas être blessé, les tirs sont en masse. Plus les tours avancent, plus la pluie de projectiles tombe. Les Grecs ne retirent plus et attendent d'être dans une phase de rechargement adverse. Le moment venu, ils tirent également, et essayent d'effectuer le maximum de tirs, mais dans ce laps de temps, les troupes sont déjà en masse devant les murailles et essaient de grimper ou de casser les portes. Le front se concentre sur les portes. Les défenses des portes abattent également des hommes. Les tours s'arrêtent et sont à portée de la porte et de ses alentours. Elles commencent à pilonner afin d'abattre les défenseurs de la porte. Strategos sent que c'est la fin, derrière la file des hommes qui attaquent, il y a encore des hommes qui sortent de la colline et encore des hommes, la vision est noire d'hommes. Strategos prend la décision de faire le maximum de dégâts et ordonne de tirer en continu jusqu'à la fin des munitions. Il est perdu, il ne voit plus de stratégie à adopter. Noirci de ce qu'il voit, il part se replier dans un angle et voudrait que tout s'arrête. Mais tout continue. Les cris se rapprochent, se rapprochent et il est arrêté.

Un colis pour la tour-fortin.

La tête du Strategos n'a pas été amenée à César, elle part pour Tauroeïs par messager de César qui l'amène au chef de la tour-fortin. À la vue de la tête coupée, le chef grec ne comprend pas, il ne le reconnaît pas. Le messager de César dit que Massalia est tombée, il leur dit de se rendre, sinon ils seront tous tués, puis s'en retourne. Le chef le fait arrêter dans sa course et lui demande à qui appartient cette tête. Il lui dit que c'est celle du Strategos de Massalia. Le chef grec comprend alors que son ancien ami qu'il connaissait devait déjà être mort et dit au messager de partir sans aucun message à faire parvenir à César.

Bandol lecture précise.

En fait, c'était le départ de César pour Massalia qui était fêté, acclamé, en vainqueur, avec Trébonus a son bord.

Embarqué dans une galère pour le voyage, en passant à l'ouest de la forteresse de Tauroeïs, soit les Embiez. Il dit quelque chose comme : " bientôt ce sera à nous deux ", en regardant la tour-fortin au loin. Dans son QG, toute la journée il avait attendu la nouvelle de l'issue de la bataille qui est arrivée par bateaux venant le chercher. Une fois le messager s'étant exprimé, il a demandé si les pertes n'étaient pas trop importantes., c'est là, peut-être le chiffre de 1000 hommes, issu de son récit dans la Guerre Civile. Puis il a commencé à se préparer pour le départ. Au château, une servante se gave du repas qu'il a laissé, peut-être lui avait t-il dit : « si nous gagnons tu pourras tout manger », puisqu'il sera absent. (pas du tout en fait, ce que je verrai plus tard)

À Cytharista c'est la fête également, la fête de la victoire sur Massalia.

Embiez lecture précise

Beaucoup de massaliotes sont déjà partis, les autres attendent que les bateaux reviennent. La population est confiante.

À la tour-fortin

Le chef grec rumine sa vengeance et demande à ce qu'on fasse les rites funéraires pour le Strategos, soit dus à son rang, un faux corps est construit pour cacher la décapitation, la camoufler. Ils ne connaissent même pas le nom du nouveau stratogos. Il y a des Grecs qui pleurent dans la tour-fortin après l'annonce de la perte de Massalia.

b/

27 juin

Aux Embiez, des rites funéraires avec un immense désespoir sont donnés au temple de Perséphone. Beaucoup de prières sont également données au sanctuaire. Peut-être un temple que je n'ai pas encore cartographié dans le centre de l'île qui n'a pas été détruit donc. Dans la ville, les habitants attendent toujours le prochain bateau avec impatience. Au port, on en construit des nouveaux, soit jour 1 pour la construction d'un nouveau navire. Au prochain départ nous pourrons en déduire la durée minimum de construction d'une galère qu'ils ont utilisée pour l'exil. La muraille a bien récupéré, les hoplites ne sont plus malades. Le chef massaliote attend l'heure de sa vengeance.

À Massilia (changement de nom Massalia-Massilia) maintenant, étant passée romaine, les légions encerclent la ville à l'intérieur en partant des murailles et épluchent toutes les habitations jusqu'au centre. César dans sa tente au milieu de son trésor amassé déjà pendant la nuit, se délecte des cris des Massaliotes qu'on assassine. Ils sont tués et traités comme du bétail, tous, hommes, femmes, enfants, vieillards. Une sélection est faite sur les femmes jeunes et jolies pour les vendre comme esclaves et pouvoir en tirer le meilleur prix. Des bateaux sont prêts à amener ces femmes ailleurs pour être vendues. Les jeunes hommes valides sont également pris comme esclaves. Tous les vieux sont tués, les enfants sont triés et mis de côté pour esclaves dans des mines ou autres. Puis le cercle se referme sur le port. Dans la ville, c'est la panique, il y a des vagues d'assaut et d'enlèvement et de meurtres, les légions s'amusent. Ce sont les sentiments les plus bas d'un être humain qui se manifestent. Les légionnaires se transforment en aigle noir. Le but est de tirer le maximum de profit de la situation. À part ceux qui sont triés, les légionnaires ne laissent personne de vivant derrière eux. Le massacre a commencé ainsi, les premiers partants pour les bateaux se sont présentés et mis autour du vieux port, puis l'assaut a été donné, rabattu vers le port. Ils ont tous été massacrés. Puis le cercle de rabattement a commencé à partir des murailles. Évidemment, tout a été récupéré et amené à César sur sa butte dans un premier temps. Tous les corps sont brûlés évidemment. Les triés comme esclaves sont entassés sur les bateaux, les hommes aux rames, les jeunes femmes au-dessus, massacre et tri permanent. Le dernier jour noir de Massalia, le génocide effacé des Massaliotes, le jour de la mort de Massalia. Seuls ceux qui sont utilisables ou vendables sont épargnés pour être esclaves ou vendus en tant que tels, de la chair pour les jeux également. Certains Romains tentent évidemment de cacher un peu d'or ou autre, qu'ils reviendront chercher plus tard. La légion établit son camp en ville. Rouge de sang et noir de la mort et des cendres sont les couleurs de ce jour. Le massacre dure toute la journée, méticuleusement, et organisé suite aux premières vagues qui étaient faites pour terroriser. Dans la Légion, ceux qui sont surpris pour cannibalisme sont arrêtés. Les légions se répandent et parsèment leurs petits actes d'horreur dans toute la ville jusqu'à qu'il n'y ait plus personne. Pendant ce temps, César prend son bain dans sa tente. De l'argent ou des biens récupérés doivent partir je ne sais où pour payer je ne sais quoi (pour Rome certainement, ce que je verrai plus tard et que je signifierai dans mon troisième volume). Puis les légionnaires festoient et s'enivrent. Des femmes prisonnières sont là pour les ravir. Celles qui n'ont pas été sélectionnées. Après s'en être servi, ils les tuent. Des jeux sont faits avec des prisonniers à l'extérieur de la ville, peut-être des anciens soldats. On les laisse courir, puis on les tue avec des flèches, jeux d'adresse. S'ils sont manqués, des cavaliers les rattrapent. Certains sont catapultés. Mieux vaut ne pas être reconnu comme prêtre ou prêtresse, car c'est un sort spécial qui vous attend, supplicié. Certains sont suppliciés sur des croix en x, sur des hauteurs pour que leurs cris portent sur la ville, utilisés comme des hauts-parleurs accentuant la terreur.

<u>À l'Acropole de la Cadière</u>, c'est la fête de la victoire chez les légionnaires ainsi qu'au Castellet.

<u>À Bandol</u> il ne se passe rien, les cartes attendent leur maître.

<u>Aux Embiez</u>, tous les habitants s'impatientent de pouvoir partir. La muraille se prépare à combattre.

<u>Dans la tour-fortin</u>, les pleurs ont laissé place à la haine chez tous les hommes. Le chef a des pensées très très basses. Il rumine sa vengeance. Le moral est remonté sur la muraille, avide de vengeance.

<u>À Massilia</u>, tardivement, le jeu préféré des légionnaires est la herse. Ils enterrent un peu moins d'une dizaine de Grecs, laissant la tête hors de terre, puis ils passent à deux chevaux avec une chaîne ou une herse entre les chevaux qui les

décapite. (peut-être les douze membres du gouvernement restés à Massalia, les trois principaux étant réfugiés à Tauroeïs)

À cytharista la cité est sereine, César est toujours à Massilia.

28 juin

Au Brusc au bastion sud, à la grande muraille, à la zone d'entraînement, les soldats sont sereins, bien entraînés, prêts aux combats. Le chef rumine sa vengeance, sur le fait qu'il fera beaucoup de dégâts. Les citadins réfugiés espèrent vraiment bientôt partir, la construction des bateaux avance.

À Bandol César n'est toujours pas là, il y a un entraînement en ville pour passer le temps.

À Massilia, des fumées voilent la ville, des cendres noircissent les rues et les murs parfois, dues à une légère brise. Un feu est parti d'un brasier de cadavres et a mis le feu à une maison, une partie de Massilia brûle maintenant jusqu'à la muraille. Étant parti de quasiment une extrémité, c'est 20% de la ville seulement qui a brûlé côté nord-est. César organise une fête avec des convives et règle ses comptes avec des personnes qui lui avaient dit que Massalia était imprenable, qu'il ne la ferait jamais tomber. Il leur dit de ne plus jamais se représenter à ses yeux. Ils s'en vont évidemment. L'or part pour Rome, semble-t-il, ainsi que les esclaves. La ville est vidée, de la cendre noircit tout. Les Romains réparent les grandes portes de la ville bizarrement, non comme signifié dans les textes ou César a fait démonter les murailles immédiatement après la victoire, après la soi-disant reddition des Massaliotes du 25 octobre 49 av. J.-C. Des soldats vigies sont placés le long de cette dernière, mais plus pour signifier qu'une réelle occupation effective, les légions doivent repartir, elles sont faites pour la guerre et seulement la guerre. Il n'y a plus un Grec vivant libre en ville, ou alors ils sont cachés. César et sa garde traversent la ville vidée, César savoure son plaisir. Il n'y a plus rien, la ville est à lui. Il monte à cheval et part avec sa garde rapprochée, soit une dizaine de cavaliers. Il semble revenir sur Bandol. Il passe devant les comptoirs de façon à ce que ses hommes le saluent et l'acclament. Il passe en revue l'organisation des comptoirs. Il hausse le ton sur les hommes présents à Cytharista, il dit que les comptoirs doivent être productifs, la production doit reprendre à son maximum de rendement et que surtout, place nette soit faite des installations grecques pour laisser place aux nouvelles constructions romaines (riche villa romaine). Des responsables le paieront si les objectifs ne sont pas atteints. À Massilia, un Grec s'était déguisé en Romain, il se débarrasse de son uniforme et s'enfuit. Au camp romain les légions attendent les ordres, les hommes rotent, les ventres sont repus. Quelques soldats se font attraper avec des richesses qu'ils avaient cru pouvoir garder pour eux, ils sont emprisonnés, en cage. Le camp est encore plus noir qu'avant la bataille, leurs âmes se sont noircies un peu plus. Le port se refait propre, une partie côté droit seulement a été nettoyée des anciens navires coulés et les galères romaines s'y appontent sur 30% du port. Bizarrement il n'y a pas de colons romains encore qui reprennent la ville, Massilia est une coquille vide, où la mort a laissé place à un silence glacial. Les bruits de pas ou de cheval résonnent plus fort dans les rues, ça claque, aucun contre-son pour les atténuer. Il y a à Massilia pratiquement plus que de la matière brute, non vivante et très peu de vie organique, ou seulement romaine. Les Romains sont chez eux. Le vent, la fraîcheur s'abattent sur les murs de Massilia, qui sont en conséquence bien plus froids par l'absence de réchauffement humain. La ville a perdu des degrés en température, car elle est vide, une coquille vide.

<u>À Cytharista</u> malgré les directives expéditives d'hier de César, tout rayonne.

À La Cadière la cité s'est remplie de beaucoup d'éléments récupérés à Massilia.

Le Castellet a été attaqué par les Ligures comme il n'y avait pas trop de soldats et plus de main- d'œuvre. Ceux qui ont pu fuir ont pu survivre. C'est le chef ligure noir qui est revenu. Il a établi son camp massif à côté de l'ancienne Acropole. Je tairai ce qu'ils font à leurs prisonniers. Les Romains de La Cadière ne contre-attaquent pas encore car le camp ligure est trop massif. En conséquence ils attendent des renforts.

Bandol lecture précise

César rentre tard, retrouve ses cartes, écrit des messages qu'il fait envoyer et prend connaissance de la situation avec les Grecs de Tauroeïs.

Embiez lecture précise.

Les soldats se sûr-entraînent au bastion sud, tous les mouvements d'attaque avec la lance sont répétés, répétés, répétés pour bien renforcer tous les muscles qui font chaque mouvement.

Un bateau a été finalisé et est parti. De nuit, les Grecs peuvent voyager avec les étoiles et leurs rameurs. Un tiers de la ville a été vidé, soit un premier convoi. Les plus riches, certainement ceux qui ont pu payer le prix le plus élevé, ou soit le statut de leur rang, sont partis. Ceux qui sont restés ne sont pas aussi impatients de partir, ils semblent rassurés, peut-être savent-ils que les bateaux reviennent dans quelques jours. Ils continuent à construire des bateaux.

Le chef de la défense, Strategos, essaie de se faire parvenir des armes spéciales. Il organise une réunion de guerre avec tous les chefs des bastions, forts de vigie, etc. L'ordre en cas d'attaque est de faire le plus de dégâts et de morts, pas de quartier, pas de sentiments. Il prie une divinité après la réunion, et va s'entraîner lui-même au tir de lance en jurant contre César et les Romains. Il s'effondre en pleurs parfois, puis la rage fait place aux pleurs, sentiment de dégoût, d'inhumanité reçue. Il se recueille ensuite en regardant le ciel et le lointain, puis pense que son ennemi est là, quelque part derrière ces collines.

c/
29 juin

<u>À Antipolis</u> les Romains payent cher la décision d'avoir également enlevé les murailles, les Ligures ont rattaqué. Le peu de survivants qu'il reste est au bastion, lieu actuel du fort Vauban.

<u>À Nikaïa</u> comme la cité avait à peine commencé à détruire ses murailles, la cité reste romaine. Les Romains la romanisent à nouveau.

<u>Olbia</u> est toujours abandonnée.

<u>Athénopolis</u> est romaine, les murailles ne sont pas détruites.

<u>Héracléia</u> demeure toujours ligure.

<u>Au Port de Massilia</u>, peu de bateaux romains sont en début de port, ambiance de mort, ville morte.

<u>Aux Embiez</u>, le surentraînement est toujours réalisé au bastion sud et à côté, ils ont hâte d'en découdre. Il ne reste plus grand monde au dernier temple encore debout. Tous les bastions sont sur leur garde et prêts à se battre.

<u>À Cytharista</u> les Romains s'activent à fond, la cité doit paraître propre et accueillante. Peut-être César l'a-t-il réservée à quelqu'un ?

<u>À Massilia</u>, la ville est morte. Des chats viennent lécher le sang au sol quand il en reste. Les rats pullulent. Ils sortent au grand

jour. Cela commence à devenir un problème. Il ne reste que les gardes de la coquille vide. Certains font de petites récupérations de fortune, bout de fer dans des murs, etc. Ils sont réapprovisionnés par un marchand en charrette. À côté du fort extérieur, les plantations reprennent.

À La Cadière, le chef a pris un sacré coup par rapport au massacre du Castellet, il est accablé, car le camp était sous sa responsabilité. Cela est dû à l'erreur d'avoir détruit les murailles. Si les Grecs les avaient faites, ce n'était pas pour rien. Il a été appelé par César. Les soldats attendent les ordres, ils ont hâte d'aller en découdre, ils ont un besoin de vengeance.

Au Castellet, les Romains ont récupéré le camp, ils crucifient en x ou suspendent les prisonniers ligures et les font crier, pour que les Ligures, dont le camp s'est déplacé au col du Beausset, les entendent bien jusqu'à l'agonie. Utilisé comme des haut-parleurs encore comme à Massalia.

Ils ont été surpris de tomber sur les restes du cannibalisme d'hier, ils n'étaient pas habitués à un tel spectacle. Certains ont reconnu des personnes qu'ils connaissaient dans les restes. Ils reconstruisent une enceinte en bois, pour établir un camp militaire.

À Bandol, des soldats d'élite, à cheval, sont partis vers le Castellet, j'imagine. Situation de crise au QG de César dû à l'attaque des Ligures, César doit revoir ses plans et est légèrement effrayé. La forêt cache les Ligures, les légions ont l'habitude de combattre à découvert. En forêt, les Ligures ont l'avantage et les Romains ne s'y risquent pas. César a hérité des problèmes des Grecs : les Ligures.

Aux Embiez, il n'y a toujours pas de deuxième convoi, les Grecs sont patients. Ils sont les derniers rescapés de Massalia malgré eux.

Au temple de Perséphone, certains font leurs adieux une dernière fois à leur défunt, ils sont prévus pour le prochain transport. Les Grecs ne comprennent pas l'absence d'attaque des Romains. Au port, ils construisent encore un bateau. Au Bastion sud et à côté, les Grecs s'entraînent, adresse, agilité, précision à la lance. À la tour-fortin, le chef a reçu ce qu'il avait commandé, comme le premier strategos de Massalia, c'était des lances. Il teste le lancer, la précision, le lestage, il est satisfait, mais elles sont différentes, peut-être faites pour des lancers précis lointains.

Fin de la première partie du récit d'échos temporel.

C'est ici que je décide de couper mon récit dont je vous livrerai la suite dans mon troisième volume "Tauroeïs, les Thermopyles massaliotes". Nous sommes le 5 juillet 2024, soit je pourrais encore livrer une semaine de récit, mais je pense que c'est un bon moment pour la coupure. En plus de l'ultime bataille de Tauroeïs qui s'annonce, il y a d'autres éléments surprenants déjà dans cette petite semaine de relevés qui nous renseignent un peu plus sur des détails de ce tableau de l'Antiquité que nous offrent les échos temporels.

Déjà, dans tous les éléments recueillis, on peut s'apercevoir évidemment, que la bataille navale de Massalia n'a pas eu lieu le 27 juin comme César l'a noté dans la Guerre civile, mais selon les échos, elle a dû se produire le 15 juin, soit le jour où j'avais relevé que la moitié de la flotte était sortie, et c'est également le soir de l'attaque "commando" de Tauroeïs avec les navires grecs capturés lors de la bataille navale. À partir du 17 juin, les navires reviennent abîmés, car ils ont été attaqués. Le 23 juin, selon les échos relevés, il a dû y avoir une nouvelle bataille navale également de par le fait que beaucoup de bateaux abîmés rentrent au port avec beaucoup de morts sur leurs ponts. La date du 15 juin pour la première manche de la bataille voudrait dire que la construction de la flotte aurait commencé vers le 16 mai, pourquoi pas, puisque César attaque les murailles de Massalia le 18 mai. Enfin tout ça ne sont que des suppositions, sauf pour la bataille navale du 15 juin et du 17 et je préfère ne me fier maintenant qu'aux échos temporels avant de statuer.

Rendez-vous donc dans "Tauroeïs, les Thermopyles massaliotes" pour l'étape finale de la prise de Tauroeïs dont ceux qui ont lu Tauroeïs et non Tauroentum en connaissent déjà l'issue. Ensuite, il faudra élucider pourquoi César note le 25 octobre pour la chute de Massalia alors qu'elle est tombée le 26 juin. A priori, je pense que cette date doit correspondre au moment où César a dû régler ses problèmes dans tous les anciens comptoirs grecs, à savoir le problème ligure, ou alors le jour réel où il a finalement fait démanteler la muraille défensive de Massalia. Rendez-vous donc dans mon troisième volume pour la suite.

Et vous cher lecteur de ce volume cela ne vous concerne pas bien sûr, allons directement sur la suite.

TAUROEÏS

LES THERMOPYLES MASSALIOTES

FRANCK SOLÈZE

CHAPITRE 1

30 juin

Embiez
Il y a eu une attaque venant de la mer. Le Rouveau a été incendié par des galères romaines armées de catapultes. La population de la ville dans la lagune actuelle, étant terrorisée, s'est alors empressée d'aller vers le port nord de la ville-forteresse de Tauroeïs dans un mouvement de foule, en état de peur panique. En fait, c'était juste une manœuvre de la part des Romains pour impressionner. Ces derniers ont débarqué ensuite discrètement sur la côte sud du bras de terre des Embiez pour espionner la forteresse. Le petit Rouveau a également été bombardé. Le feu se consume. Des troupes ont débarqué et se sont engouffrées dans le dédale (situation sur le plan du bras de terre des Embiez) , stoppées par ce dernier. Comme les précédentes attaques, ils ont dû se replier et certains sont restés cachés pour espionner ou pour tenter d'entrer dans la ville plus tard. La grande muraille défensive, soit le pourtour complet de la ville forteresse, est prête au combat et attend l'attaque de ses ennemis. Le débarquement au sud du bras de terre des Embiez à droite de la pointe du Cougoussa a eu plus de succès, les troupes romaines sont au pied des murailles. Elles essaient d'établir un camp. Une riposte de catapulte les fait finalement fuir. Les habitants de la ville sont rassurés et retournent dans leurs murs.
Bandol
César est satisfait de l'attaque et du repérage qui a été fait. Les informations recueillies sont pour lui très précieuses. De nouveaux ordres et directives sont donnés à son quartier général (dans l'ancienne salle de réception des appartements des

chefs grecs, au château à Bandol). La ville est sereine, les habitants s'adonnent à faire ce qu'ils ont à faire, en dehors des attaques sur la forteresse-ville de Tauroeïs. César prend un bateau pour Massilia. Il semble que ce soit pour une opération commerciale, va-t-il vendre Massilia?

Massilia

Effectivement César se transforme en commercial pour vendre Massilia, mais je ne sais pas à qui ? Pour l'instant il leur dit de laisser les murailles vu l'expérience de l'attaque des Ligures au Castellet. Il arrive du côté est du port et fait effectuer une visite de la ville en longeant la côte, le front de mer, soit Massalia sous son plus bel angle. Résultat : accord non conclu, ville non vendue. Ceux qui ont fait la visite repèrent les défenses et pensent à prendre la ville par la force. La ville est toujours morte, il n'y règne aucune activité. Sur la muraille de Massilia, des Romains font des railleries sur la défaite des Grecs : ''Ils ont finalement été terrassés, là où ils sont maintenant ils ne font plus les fiers, etc.''

Un homme fait partager une découverte, un couloir interne caché, un aqueduc souterrain ?

À La Cadière

Le chef (il s'appelle Itaricus Gaius Septentrion, c'est le premier nom que j'ai réussi à extirper des échos. À ce sujet, septentrion est son grade, ce qui me pousse à échafauder une théorie, septentrion veut dire le nord, il est au nord de Bandol qu'il garde. Le grade de septentrion dénoterait-il d'une organisation militaire? armée du Nord, Sud, Est, Ouest, du fait, en cas d'attaque surprise par exemple, au Nord , chacun saurait déjà ce qu'il a à faire, ce serait l'armée ou les troupes du nord qui devraient réagir en première face à l'attaque pour éviter une désorganisation globale, ce n'est qu'une théorie et je n'ai trouvé aucune trace de ce grade dans les textes) est dans une colère noire, certainement à cause de l'attaque des Ligures, même s'il y a eu des représailles, il a encore de la haine et voudrait attaquer à nouveau d'autres tribus et en finir avec les Ligures, mais ce ne sont pas les ordres de César actuellement. Dans l'acropole, les soldats ont également qu'une seule préoccupation, aller pourchasser les Ligures. (je me cantonnerais à les appeler les Ligures mais normalement ce sont, par rapport à leur situation géographique soit proches Massalia jusqu'au massif des Maures, les Ségobriges[7]. Or dans l'histoire, les Grecs ont fait soi-disant la paix avec eux à leur arrivée, avec un mariage avec Gyptis, la fille de Nannos, leur roi. Une version cotonnée grecque de leur colonisation selon moi donc, un peu comme les Romains cachent leur génocide. Vu leur cannibalisme exacerbé en 49 av J.-C, je doute que 550 ans avant, à l'arrivée des Phocéens, cela ai été différent et qu'il y ait eu un mariage avec la fille d'un cannibale, mais je n'ai aucun élément pour étayer cette thèse)

Cytharista
En rentrant sur Bandol, par voie de terre cette fois-ci, César passe à nouveau en ville pour réitérer ses ordres de finir rapidement le travail, il s'agit de tout nettoyer afin de permettre la construction de riches villas romaines. Il leur donne un ultimatum, une date limite.

Au Castellet, les Romains finissent la nouvelle muraille en bois, le camp typique romain que l'on connaît tous. Le Castellet est un camp militaire maintenant.

Au col du Beausset, finalement, les Romains ont anéanti le camp ligure, le chef ligure noir d'âme a été tué, le camp a été rasé. Les Romains trouvent encore des restes de leurs semblables. Des Ligures se sont enfuis, les soldats ont ordre de ne pas les poursuivre dans la forêt.

Bandol
Dans un moment de colère, César a fait voler ses cartes, peut-être de ne pas avoir pu vendre Massilia ou si un accord a été conclu, il ne lui convient pas.

---

[7] Segobriges

Embiez (lecture sur place)
Les habitants ont donc eu un mouvement de panique vers le port et la muraille. Au bastion sud, tous les soldats sont montés sur les remparts pour observer l'attaque. C'est un branle-bas de combat, il y a un déplacement d'hoplites vers l'ouest de la forteresse sur les remparts.

Dans la tour-fortin, le chef soit le Strategos, d'abord surpris, a eu peur et en même temps a été content d'avoir la possibilité d'en découdre. En revenant, les soldats ont compris que ce n'était qu'une petite attaque, ils étaient presque déçus. En conséquence, ils revoient les positions de défense, déplacent plus d'hommes côté Embiez (le Brusc est à l'est, les Embiez sont à l'ouest) comprenant que l'attaque ne se fera pas par voie de terre immédiatement, soit par l'est. Le mouvement de foule s'est fait vers la zone de rangement des bateaux (20 sur le plan), les gens sont rentrés de force dans les galères, terrorisés, ils voulaient partir directement.

CHAPITRE 2

1 juillet

Antipolis (Antibes)
Les Ligures se sont installées en masse en l'absence de muraille. Le bastion à la place de l'actuel fort Vauban a été anéanti.
Nikaïa (Nice)
Les Ligures ont également attaqué Nikaïa. Ils buttent sur les remparts défensifs.
Olbia (Hyères) est toujours gréco domitien (voir Tauroeïs cité de Poséidon)
Athénopolis (Saint Tropez)

Les Romains tiennent la position, ils ont ordre de ne pas sortir de la cité.

Cavalaire (Hérakleia)
La cité grouille de Ligures.

Brusc
Une bonne nouvelle est arrivée au bastion sud, à la zone d'entraînement. Les habitants de la ville sont aussi touchés et concernés par cette nouvelle, ils en sont également enjoués. Des personnes récupèrent des éléments au temple de Perséphone. Les Romains ont laissé des espions qui tentent de s'infiltrer. Ils attendent le temps venu. Ils ont été largués en mer et sont venus à la nage.

Bandol
César reçoit une femme. La ville est priée de faire aucun bruit.

Massilia (Marseille)
Il y a des prêtresses romaines qui viennent effectuer des rites de purification dans les rues de la ville, encens, etc.. Quelqu'un va être accueilli et célébré, des préparatifs sont faits. Leur bateau s'est accosté sur le port et elles sont descendues à quai (quai est), au moins une vingtaine de prêtresses et elles commencent les rites de purification sur le côté est de Massalia, Massilia maintenant que la cité est romaine. Parfois les prêtresses ont peur d'un simple bruit et reviennent en courant sur leurs pas. À certains endroits le ressenti qu'elles éprouvent est vraiment très noir, peut-être le lieu d'anciens brasiers où se trouvent des âmes en peine errantes, qu'elles détectent, comme elles sont sensibles. Elles en sont effrayées. Encensoir et prières à tout vent, elles jettent des petites feuilles aussi, j'ignore de quels arbres ou plantes. Certaines retournent aux bateaux et ont peur. La ville a gardé son linceul de fréquences noires. Elles reviennent et se disent en elles qu'il y a quelque chose qui ne va pas dans cette ville. Certaines faisaient également des chants, ont stoppé net et sont retournées aux ba-

teaux. La ville maudite, ou encore empreinte du génocide qui s'y est déroulé.

Les gardes des murailles entendent des bruits suspects, ils se sentent observés. Il semble que ce soit des Ligures qui viennent en repérage. De temps en temps, des Ligures cachés jettent une pierre contre la muraille, pour voir combien de gardes sortent et réagissent.

<u>Cytharista</u> (je laisse la nomination grecque de la ville , j'ignore le nom romain qui lui a été attribué par ces derniers, ainsi qu'aux autres comptoirs grecs annexés, excepté Tauroentum évidemment, étant le seul qui ne l'est pas encore) a encore été attaqué par les Ligures du fait que les Romains aient démonté les murailles. Certains Romains plongent dans la mer pour échapper au sort lugubre que les Ligures leur réservent. Les feux de cuisson se voient de loin.

<u>À Carcisis</u> les Ligures se sont empêtrés dans les pièges qu'avaient faits les Grecs auparavant dans le couloir et n'ont pas pu progresser. Ils se sont alors rabattus vers Cytharista où ils sont en nombre.

<u>La Cadière</u>

Itaricus, le chef, a de la peine, car il y avait des personnes qu'il connaissait dans les victimes des Ligures à Cytharista. Les soldats ont également le cœur lourd pour la perte de Cytharista, de plus ils n'ont pas pu aller les aider. Ils ont dû et doivent rester sur place pour assurer l'arrière-garde de César. Ils ont vu les brasiers au loin et savent ce que cela signifie. Une légion est partie du camp romain du siège de Massalia pour en découdre et résoudre le problème définitivement semble t il, sur les positions nord connues Ligures.

<u>Bandol</u>

César reçoit une femme, un grand cérémonial est exécuté pour l'accueillir. La ville a encore l'ordre de ne faire aucun bruit, ils ne doivent pas être dérangés sous aucun prétexte. Il la reçoit, puis j'ignore de quel code relationnel cela peut-il s'agir, peut-

être une invitation à aller plus loin, il s'assoit devant elle et enlève ses scandales, soit il la reçoit pieds nus. Puis ils montent vers la chambre panoramique, sans arrière-pensée dans un premier temps si ce n'est que de voir le spectacle en plein romantisme pour l'instant. Elle lui tend le bras, puis il embrasse sa main, remonte jusqu'à son cou. Il l'embrasse dans le cou, puis ils s'enlacent. Après avoir fait l'amour, il fait tomber je ne sais pas quoi, elle rigole. Ils se rhabillent et vont dans une autre partie des appartements. Puis il dit je ne sais pas quoi, elle se vexe et s'en va, il a du travail ou quelque chose du genre.
<u>Embiez</u> lecture précise
Des renforts sont arrivés, la ville est rassurée. Les soldats et la population se mélangent, des femmes font des conquêtes pensant que ça leur assurera la sécurité, du moins ça les rassure le temps d'un moment. Les renforts de soldats sont dans toute la muraille et les bastions, les hommes sont ravis, on dirait des personnes qui étaient parties pour un long voyage et qui sont revenues, certains se connaissent, etc. Un banquet de réception est donné à la tour-fortin, ce sont les grandes retrouvailles avec les chefs. Ils sont venus pour se battre à leurs côtés, des sacrés guerriers.

2 juillet
pas de relevés

CHAPITRE 3

3 juillet

Antipolis
Le camp est moins dense, des Ligures sont retournées dans leur camp soit contemporainement, les collines de Vallauris. Ils exposent des corps sur les murs du bastion à la place du fort Vauban actuel face à la mer pour inciter les navires à ne pas accoster (ils se souviennent encore de l'arrivée massive des Domitiens). Ils brûlent et mangent les prisonniers progressivement. Il y a même un rituel. Il y a des druides, ou je ne sais quoi qui font des accompagnements, des rites pré-cannibalisme.
Nikaïa
Les Romains ont juste eu le temps de fuir, les Ligures ont finalement pris la ville.
Olbia reste toujours gréco-domitienne
Port de Massilia
De nouveaux bateaux arrivent.
Brusc
La muraille a subi un renforcement, la ville s'est vidée, il y a dû avoir un départ de navires emportant la population. Le temple de Perséphone est fermé.
Herakleia
Des troupes romaines sont arrivées par voie de mer, les Ligures se sont cachées pour les surprendre, les Romains ont dû s'enfuir pour rejoindre leurs navires et sont repartis.
Bandol
César reçoit des convives au dîner. Ils sont escortés militairement, la ville est au garde-à-vous, le silence est requis pendant leur visite, ce qui commence vraiment à ennuyer les habitants.

Massilia

La cité est réinvestie doucement par des peuples déplacés, qui ne sont pas là de leur propre choix. Ils n'aiment pas trop cette ville, ils la trouvent noire, Massilia ne s'est pas débarrassée de son voile énergétique sombre. Les nouveaux arrivants ont l'impression que les murs les regardent. Les nuits sont très obscures, tout s'éteint on dirait, absolument tout. Le camp romain de l'assaut a été déserté, je pense donc que l'un d'eux était à la Valentine, peut-être le camp principal. Pour combattre le problème ligure, les Romains ont commencé la déforestation entre Aix et Marseille, semble-t-il.

À Carcisis, les Romains ont fui par la mer. En conséquence, comme il n'y avait plus rien à manger, les Ligures n'ont pas attaqué la cité. Ils ont vu, déçus, leur repas s'en aller.

Cytharista est toujours ligure, mais le camp est moins dense, ils pêchent sur la bande côtière.

Massilia

De nouveaux arrivants contemplent les couchers de soleil. Ils disent que cette ville est maudite, quand ils ferment leur porte le soir, aucun prétexte ne les fera la rouvrir pendant la nuit.

La Cadière

Les Ligures ont refait leur type d'attaque par les falaises, en masse, c'est pour ça qu'il y en avait moins à Cytharista, mais cette fois-ci, ils sont tombés sur l'élite des soldats romains, arrière-garde de César et se sont fait éradiquer. Les Romains ont eu quelques pertes quand même, ceux surpris pendant leur sommeil ou par traîtrise. Itaricus, le chef, a été touché à la tête, il est souffrant, peut-être mourant. Les soldats soignent leurs plaies, ils espèrent qu'il n'y aura pas d'autre attaque massive, car ils ne sont plus assez nombreux pour la contenir.

Le Castellet

Le camp romain n'a pas été attaqué, ils ont assisté à l'attaque de la Cadière et ont envoyé des hommes à cheval pour prendre part aux combats sans vider leur camp, leur aide a été juste utile pour le découragement des Ligures, car ils ne sont arrivés pratiquement qu'à la fin. Ceux qui étaient restés à la cité avaient vraiment peur, conscients de leur sort s'ils tombaient aux mains des Ligures, soit de servir de repas.

Bandol

César a une entrevue, un compte rendu, avec un général ou autre qui vient faire son rapport de situation. On sent qu'il a peur, ce doit être le problème ligure. L'ordre est donné de lever plus de troupes. Puis César écrit un message et fait partir un messager. En fait, les voies romaines, ce sont le fil téléphonique, le télégramme à cheval de l'antiquité, les légions les longent, je pense, et non les empreintes en file indienne, clairement.

La jolie jeune fille, esclave grecque, qui lui a été amenée lors du génocide de Massalia est revenue semble-t-il. Elle était là, lors de l'entrevue avec ses lieutenants ou autres, derrière à attendre. Elle est jeune, gentille et innocente. Elle voit en lui comme un père protecteur et a comme barrière défensive une certaine candeur que César respecte. Néanmoins elle est obligée de passer par l'acte. Elle se sert de son accès à la nourriture pour en faire profiter d'autres serviteurs. Elle est puante de simplicité, et d'innocence, ce qui calme César. Une fois César endormi, elle prend une lampe à huile et fait sa petite vie de femme libre dans les appartements, pendant quelques heures.

Brusc

Au bastion nord, les hoplites sont prêts au combat, ils ont fait leur entraînement et se sont bien nourris.

La ville ne s'est pas vidée, pas de nouveau voyage, tout le monde a ordre de rester dans l'enceinte des trois murailles. L'accès au temple de Perséphone est toujours fermé. Les hoplites se sont attelés à aider à la construction des bateaux, cela progresse bien. Le bastion sud est très renforcé, presque en sureffectif, la grande muraille Est, est prête au combat, bondée d'hoplites valeureux venus pour se battre. Le chef regarde les étoiles pour essayer de deviner l'avenir et son sort, les dieux lui donneront-ils la victoire ? Il énumère les constellations, sur la terrasse de la tour-fortin. Il s'appelle Foxtraon, Strategos de la ville forteresse des élites de Tauroeïs, c'est le deuxième et dernier nom que j'ai réussi à extirper des échos. J'aurais préféré un nom qui sonne plus grec, mais voilà. Les Romains lui en veulent vraiment, apparemment il est vraiment à craindre en tant que général de par ses victoires passées, certainement.

CHAPITRE 4

4 juillet

Antipolis est un camp ligure, une multitude de corps suspendus s'amassent à la place actuelle du fort Vauban toujours.
Nikaia
Il commence à ne plus y avoir grand monde à manger, ce qui les énerve.
Port de Massilia
Des populations arrivent de plus en plus au port côté "est" en priorité.
Herakleia
Un débarquement romain plus important a eu lieu, mais ils ont été également repoussés par les Ligures.
Brusc
Les hoplites de la grande Muraille défensive "est", sont surentraînés, les habitants de la ville sont en préparatifs pour le départ.
Massilia
Les femmes font des célébrations, des rondes, des danses, fleuries, ils fêtent je ne sais quoi. C'est le côté est de la ville qui se remplit à petit feu de la nouvelle population. Les premiers

arrivés sont les mieux servis soit sur le front de mer, là où César avait fait sa visite. La ville se remplit de ce nouveau sang. Plus il y a de gens, plus la ville se désennoircit. Sur la muraille, il y a toujours des bruits suspects parfois (Ligures en repérage). Le camp romain du siège est vide. Il y en a qui pêchent en bord de mer au lancer de filet.

<u>Cytharista</u> est toujours ligure, le camp est en bord de mer.

<u>Carcisis</u> reste toujours vide.

<u>La Cadière</u>

Itaricus gaius Septentrion est mort, pas de ses blessures. Un homme qui voulait sa place peut-être ou pour je ne sais quelle raison, peut-être en punition de son cannibalisme. Ils sont venus à plusieurs, ils l'ont maintenu et l'un d'eux l'a étouffé. Avec ses blessures, sa mort passera pour normale. Suite à l'attaque ligure, les hommes montent la garde en permanence maintenant, des pics et des pièges sont ajoutés en haut des falaises, de l'huile est jetée sur la falaise.

<u>Le Castellet</u>

Le camp est en berne pour la mort de Septentrion, peut-être que les hommes les plus fidèles étaient là-haut. Un légionnaire, assis et penché en avant, remue doucement la terre avec un bâton, dépité.

<u>Bandol</u>

César a appris la mort de Septentrion, il est dépité, c'est un moment très noir dans son quartier général, il fond en larmes, seul. Il se retire dans sa chambre sans un mot, c'est comme perdre un bras pour lui. Sa petite esclave grecque, le petit oiseau, ne l'amuse plus, il lui demande de le laisser seul. Dans la chambre panoramique, le soleil ne luit plus, il s'allonge comme un sac sur son lit. Juste avant, dépité, se sachant seul, à l'abri du regard des autres, il était entré dans la chambre en pleurant. La nuit sera sans sommeil. L'aube n'éclairera qu'à peine le fond de son âme.

Brusc

Les hommes du bastion nord sont contents, de nouvelles lances sont arrivées. Une bonne partie de la ville est partie, il ne reste plus qu'un tiers de la population, soit plus grand monde.

Au bastion sud, les nouvelles lances sont arrivées également. Ils se sentent prêts.

À la tour-fortin, Foxtraon a invité je ne sais qui à manger et il leur a fait un discours, certainement avant leur départ. Ces derniers n'ont aucun intérêt pour ces paroles, ça leur fait une belle jambe, ils ne pensent qu'à partir. Foxtraon envoie des ordres aux bastions sur la côte. Les positions sont à renforcer. En fait hier, je ne l'avais pas marqué, j'avais jugé ça trop farfelu, Foxtraon s'est fait tout un délire avec les étoiles et les constellations. Il fait des associations, une chronologie dans la demande d'aide aux dieux ,des constellations, cherche la bonne combinaison dans le bon ordre pour avoir la victoire assurée, ordre de prières, etc, et le lendemain il passe l'ordre aux différents fortins afin d'honorer tel ou tel dieu ou constellation ou d'honorer ou de mettre quelque chose en leur direction pour que cette association, cette bonne combinaison leur donne la victoire.

Le nouveau bateau est bien parti, on a donc la date de la fin de la construction. Si le temps passé pour réaliser les différentes constructions, navales ou terrestres, semble exagéré de par son court terme, il ne faut pas oublier, du moins pour les considérer, le facteur esclave. Il y a une grande différence entre 10, 20 hommes qui construisent un bateau ou 50 ou plus.

5 juillet

Antipolis est toujours un camp ligure, maisons et tentes se mélangent. Finalement, ils font descendre les corps des pendus du bastion à l'emplacement du fort Vauban actuel, pour récupérer s'il y a quelque chose à manger, car cela commence à manquer.

Nikaia
Les Ligures investissent la ville doucement, mais comme les Romains ont fui, il n'y a rien à manger, du fait, la ville perd tout intérêt à leurs yeux. (de par leur position de leur camp principal à Vallauris actuel, normalement ce sont la tribu des Décéates[8])

Port de Massilia
Le côté "est" du port s'anime doucement, il commence à revivre.

Herakleia reste toujours ligure.

Embiez
Sur la grande muraille est, les hoplites se concertent entre eux, il y a un problème. La ville est également affectée.

Bandol
César est en deuil total et perdu. La ville est tenue d'être en deuil également.

Massilia
Les nouveaux arrivants commencent de grands travaux dans les champs, remise en place des cultures, etc. Il y a des gardes pour les surveiller et également les protéger en cas d'attaque ligure. Un homme, jeune, essaye de s'échapper, il est tué. Dans la cité, une nouvelle vie s'organise autour du travail. Certains vont à côté des temples détruits, malgré les tas de pierres, ils s'y sentent bien. La ville réémerge doucement, mais un calme des montagnes y règne encore. On dirait qu'un camp ligure s'est rapproché de la ville, en toute discrétion.

Cytharista La majorité des Ligures sont partis, car il n'y a plus rien à manger, quelques-uns sont restés pour la pêche.

La Cadière
Le corps d'Itaricus a été amené et inhumé au sommet du Castellet avec tous les honneurs dus à son rang. C'est César lui-

---

[8] deceates

même qui a allumé le brasier pour un dernier au revoir à son ami, puis il retourne à Bandol comme on redescend dans un gouffre noir. L'Acropole est en deuil, en berne. La tristesse gagne les innocents de son meurtre.

Le Castellet
Au préalable, des légionnaires surveillaient sa dépouille dans un ordre militaire implacable.

Bandol
César revient du cérémonial avec le moral dans les chaussettes, la ville est comme en acclamations, mais en mode deuil. Des femmes pleurent, César apprécie. Son quartier général est noir de ses sentiments obscurs, il commence à ne plus l'aimer comme s'il avait été entaché par ce deuil.

Brusc
Au bastion sud l'ordre règne et tous les hoplites sont prêts au combat.
En ville, il reste toujours un tiers de la population. Ils ont commencé la construction d'un nouveau bateau.

À la tour-fortin
Foxtraon élucide des plans de défense sur des cartes. Il trace de nouveaux pièges. Il a demandé qu'on ne le dérange pas pour qu'il soit au calme pour réfléchir. Il fait des calculs, des mesures à la main levée. (donc ma théorie comme quoi Archimède aurait très bien pu faire les pièges de Tauroeïs cité dans mon vol 1 s'effondre s'effondre, car Foxtraon est aussi mathématicien et lui comme un autre aurait très bien pu faire les plans des pièges stratégiques de défense de la forteresse.)

CHAPITRE 5

6 juillet

Antipolis
Il n'y a plus rien à manger, les Ligures commencent à repartir dans les terres.

Nikaia
Les Ligures sont toujours dans la cité, ils s'installent doucement.

Port de Massilia
Le début du port côté ouest commence à être utilisé par des bateaux. Le port côté "est", lui, est rempli de navires.

Hérakleia reste toujours sous occupation ligure.

Olbia et Athénopolis semblent finalement être abandonnés. Les Gréco-Domitiens en sont partis.

Brusc
En ville, les derniers habitants attendent patiemment le prochain convoi. La Grande Muraille semble avoir subi une attaque.

Bandol
César est sorti avec sa garde à cheval, il est monté à La Cadière. Il fait une enquête sur la mort d'Itaricus. Une fois sorti du noir, il a eu un mauvais pressentiment. La ville a peur que César se fâche comme il est profondément blessé intérieurement.

Massilia
Un camp ligure s'est finalement posé sans être repéré autour de Massilia. Ils n'ont pas encore attaqué, ils envoient des nageurs en repérage. Dans les champs, une femme croit voir bouger quelque chose dans les arbres, mais personne ne voit rien. La cité se remplit doucement, de plus en plus, ce qui efface progressivement sa noirceur énergétique qui diminue jour après jour. Des gardes disent qu'il y a quelque chose qui ne va

pas. Ils se sentent épiés et qu'en cas d'attaque, ils seront en nombre insuffisant. Un messager est envoyé pour signaler les craintes à César. Le soir, il y a une femme qui n'est vraiment pas tranquille et qui regarde en permanence vers le lieu où elle a vu bouger des branches dans la journée. Ces sens lui indiquent de s'inquiéter.

Cytharista
Il ne reste que les Ligures pêcheurs au bord de la mer.

La Cadière
César est monté à la Cadière, car il se doutait que quelque chose n'était pas clair à propos de la mort de Septentrion, après avoir envoyé des espions, bref un homme a été torturé, supplicié et est exposé à l'oratoire actuel. La petite servante grecque, son petit oiseau, est montée avec lui, elle est à la bâtisse des chefs, seule. César mène les interrogatoires. Il fait passer les hommes un à un devant lui et leur demande s'il a étouffé Itaricus, et regarde leur réaction. Si la personne interrogée a peur ou si César sent que la personne flanche, c'est le début de l'enfer pour lui. Le reste du camp ne sait pas ce qu'il se passe.

Au Castellet, les soldats comprennent qu'il se passe quelque chose vu l'homme exhibé à l'oratoire, troublé, et toujours en deuil, ils comprennent ou ont l'information qu'il y a eu trahison et sont prosternés.

Bandol
En son absence, dans la partie salle à manger, des serviteurs ou personnes se laissent aller, vin etc.

CHAPITRE 6

Brusc
Une attaque a bien eu lieu, cinq ou six petites embarcations, chacune chargée d'une vingtaine d'hommes, soldats d'élite ou mercenaires, soit une centaine d'hommes au total, lancés par

un lieutenant de César qui gère ce type d'attaque. En passant devant le bateau en construction, ils ont essayé de faire des dégâts qui restent superficiels. Puis bêtement, ils se sont engouffrés dans la porte qui monte au dédale devant le bastion sud. Ces petites embarcations ont dû pouvoir passer sous la chaîne. Dans ce type d'attaque, comme la dernière fois, les hommes se retrouvent retranchés au même endroit, c'est-à-dire qu'à un moment de l'ascension, vers le bastion sud, ils sont obligés de se replier, repoussés par quoi, je l'ignore, des tirs certainement, et ils se retrouvent tous retranchés dans un carré en cul-de-sac, bloqué. La dernière fois, cela avait duré un jour, cette fois-ci les Grecs les ont criblés de flèches directement comme la dernière fois. La muraille n'a été qu'à moitié inquiétée. Foxtraon a suivi l'attaque. Ils demandent qu'on lui amène trois têtes pour les expédier à César. Il rumine encore sa vengeance et va s'entraîner au tir de lance, cette fois-ci pas de pleurs, que de la rage. On lui amène un prisonnier de l'attaque, il se bat avec lui pour se défouler puis le tue, lui laissant sa chance au combat, à armes égales. Il achève l'homme lui-même.

La ville a eu peur, les habitants sont partis vers l'ouest de l'île pour fuir la proximité de l'attaque.

Puis foxtraon continue ses plans et autres pour se calmer, avec les étoiles aussi, etc.

7 juillet

Brusc

La muraille défensive est prête au combat à nouveau. On fait faire la visite à quelqu'un d'important qui réalise une inspection. Les habitants de la ville sont confiants. Il n'y a plus aucune activité grecque en dehors de l'enceinte de la muraille défensive, triple muraille, etc.

Bandol

César a trouvé les coupables et c'est vengé. Une fois rentré à Bandol, il est maintenant un peu plus libéré de sa souffrance puisqu'il a rendu justice à son ami. Des coupables sont encore exposés en ville. Les gens leur crachent dessus, etc.

Massilia

Les Ligures ont attaqué la ville. Ceux qui ont pu sont partis avec la flotte. Heureusement beaucoup ont pu embarquer au final. Ils ont dû se réfugier sur l'île du Ratonneau peut-être. C'est une maigre récolte de personnes à manger pour les Ligures, mais quand même. Ils se baladent dans la ville vide, et regardent les maisons, constructions avec des yeux écarquillés, ils n'en reviennent pas. Il n'y avait pas assez d'hommes pour défendre la muraille, et beaucoup ont préféré fuir avant l'assaut. Les Ligures se perdent dans la ville, s'arrachent les cheveux, ils ne trouvent personne. Massilia est à nouveau une coquille vide, ce qui gêne les Ligures. Ils préfèrent ramener les prisonniers dans leur camp et la suite on la connaît. En ville, ils ne sont également pas rassurés, car ils ont peur que des soldats se cachent etc. Ils n'ont fait qu'une cinquantaine de prisonniers environ. Heureusement, tous les autres ont pu fuir en bateau dès le début de l'attaque.

Cytharista

Il reste toujours la présence de quelques Ligures isolés en bord de mer.

La Cadière

César a décidé de laisser son petit oiseau grec à la maison des anciens chefs grecs de La Cadière. Elle lui a fait des remontrances à propos de ses méthodes, de sa gouvernance et du fait d'avoir fait torturer les coupables. En conséquence, en partant, pour lui apprendre les responsabilités et la réalité des choses selon lui, il a décidé de la laisser seule à l'Acropole de la Cadière, en reine des lieux. Tous les soldats étant repartis pour Bandol, l'Acropole étant abandonné, car n'étant plus sûr. Elle se sent comme un meuble dans la maison des chefs. Le calme est revenu. Le camp a été levé. En partant il lui aurait dit globalement " je te rends ta liberté, je te fais reine de cette place'', qu'elle doit garder toute seule pour qu'elle apprenne et se rende compte des réalités.

Le Castellet

Il ne reste que quelques hommes pour tenir le brasier de présence allumé. Où sont les légions ? Les légions sont dans l'arrière-pays, elles brûlent la forêt et exterminent tous les Ligures qu'elles rencontrent. Elles font une première tranchée puis se rabattent doucement sur la côte par bandes, soit un quadrillage pour n'épargner aucune position.

Bandol

Le camp est à Bandol, ils sont tous descendus (l'entrée du camp est au niveau du casino actuel). Il y a une réunion au quartier général avec les chefs (lieutenants ou autres), des envois de messagers, un chef part, ordres donnés, renseignements pris, etc. César fait toujours pareil, il pose les questions, et après réponses il donne les ordres. Massilia étant prise, il a dû ordonner le retour de troupes pour la reprendre et régler le problème ligure sur la côte. Il s'est couché seul, son petit oiseau lui manque, il demande à ces gardes qu'on aille la chercher demain et se couche.

Embiez

Au bastion sud, tous les hoplites sont au garde-à-vous pour le passage de la personne importante. En fait il est venu seul en visite et n'a pas amené de troupe, juste son navire et ses hommes. La ville se sent honorée. La muraille entière est fière et au garde-à-vous pour recevoir cet hôte.

À la tour-fortin :

Il s'agit de quelqu'un qui vient possiblement de Grèce, peut-être un homme politique ou un philosophe, très important en tout cas et il vient voir celui qui a décidé de résister à César seul, soit Foxtraon. Il lui donne de l'argent pour l'aider de la part de donateurs et lui accorde son soutien moral ou accueil dans ses terres si Foxtraon accepte le repli. C'est quelqu'un d'une grande cité, peut-être d'Athènes. Un appartement lui est attribué dans la tour-fortin. Il se soucie du sort des gens de la cité, il pense qu'ils vont tous mourir. Il pense que Foxtraon est fou et qu'il va tous les mener à la mort sans aucune raison valable. Peut-être est-il venu pour le raisonner. Il demande à son serviteur d'aller lui procurer je ne sais pas quoi, pour l'aider à dormir, puis s'endort.

CHAPITRE 7

8 juillet

<u>Antipolis</u>
Finalement les Ligures aiment bien la ville, ils avaient dû aller chercher leurs affaires. Le fort est nettoyé, ils ont mangé les corps qu'ils avaient exposés et ont rependu les squelettes après, os, etc.

<u>Nikaia</u>
Les Ligures s'installent également, il y a des conflits entre des chefs.

<u>Olbia</u> la cité est abandonnée en fait, mais depuis quand? J'ai manqué le départ des Domitiens.

<u>Athénopolis</u> est abandonnée également.

<u>Cavalaire</u> reste toujours Ligure

Au port de Massilia, des Ligures restent en bout de port. Ils se préparent pour faire des embuscades aux bateaux qui accosteraient.

<u>Embiez</u>
Il y a eu un suicide, la ville, comme la grande muraille, est affligée.

<u>Bandol</u>
César a retrouvé sa dulcinée, son petit oiseau. Le camp est sur le pas de guerre, les légionnaires font une nouvelle grande enceinte dans les collines bien après l'ancien sanctuaire de temples grecs.

Massilia

Les soldats du fort extérieur sont venus, ils ont rasé le camp ligure à l'extérieur de la ville et ont repris une bonne partie de Massilia. Le restant des Ligures est barricadé au bout du port. Les légionnaires veillent à tenir les positions sur la muraille à nouveau. Ils attendent que les bateaux viennent nettoyer le dernier pan ligure du port. Ils découvrent les restes au camp, certains pleurent même s'ils ne connaissaient pas les victimes. La muraille est leur refuge des Ligures isolés qu'ils pourraient rencontrer en ville. Il n'y a plus aucun bruit suspect autour de la muraille, mais dans la ville cette fois-ci (pierres jetées sur les murs ou autres). Les gardes sont confiants, mais comme l'escalade ou le franchissement des remparts est la spécialité des Ligures, certains d'entre eux disparaissent dans la nuit et du trou de gardes fait dans la muraille, quelques Ligures en profitent pour s'enfuir et retrouver la forêt. Quelques-uns sont passés. Peut-être pour chercher des renforts. Plus tard le lendemain, ils arrivent à un camp important pour demander de l'aide, mais les légions sont passées par là et ont commencé l'épuration par quadrillage en bande, soit ils brûlent toute la forêt et dès qu'ils trouvent un camp ligure, ils tuent et brûlent tout le monde. Les Ligures tombent sur ce spectacle de désolation, tout n'est plus que cendre, quelques os dans les cendres leur laissent comprendre ce qu'il c'est passé. Ils sont perplexes, médusés du spectacle, ils ne savent plus où aller. Leurs yeux se glacent de vide.

La Cadière

Le petit oiseau a eu peur toute la nuit évidemment, son royaume étant vide. Quand elle a entendu les chevaux, elle a d'abord eu très peur, puis elle a vite été rassurée et finalement heureuse de voir que César la rappelait. Elle part à cheval avec eux, derrière l'un d'entre eux. L'acropole est vide. Sa nuit : elle avait peur dès qu'il y avait un petit bruit, elle se levait pour aller

voir etc, à chaque fois ce n'était qu'une petite bête, une-chauve-souris, etc.
Le Castellet
Quelques Ligures sont venus prendre les quelques hommes qui tenaient le brasier et ont éteint le feu pour que d'autres viennent. Ils prévoient de faire une excursion de repérage à la Cadière demain.
Bandol
César attend son petit oiseau à sa porte, elle arrive et il la prend dans ses bras. Il lui dit quelque chose comme ''on se rend compte de la valeur des choses quand on ne les a plus'', et qu'il ne refera pas cette erreur. Il lui demande pardon (à l'intérieur et à l'abri des regards et des oreilles) puis il lui demande si elle a faim, elle mange évidemment. Une fois rassasiés, ils s'enlacent, ils vont dans la chambre. Après avoir fait l'amour, le panorama de la chambre leur semble plus beau qu'avant. Il lui demande de rester là, il doit travailler. Elle reprend sa petite vie de petit oiseau du château. Au quartier général, c'est ordre de bataille, plan de bataille etc. Puis, au bout de quelques heures de travail, il retourne voir sa belle.
Brusc
Au bastion nord, c'est un sentiment de déshonneur, la ville est endeuillée, il y a des pleurs, des évocations du malheur qui va s'abattre sur eux. Au bastion sud, c'est un coup dur pour le moral des hoplites, ils sont tous affligés. En fait la personne importante s'est suicidée en laissant un mot pour que sa mort ne soit pas inutile, comme ''je meurs pour que vous partiez tous afin de sauver vos vies''. Foxtraon est affligé également et est poussé à la réflexion. Il doute un peu, il veut organiser un vote pour tous les soldats, pour connaître leur position, rester pour combattre jusqu'à la mort ou partir ?

CHAPITRE 8

9 juillet

Brusc
Le corps du défunt passe dans la muraille, tout le monde est aux hommages militaires. Le temple de Perséphone étant fermé, la cérémonie se fait dans le temple derrière le bastion sud, normalement dédié à Héraclès. La ville assiste aux funérailles et rend hommage également.
Bandol
Il y a une stupeur dans la ville.
Massilia
Finalement les Ligures ont trouvé un camp qui n'avait pas encore été rasé par les légions romaines. Avec ces nouvelles troupes, ils sont revenus sur Massilia et ont repris la muraille. La victoire a été fulgurante, ils sont arrivés en masse, et les défenseurs ont offert peu de résistance, une fois sur la muraille et leur victoire acquise, ils ont crié fort dans le ciel. C'était la première fois pour cette tribu qu'ils prenaient Massalia, cette ville qu'ils avaient toujours jugée imprenable où ils s'étaient tant de fois brisés. Là, la plupart des prisonniers ont été amenés sur le port où il y a un festin final, dont on connaît le déroulement. Des Ligures restent sur la muraille où quelques-uns d'entre eux s'offrent un mini festin. Sur le port, ils font leur espèce de rite bizaroïde et ignoble avec ceux qui sont encore vivants avant de les cuire. Comme d'autres fois, les condamnés voient ce qui les attend en étant spectateurs de ce qui est fait aux autres. Une troupe de Ligures était partie pour Cytharista également, arrivés au bord de mer, ils n'ont trouvé que d'autres Ligures et n'ont pas attaqué évidemment. Ils n'avaient pas dû être prévenus et voulaient faire également une attaque. Ils étaient très nombreux. Ceux qui les ont prévenus sont traités

en héros (ceux qui s'étaient au préalable échappés de Massilia) et le chef leur demande ce qu'ils veulent en échange. D'abord méfiant et prêt à les tuer, il acquiesce finalement. Les hommes ne voulaient que de l'aide. Des cadeaux leur sont faits, un cheval.

À Carcisis, finalement la place a été prise par des Ligures, mais il s'agit plus de prêtres, ils y font des cérémonies, culte, etc. La tranquillité de la ville est propice pour ça.

La Cadière

Les Ligures qui étaient passées à Cytharista sont venues à La Cadière pour voir s'il y avait des troupes romaines : personne. Déçus, ils sont répartis, ils ont laissé un homme seul à la résidence des chefs. Il est chargé de les rejoindre pour les prévenir si quiconque venait à l'Acropole.

Au Castellet

Les Ligures font des cérémonies, quelques hommes sont brûlés, mais ils ne sont pas mangés, peut-être d'un clan rival.

Bandol

Dans la ville et le camp, tout le monde a peur. Le petit oiseau de César l'a poignardé au repas. Deux trois coups de couteau rapides. Elle s'est emparée d'un couteau de table et l'a frappé frénétiquement. Il a crié et ses gardes sont entrés pour le maîtriser. S'étant projeté au sol en arrière, il avait déjà empoigné son bras, et le retenait malgré la douleur. Son regard n'était plus le même, ces yeux avaient changé, en une fraction de seconde le petit oiseau s'était transformé en diablotin malveillant, une seconde de basculement où toute la souffrance accumulée, cachée, déniée était ressortie d'un coup. Elle avait peut-être attendu ce moment depuis le début, ce moment où il aurait toute sa confiance. Elle avait caché ses funestes desseins même à elle-même, faisant abstraction de son être profond, et ce moment où rassurée d'être sûre de l'amour que César lui portait, de par la nuit d'amour qu'ils venaient de passer, elle s'était réveillée en une seconde. Comme si en face d'elle, elle

avait eu quelqu'un dont elle avait réussi à faire baisser sa garde. À ce moment-là, le sentant sans défense, le petit oiseau s'était senti plus fort que lui et était passé à l'attaque.
Les gardes les ont séparés. César crie, les médecins arrivent, il la regarde partir, il crie de la jeter aux fauves, les gardes s'exécutent. Plus tard, en soin, il réalise qu'il a tout perdu, trahi et si seul dans sa souffrance, d'abord son ami et maintenant la traîtrise meurtrière. Rares sont les hommes qui connaissent ce degré de souffrance. Plus tard, il est malade, peut-être qu'une plaie s'infecte. Dans ces délires elle lui revient, il l'appelle. Il n'a pas réalisé tout de suite la portée de ses mots, mais elle n'est plus là, elle a été jetée aux fauves. Sa mort a été rapide et sans souffrance, juste la peur extrême avant la mort. C'est un tigre, le tigre de César qui lui a rompu le cou. Raison pour laquelle les Romains font exécuter des peines de justice par les fauves, car cela déclenche une peur viscérale, les gens en ont tellement peur que ça les pousse à se tenir à carreau. César est vraiment atteint. C'est durant cette nuit d'amour qu'elle s'était rendu compte qu'elle ne serait jamais sa femme, mais qu'il la considérerait toujours comme son esclave et qu'elle ne serait que le jouet de son plaisir. Elle était partie du lit pour aller pleurer plus loin, puis la noirceur avait commencé à la ronger. Elle avait alors commencé à ruminer sa vengeance. Elle a essayé de l'assassiner par amour finalement, à cause de trop de souffrance.

CHAPITRE 9

<ins>Brusc</ins>
La ville est triste. Malgré la fermeture du temple de Perséphone du fait qu'il soit en dehors des murailles, un homme a été ordonné d'y monter pour faire une offrande pour le défunt. Il a donné sa vie pour que tous les soldats et guerriers partent, mais pas un d'entre eux a pensé et pensera une seule seconde à partir. Ils sont tous soudés, avec leur chef. Pour Foxtraon,

plus le deuil s'efface, plus le retour à la réalité revient, soit l'envie de combattre, le besoin de vengeance et de faire le maximum de dégâts aux troupes de César. Il a hâte de retrouver entièrement son esprit combatif ainsi que celui de tous ces hommes.

10 juillet

Antipolis

Les Ligures sont toujours présents. Il y a des règlements de compte entre rivaux, pour la place de chef certainement.

Nikaia est toujours ligure également.

Port Massilia

Les Ligures sont partis, le festin est fini.

Embiez

La muraille sort progressivement du deuil. La vie reprend son cours.

Bandol

Dans l'après-midi, César va mieux, son bras est pansé en bandoulière, il demande à ce qu'on lui montre les restes. Il arrive sur place, voit la tête et quelques parties encore non mangées par le tigre (c'est un tigre, il casse le cou de ses victimes). Il la regarde intensément et demande au garde qu'on prenne les restes et qu'on exécute les rites funéraires. Plus tard, il revient là où les rites sont faits. Il y a de la fumée autour du corps. D'abord calme devant le corps, finalement il s'énerve, tout lui revient. Il lacère son visage avec une lame et demande que ces restes soient brûlés. C'était une passion destructrice entre deux êtres dont l'un avait beaucoup plus de pouvoirs que l'autre. Il s'est souvenu que son père César III (lui est le quatrième du nom) lui avait dit de ne jamais avoir de relation avec les esclaves. Il a fait partir un messager avec ordre d'arrêter celui qui lui avait amené la prisonnière grecque à Massalia. Puis il s'est remis au travail à son quartier général, pour tout oublier, mais quand il rentre à nouveau dans sa chambre tout lui revient. Insomnie, il retourne dans son QG, il pète les plombs. Dans son lit ensuite, il a toujours mal, très mal, mais physiquement cette fois-ci. Il se sent tout petit ce soir dans son lit. La ville a retenu son souffle un moment avec la peur de le perdre, les habitants se demandant ce qu'ils deviendraient sans lui.

Massilia

Les Ligures commencent à casser la muraille, ils font une saillie, une porte d'accès au sud-est, soit au niveau du Prado. Ils établissent leur camp en dehors de l'enceinte, vers les plages du Prado. Ceux qui étaient venus les aider rentrent dans leurs terres, ceux qui restent, pêchent. Ils font une fête au camp, pour la victoire de la côte retrouvée, cri, clameur au coucher de soleil.

La Cadière

Le ligure resté en arrière s'ennuie, il s'invente des jeux débiles, il est à moitié fou, c'est d'ailleurs la raison pour laquelle il a été choisi pour faire l'arrière-garde.

Le Castellet

Des cavaliers arrivent et crient, ils demandent s'il y a quelqu'un et repartent.

Cytharista

Il reste très peu de Ligures sur la côte, deux ou trois feux.

À Carcisis, les prêtres ligures font des rites qui n'ont ni queue ni tête.

Embiez

Ils construisent toujours un bateau qui ne va pas tarder à être prêt. Au bastion sud, ils sont remis du deuil.

À la tour-fortin, Foxtraon est toujours dans ses plans et ses calculs, il prépare des pièges. Le corps a été inhumé. Il a un peu craqué à un moment. Il ne s'est pas senti aidé par le suicide de la personne importante. Il éprouve un sentiment d'injustice totale. Il pense qu'il devrait être totalement soutenu, se sentant du côté des justes, que son action de combat suicidaire est également justifiée. La personne importante leur a tout simplement montré ce qu'ils allaient faire avant qu'ils ne le fassent en combattant, se suicider en fait. Foxtraon reste toujours dans ces calculs même tardivement. Il met au point quelque chose, un piège avec des lances.

11 juillet

Brusc
Muraille et tour-fortin
Tous sont fiers d'avoir pris la décision de rester pour se battre afin de faire le maximum de dégâts aux troupes de César (ils ne savent pas ce qui les attend). La ville est fière d'eux également. Malgré que cela soit interdit, deux, trois personnes sont montées au temple de Perséphone pour faire des offrandes, certainement pour la personne importante qui s'est suicidée.
Antipolis
Les Ligures sont toujours présents.
port de Massilia
Il y a un débarquement massif de troupes romaines côté ouest. Ils reprennent le port. Le combat est difficile avec les Ligures sur le quai est. Les Ligures tiennent la position, peut-être un bastion.
Olbia
Il y a une arrivée de Ligures, peut-être ont-ils été rabattus par le ratissage romain.
Hérakleia reste toujours Ligure.
Bandol
César va mieux, physiquement et psychologiquement.
Massilia
Des troupes romaines sont arrivées par voie de terre et ont récupéré les murailles. Les Ligures ont fui. Ils n'ont pas combattu en voyant la masse de soldats présents. Les derniers Ligures résistent au bastion du port. Ils n'en ont plus pour longtemps. Après la prise d'une position, les hommes boivent dès qu'ils le

peuvent. Il a fait chaud, ils ont soif. Les combats finis, ils attendent les ordres.

Cytharista
Il reste toujours des ligures en bord de plage.

Carcisis est toujours occupée par les prêtres.

La Cadière
Comme les légions de César brûlent la forêt en quadrillage d'ouest en est puis retour pour rabattre les Ligures vers la côte et en finir, quelques cavaliers dont le village a été rasé arrivent à La Cadière. Ils tuent le ligure de garde et le mangent, ils avaient faim. Ces ligures-là venaient des terres profondes, puis ils repartent.

Castellet
Des hommes allument des torches pour indiquer leur position. Peut-être des Ligures encore qui ont été rabattus.

Bandol
Celui qui lui avait amené l'esclave grecque lors du siège de Massalia est arrivé. Il est mis dans l'arène avec des gladiateurs, et il se fait tuer évidemment. Il doit crier "pardonne-moi" à César avant d'être achevé. César regarde et écoute, toujours le bras en bandoulière, de loin, devant la porte de son QG. Dans sa tête, dans son raisonnement, le coupable c'est lui. Une fois qu'il entend la mise à mort, il rentre dans ses appartements d'un retour de cape et dit quelque chose. Une fois assis à son QG, il est noir de haine, très noir. Il a envie d'en finir rapidement avec ces terres et de rentrer chez lui. Des ordres partent à nouveau du QG, trois messagers pour trois destinations différentes. Le soir, harassé par tout cela, il se couche directement en étant toujours très fatigué par sa blessure.

Embiez
Au bastion nord, ils sont fiers et déterminés, ils pensent qu'ils vont rentrer dans l'histoire comme les héros célèbres. Les habitants de la ville attendent la fin de la construction des bateaux et se laissent bercer par les températures de l'été. Il a fait

chaud aujourd'hui. Le bateau est quasiment fini. Au bastion sud, fier et déterminé, les hoplites veulent également entrer dans l'histoire. À la tour-fortin, Foxtraon est absent.

12 juillet

Brusc
Il y a une fête à la grande muraille, au bastion sud et à la ville également.
Bandol
César est malade, ils ont fait venir quatre ou cinq médecins, la ville est inquiète. En délirant sous la flèvre Il volt l'âme de la petite Grecque qui le torture.
Au port de Massilia, il y a un débarquement massif, le port est plein, le bastion a été repris aux Ligures. Les Romains brûlent encore de la forêt autour de Massilia côté est pour avoir encore plus de visibilité et empêcher les Ligures de venir s'y cacher à nouveau. Des troupes partent pour renforcer le fort extérieur dont les soldats étaient venus pour reprendre Massilia. Ils reconsolident les murailles. La ville est toujours une coquille vide. Quelques Ligures se sont enfuis dans le massif des calanques.
Cytharista
Sur un col, des feux sont allumés par les Ligures pour que les survivants des batailles plus au nord, réalisées par les légions, se rassemblent, comme au Castellet.
Carcisis reste toujours inchangé.
La Cadière
Quelques Ligures s'y sont réfugiées et regardent les flammes du castellet en pensant que c'est un piège.
Le Castellet

Effectivement c'est un piège, ce sont des Romains habillés en Ligures, ou des alliés qui sont là pour tuer tous ceux qui auraient pu échapper à l'épuration au nord et qui se rabattent vers le sud. Ils appartiennent aux légions des attaques contre les Ligures par quadrillage.

Bandol
César est malade, les médecins lui font boire des potions, il vomit, après il va un peu mieux. Dans son quartier général, il mange de la viande pour récupérer, il reprend légèrement des forces. Il recommence à donner ses décisions à son QG comme il peut, mais moins longtemps que d'habitude. Il va se coucher, mais tout est noir autour de lui. Ses pensées sont noires, il pense qu'il va mourir.

Embiez
Au bastion nord, il y a une fête, en ville également, mais elle est moindre. Le bateau est fini.
Au bastion sud, c'est la fête également. (fête pour le départ?)

Tour-fortin
Foxtraon n'arrive pas à faire la fête, il pense à celui qui s'est suicidé. Ses plans pour ses nouvelles machines et pièges sont prêts. Il continue ses calculs avec les constellations pour la bataille, pour voir si quelque chose a changé. Après vérification, rassuré, il va se coucher.

CHAPITRE 10

13 juillet

Antipolis et Nikaïa sont toujours ligures. La chaleur change les comportements, c'est la détente.
Olbia est toujours abandonnée, idem Athénopolis.

Port de Massilia
Il y a un grand débarquement de population des deux côtés du port.
Hérakleia est toujours ligure.

Embiez
Les Romains effectuent un bombardement incendiaire au niveau du grand Gaou, la ville est terrorisée.
Bandol
César a l'air d'aller mieux, il mange beaucoup, la ville est rassurée.
Massilia
La ville est réhabilitée en masse, aux frontières d'abord, pour pouvoir alerter en cas d'attaque.
Les populations sont revenues, plus de nouvelles encore également. Ils sont prêts à retravailler dans les champs. C'est une population d'esclaves. Un tri est fait pour ceux qui vivront en bord de mer, soit les serviteurs uniquement. L'implantation de soldats sur les murailles est plus importante que la précédente. Il y a beaucoup de chiens pour assurer la garde. Des rondes sont organisées en quasi-permanence. Celle qui regardait la forêt fixement est revenue, plus rien ne l'inquiète maintenant. Les bateaux repartent pour chercher d'autres esclaves.
Carcisis et Cytharista restent toujours ligures.
La Cadière
Des Ligures très primaires rescapés de l'épuration des légions occupent l'ancienne place d'Itaricus. Ils sont une dizaine. Un ancien esclave échappé s'est aventuré dans l'acropole, il a été tué et mangé. Ils sont affamés, pris par la faim, ils ont un comportement exacerbé.
Le Castellet
Le piège fonctionne toujours. Ils essaient de faire le moins de bruit pour tuer les Ligures qui se rabattent vers eux. Ils attendent la relève.
Bandol
César reprend des forces doucement, il revient de loin. Il a plus de facilité pour prendre ses décisions. Il mange même dans sa chambre avant de se coucher. Couché, il lit des rapports, a re-

pris du poil de la bête. Il donne quelques ordres à ses serviteurs. Des troupes sont parties par voie maritime.

Brusc

La muraille a bien été attaquée côté bastion sud, deux cohortes au moins ont débarqué par l'ancien port du Mouret puis ont positionné leur camp en ligne le long de la colline du mont Salva. Une attaque seulement a été faite sur la porte du bastion sud, qui a fonctionné avec évidemment la plus grande efficacité de par son couloir de la mort. En ville des soldats sont allés contenir la population pour éviter qu'elle fasse encore comme la fois précédente, soit un mouvement de panique en montant sur les bateaux. Le bateau qui doit les amener est prêt, mais il semble manquer d'esclaves rameurs ou de pilotes. La première ligne romaine qui est faite est à peu près après le mont Salva.

Tour-fortin

Foxtraon est ravi, ses ennemis sont là, il va pouvoir enfin se venger. Il prend sa lance, son casque et son bouclier et va se joindre au combat. Il ne rentre plus à la tour-fortin ensuite, il reste sur les murailles ou au bastion sud pour se battre. Il y a eu, en parallèle, une autre attaque, des petites embarcations romaines toujours, pour pouvoir passer sous la chaîne, ont débarqué sur la partie nord du port (7 sur le plan p16), puis ils ont longé la zone de rangement des galères (20) pour rejoindre le dédale (10) dans lequel ils ont évidemment péri. Ils n'ont pas eu le temps de saboter les galères, car ils n'étaient pas équipés pour.

Vu le lendemain pour vérification.

Le débarquement a eu lieu à l'ancien port du site du Mouret. Les Grecs ne l'avaient pas détruit, mais ils avaient détruit la rampe qui permettait facilement l'accès à la côte au-dessus. Les Romains ont dû créer un autre passage pour le débarquement des troupes, des chevaux et autres. L'ancien site du Mouret était devenu un village d'esclaves pour les plantations environnantes. À l'arrivée des Romains, ils ont fui vers la muraille pour prévenir les Grecs et se protéger. Au bastion nord on amène les premiers blessés.

14 juillet

Le bassin du Roumanian (retenue saisonnière de l'aqueduc) n'a pas encore été pris, mais les Romains l'ont repéré avec des éclaireurs. Les soldats qui le gardent sont juste fictifs, ils sont là pour montrer qu'il est gardé et donner l'illusion de vouloir le défendre. À la moindre attaque, ils ont ordre de fuir et de se cacher dans la forêt.
Antipolis est toujours ligure ainsi que Nikaïa, la chaleur change les comportements, détente toujours.
Olbia reste toujours abandonnée, idem Athénopolis.
Port de Massalia
Les bateaux sont repartis chercher d'autres populations, peut-être, seuls trois, quatre navires restent sur le quai est.
Hérakleia
Des galères romaines sont passées sans accoster. Ils ont vu à temps que la ville était aux mains des Ligures.
Bandol
Il ne reste que des hommes à la garde aux frontières du camp, César attend les nouvelles des combats.
Massilia
Ils construisent des fortifications en bois autour de Massilia pour l'élevage des bêtes, parc. En même temps, ils s'en servent de première enceinte. Les nouvelles populations, esclaves, dont j'ignore l'origine, font une fête traditionnelle entre eux.
Cytharista
Les Romains ont repris la ville, ils n'ont eu qu'à pousser les Ligures qui sont partis à la vue des galères pour être pris à revers et tués par ceux qui venaient de reprendre Carcisis. Tous

les prêtres et autres ligures ont été tués et brûlés. À Cytharista, les Romains font une enceinte fortifiée en bois.

La Cadière L'Acropole a été reprise par les Romains, une petite garnison avec une population. La Cadière est remplie à nouveau pour travailler dans les exploitations. Les Romains considèrent avoir réglé le problème ligure dans les environs. Il y a un nouveau chef romain, pas guerrier du tout, plutôt tendance décadence romaine. Il doit veiller à la production, sous l'ordre de César sinon il perdra sa place.

Le Castellet
On a dit au tendeur de pièges de ligures de partir, que la place allait être reprise pour la production. Ils doivent faire leur piège plus loin dans les terres, sur un point culminant.

Bandol
César va mieux, il est content des nouvelles, il a retrouvé le sourire. La ville est redevenue citadine. Évidemment, il y a des troupes stationnées pour la garde. César a reçu le nouveau chef de La Cadière pour lui donner ses indications, prérogatives. C'est un gros qui ne pense qu'à manger et qu'au plaisir gustatif. Avec lui César pense que la production sera bonne. Il envoie des ordres, toujours, des cachets, des messages. La communication terrestre avec Massilia est rétablie. Il mange dans son QG maintenant, la salle à côté doit lui rappeler de mauvais souvenirs. Il mange toujours en lisant avant de se coucher maintenant, peut-être un traitement.

CHAPITRE 11

Embiez
Le bastion nord sert d'hôpital, c'est un peu la panique. Le petit Rouveau a été attaqué, bombardé avec des boules de feu incendiaire, certainement enduites de poix (matière liquide extrêmement inflammable produite à base de distillation de résine d'arbre). Ils doivent également, comme pour l'incendie du

port de Massalia en juin, catapulter des amphores pleines d'un liquide inflammable, mélange d'huile, etc. La chaîne a été cassée. Des galères ont accosté au port. Plusieurs attaques ont eu lieu aujourd'hui, plus sur la porte nord. Il n'y a eu qu'une seule attaque sur la porte sud. Les Romains tentent également des percées entre le troisième et le quatrième ceinturon, certainement par cohorte. La grande muraille défensive "est", est une machine de mort, elle marche à plein régime. À la porte nord, les Romains sont écrabouillés une première fois (8 sur le plan de la porte nord p19) puis ils laissent entrer les autres jusqu'aux chaudrons (pour l'attaque côté terre, 3 sur le plan de la porte nord). Le navire qui devait emmener les habitants de la ville a été incendié, et deux autres galères qui étaient au port. En ville ils sont résignés, ils pensent qu'ils sont foutus. Ils ont une peur noire, la peur de la mort. À la tour-fortin, Foxtraon pleure, certainement quelques amis guerriers sont morts au combat. Le front s'est concentré au port nord et sur la partie nord de la muraille aujourd'hui vu qu'hier, l'attaque côté sud n'avait rien donné. Les Romains ont envoyé à la porte sud ceux dont ils voulaient se débarrasser, des faibles ? Juste pour que les hoplites restent en position à la porte sud afin qu'ils ne se concentrent pas tous au nord de la muraille. Pour la première fois, Foxtraon pense qu'il peut vraiment perdre la bataille. Il repart au combat quand même. Dans le port, se souvenant de la défaite du dédale d'hier, du moins de l'absence de retour des troupes ou de percée des défenses, les Romains n'ont fait qu'incendier les navires.

15 juillet

Embiez

Les Romains détruisent le temple de Perséphone en pied de nez. Le mécanisme du petit Rouveau n'est toujours pas réparé, la chaîne est cassée, permettant l'accès à la baie aux navires romains qui ont attaqué également le système défensif des baux de Sanary, soit les rangées de catapultes. Ces dernières ont bien répondues, elles restent imprenables pour l'instant. Idem pour le bastion de bonne grâce. Il y a encore eu une tentative de percée romaine par le dédale de la grande muraille, en vain puisqu'elle n'a pas d'issue, mais comme personne n'en revient, personne ne le sait.

Antipolis est toujours ligure ainsi que Nikaïa.

Olbia et Athenopolis sont toujours abandonnées.

Port de Massilia

Des bateaux reviennent pour être réparés sur le quai est.

Bandol

César est content de l'avancée des opérations, il y a un nombre conséquent de navires à quai. En ville, il y a beaucoup d'agitation, les galères rechargent le front en soldats, ils débarquent des blessés, etc.

Massilia

Des cultures sont faites dans les champs, tous les esclaves sont au travail, avec des gardes pour surveiller. Il y a des petites exactions dans les champs : Massilia, la cité esclave. Ces derniers reçoivent beaucoup de pression pour assurer un bon rendement, malgré la chaleur. C'est est devenu une cité de souffrance et de labeur.

La Cadière

Le nouvel intendant est ivre, il demande le calme et la tranquillité dans la cité. La maison des chefs vers l'oratoire ne lui plaît pas, il fait venir des architectes pour qu'on lui en construise une autre. Une partie de l'ancienne maison des chefs sert de prison pour quelques personnes. On sent bien que leur sort ne va pas être à envier.

Cytharista

Ils construisent des bateaux, chantiers navals.

À Carcisis, des prêtresses sont venues purifier la cité comme à Massilia.

Le Castellet

Des petits travaux commencent à être réalisés, des édifices pour mettre des denrées dirait-on, soit un grenier.

Brusc La ville est terrorisée. Les navires à quai dans la zone protégée (20 p16) ont été brûlés. L'assaut dans le dédale finit toujours dans la zone de repli, cul-de-sac, où les Grecs ont installé des chaudrons d'huile finalement pour achever les assaillants.

Le bastion sud a subi plusieurs attaques. Les Grecs font le tri sur les morts romains, en fin de couloir de la mort (qui est abordé dans le Tome1, p 43).

Il y a toujours des attaques entre le troisième et le quatrième ceinturon : c'est une boucherie.

La muraille qui prend le souffle (soit catapultage de braise entre les murailles qui brulent un élément dont les fumées de combustion sont mortelles, vol 1, p 193) commence à fonctionner à côté de la porte nord.

Tour-fortin

Foxtraon est effondré par les pertes romaines, il ne voit pas de combat héroïque, il ne voit qu'une boucherie, une implacable machine à tuer, sa machine, soit ces engins par endroits. La muraille entière est une zone de mort. Les cadavres s'amoncellent. Il commence à regretter son choix. Il écrit un pli à César pour lui communiquer le nombre de ces pertes, pour être sûr qu'il ne soit pas minimisé par ses propres hommes. Lui-même ne se reconnaît plus dans l'âme de faucheur d'autant de vies : une boucherie. Il ne comprend plus ni sa raison, ni la raison des hommes, ni la raison de tout ça. Il commence à goûter à la folie et à la déraison au milieu de petites crises de pleurs. Il n'ose même plus penser à celui qui s'était suicidé pour qu'il n'y ait pas de combat. Puis la rage revient.

Port nord

Les Romains ont détruit le quai de réapprovisionnement (7 sur le plan) en bois, des galères du bastion nord, pour pouvoir

rapprocher les navires le plus près des murailles pour les bombarder avec des boules de feu incendiaire. Ils ignorent qu'entre les murailles il n'y a rien ou seulement des pièges, c'est un échec du fait, les galères romaines repartent. Ils avaient au préalable bombardé et mis le feu au sol sur la structure massive du port (4 sur le plan p16).
<u>Bandol</u> César n'a eu que de bonnes nouvelles, il rit de la lettre de Foxtreon. Il fait une demande pour avoir plus de troupes. Il rumine sa vengeance. Il a pris de haut avec orgueil la lettre de Foxtraon, il réagit en disant quelque chose comme "on va voir".
Il ne mange toujours pas dans la salle à manger. Il dicte une lettre de retour à un traducteur certainement. Il invite Foxtraon pour un pourparler, certainement un piège, puis il sort. Il a reçu un pli, il est appelé, il doit partir, c'est en fin de matinée à peu près.

16 juillet

<u>Embiez</u>
Jour de relâche aujourd'hui, il n'y a pas de combat. Les Grecs sont fiers d'avoir repoussé l'assaut romain et d'avoir infligé autant de pertes à l'ennemi, ils exhument leurs morts. La ville prie ou fait une cérémonie.

César est à Rome, entrée triomphale sur un char. Arrivé à un promontoire face à une foule, il fait un discours devant 600 personnes minimum puis il se retire. Une fois son passage effectué, on jette de la nourriture ou autre à la plèbe présente. Il va voir quelqu'un de très important qui est malade, il a son visage semi-couvert, la lèpre. César expose la situation et demande des troupes supplémentaires.
Puis il retrouve sa villa à côté de Rome, au calme, loin de son combat avec les Massaliotes. Il va voir un arbre qu'il apprécie,

grand, l'arbre de son enfance peut-être ou le symbole de sa famille. Retour en bateau, départ vers 8h au matin.

Alors on s'accroche, César a pris le Rome express...il a répondu à un ordre de rentrer à Rome, je lis avec la fonction d'avoir isolé la fréquence d'une personne, ce qui fait que je peux suivre César, mais à travers le temps, soit médiominie spatiotemporelle, rien que ça. Si je le fais, c'est que c'est dans les capacités humaines et que je ne dois pas être le seul. Pour ce cas et bien d'autres, il est préférable de dire médium, parce que lecteur de fréquence (voir volume 1) pour le coup cela n'a plus assez de consistance, et médium, de ce que j'ai pu constater, cela calme tout le monde, les entendements s'accordent. Donc pour ce genre d'information je suis obligé de m'autoqualifier de médium, terminologie que je n'apprécie pas, et mes livres sont en fait le résultat d'avoir demandé son avis à un médium, je ne sais pas s'il y en a qui recommenceront l'expérience...

Le navire qu'a pris César est un direct sans escale pour Rome, il navigue de nuit également, donc les Romains avaient acquis aussi cette compétence, peut-être avec des pilotes grecs prisonniers, ça je n'en sais rien. La force de ces navires c'est le moteur, soit les esclaves. Ceux qui sont dans la cale pour ramer sont des monstres de muscles. Ils ne font que ça, ils sont bien nourris, ce sont des bêtes humaines. Parfois pour être punis on peut jeter un homme dans la soute qui se fait dévorer, un simple coup de main pour arracher un bras, etc. Pour le voyage retour, par contre, je pense que cela doit venir des courants, car pour descendre à Rome le navire a dû se servir des courants, car pour le retour c'est du cabotage, les rameurs rament deux heures à fond ou plus, ensuite le navire s'arrête à un port et ils sont intervertis avec des rameurs neufs d'efforts. Donc César repart pour Bandol le lendemain matin et il mettra deux jours pour rentrer, certainement uniquement de navigation de jour pour naviguer à proximité des côtes avec escale de nuit logiquement. Et ici déjà, on peut aborder un élément qui deviendra plus flagrant dans la suite des échos. À cette époque de son existence, César n'est pas un dictateur qui a pris Rome, mais bel et bien un subalterne de cette dernière. C'est un général, un stratégiste à qui on confie des conquêtes. Sa notoriété vient de ses victoires, de son nom, sa lignée, et des richesses qu'il ramène à Rome dont la plèbe profite. Donc le Rubicon…passons. Je donnerai ma version définitive dans mon prochain volume récapitulatif "Tauroeïs" qui réunira les trois volumes où je continuerai le récit des échos temporels jusqu'en novembre.

<u>Antipolis et Nikaia</u> sont toujours ligures, Antipolis est assommé par la chaleur.

<u>Olbia et Athénopolis</u> sont toujours abandonnées.

Port de Massilia

Beaucoup de navires sont partis, il n'en reste qu'un peu côté est.

<u>Bandol</u>

César n'est pas encore rentré, la ville se relâche un peu, ils font du bruit. Il se passe des choses dans l'arène.

<u>Massalia</u>

La cité est devenue la cité de l'oppression, soit un immense camp d'esclaves, la ville en est pleine. Les Romains exécutent des punitions exemplaires sur certains pour augmenter la cadence, etc. Quelques esclaves se sont enfuis dans les calanques, pour eux ,c'est un paradis.

<u>Cytharista</u> est réinvestie, des constructions romaines sont faites en dehors de l'ancienne cité grecque, cherchant des points de vue avantageux etc. La priorité n'est plus la protection. Il y a un certain standing donné par la proximité des calanques du Mugel.

<u>Carcisis</u> est en attente de nouveaux occupants.

La Cadière
Le chef (le gros) est également un cannibale. L'un des prisonniers de l'ancienne maison des chefs grecs plus haut est cuit et préparé. Il est servi à table au chef et à ses invités. Deux trois personnes le mangent en le gaspillant et en se moquant de lui. Ce sont les rares fois où j'ai vu des Romains rire. C'est plus de l'amusement et de la mutilation gratuite que du cannibalisme brut pour cette fois, mais quand même. Les cuisines ne sont pas loin de la prison, soit la cage qui a été nouvellement aménagée, en conséquence, les prisonniers sont maintenant terrorisés, car ils ont compris qu'ils sont un garde-manger. Dans la cité, tout le monde travaille, personne ne réfléchit.

Le Castellet
Les plantations reprennent doucement.

CHAPITRE 12

Embiez
Il n'y a pas de combat aujourd'hui, le bastion est en réorganisation. À la porte nord, les hoplites s'affairent au nettoyage et à la récupération. Au bastion et à la porte sud, idem, nettoyage, récupération et incinération des corps. La ville a retrouvé le calme. Ils ont fêté et remercié je ne sais quelle divinité pour la victoire, Niké peut-être. Sur l'ensemble de la grande muraille, les hoplites s'adonnent également au nettoyage, à la réparation et à la récupération.

Le camp romain a dû perdre entre 30% et 50% d'effectifs. Ils attendent des renforts, ils espèrent que les Grecs feront une contre-attaque au sol, sortant de leur muraille infernale. Les Romains ne montrent qu'une petite partie de leur camp qui est volontairement laissée désordonnée et le gros du camp reste caché. Les Grecs ne quittent pas leur position évidemment.

À la tour-fortin, Foxtraon pleure. Il devient à moitié fou, il a du mal à revenir à un état de tranquilité. Il est prêt à repartir au combat pour ne pas y penser et espère mourir pour ne plus souffrir. Des aspects de sa personnalité ne lui sont plus accessibles, son calme, etc. Il n'en a plus rien à faire des constellations dans les étoiles. Il trouve ça dérisoire, il se sent trahi par les dieux, jamais il n'aurait imaginé une telle expérience. Pour lui, ce n'est pas une victoire, c'est une victoire de l'absurde. Épuisé nerveusement, il arrive quand même à trouver le sommeil, il tombe d'un coup, à bout. Il se réveille parfois en sursaut. Il cherche son reflet dans ce qu'il peut, se fuyant du regard quand il le trouve. La boucherie générale et le nombre de morts en sont la cause.

17 juillet

Embiez
C'est une journée de trêve encore, les Grecs ont péniblement réparé la chaîne en apnée et le mécanisme du petit Rouveau.
Antipolis, toujours ligure (?), la chaleur s'abat sur la cité idem à Nikaïa.
Olbia est toujours abandonnée.
Embiez, une cérémonie d'honneur est donnée, la ville est positive.
Port de Massilia
La flotte est revenue, les navires posent des esclaves sur le quai est et embarquent des denrées sur le quai ouest.
Hérakleia est toujours ligure (?), Athénopolis est toujours abandonnée.
Bandol
César n'est toujours pas là, mais il y a quelqu'un qui profite de son appartement.
Massilia
De plus en plus d'esclaves sont sous-alimentés, ils ont du mal à tous les nourrir. Les Romains jettent de la nourriture à une petite foule d'esclaves qui réclament. Peut-être ceux arrivés en

bateau qui n'avaient pas été nourris pendant le voyage. Les esclaves se mélangent dans la ville, parfois les mélanges d'ethnies avec des cultures différentes créent des tensions ou des altercations qui sont punies par la mort. Cela commence de plus en plus à ressembler à un camp. Il y a une esclave qui est jolie, un teneur la fait sortir du rang pour en faire son esclave personnelle. Une fois chez lui, il lui demande de s'occuper de lui, elle le repousse, il la sort de son logement, elle pleure puis il la couvre, il la fait rentrer. Il va tenter la manière douce sur trois jours. Sur le port, il y a tellement d'esclaves que certains en revendent aux marins, soit un petit trafic.

Cytharista
La nouvelle cité se construit doucement, ce sont des villas de maître avec de grands jardins.

Carcisis n'est toujours pas entreprise.

La Cadière
À la prison garde-manger, personne n'est parti aujourd'hui, de ce fait, ils sont rassurés. Ils ont été bien nourris. Le chef a encore fait un festin, mais avec de la viande issue de la chasse cette fois-ci.

Au Castellet, les cultures reprennent et s'étendent. Ils cultivent quelque chose de particulier dans l'enceinte, mais je ne sais pas ce que c'est.

Brusc
Au Bastion nord, c'est la revue, les hoplites reçoivent les honneurs de Foxtraon. Au port, ils réparent tous les bateaux endommagés par l'attaque quand ils étaient à quai, même ceux partiellement brûlés.

En ville, les gens ont rendu hommage au chef. Ils croient vraiment qu'ils ont vaincu les légions de César, que ces derniers ne vont pas réattaquer. C'est une femme qui fait les louanges, le discours. Foxtraon est fier. La ville est remplie de bonheur. Ils nagent sur un nuage, ils croient tous qu'ils ont gagné.

Le bastion sud est nettoyé, ils finissent également le nettoyage du dédale. Foxtraon fait encore les honneurs à tous ses soldats, ayant combattu lui-même, il connaît la valeur de leurs efforts. Il fait ainsi toute la muraille.

Au camp romain, les légionnaires se sentent abandonnés, ils sont malades. Avant de quitter le bassin de retenue de l'aqueduc, les Grecs l'avaient empoisonné.

À la tour-fortin, le soir, la journée d'honorade de Foxtraon l'a exténué, il s'effondre directement dans son lit, oubliant tout. Plus tard, il prend juste les nouvelles pour savoir s'ils ont réparé la chaîne, puis donne quelques ordres. Il regarde à nouveau les étoiles et refait ses calculs.

18 juillet

Embiez
La ville s'est vidée, ils sont tous partis (le discours de la femme d'hier devait être aussi pour remercier Foxtraon et ses hoplites avant le départ).Une partie des soldats est partie avec eux.

Antipolis est toujours ligure ainsi que Nikaia, avec la chaleur, ils font des espèces de transes.

Athénopolis est toujours abandonnée.

Port de Massilia
Il règne une grosse activité, ils déposent des esclaves, ils prennent des marchandises, toujours.

Olbia est toujours abandonnée.

Cavalaire est toujours ligure.

Massilia
Les esclaves ont faim, ils ne sont pas assez nourris, ils mangent des herbes et des racines dans les champs au travail et ensuite ils sont malades, ils se tordent le ventre. Le mélange des peuplades est un bordel monstre, certains parlent à peine. Plusieurs niveaux d'évolution se mélangent, cela devient une masse humaine sans nom. Pas tous n'ont accès aux habitations vides de Massilia, certains sont parqués dans des

champs parce qu'ils puent. Beaucoup ne vont pas rester à Massilia même et sont prévus pour d'autres exploitations. Massilia est pratiquement devenue qu'un comptoir d'esclaves. Les gardes font toujours de nombreuses exactions. Celui qui avait pris la femme, la présente à un ami puis se moque d'elle. Il la fait tomber au sol, demande à son ami de la tenir puis la viole, apparemment il ne pouvait pas faire les deux tout seul. Une fois fait, il lui donne je ne sais pas quoi, de la nourriture en compensation estime-t-il. Elle est contente d'être toujours en vie. Elle pense à s'enfuir.

Des constructeurs ou des architectes font une visite de la ville pour évaluer les endroits propices à de futures constructions, villas romaines, etc. Sur le port une femme mord un garde qui voulait peut-être abuser d'elle, elle est fouettée, etc. Dans les calanques les évadés ont faim, ils manquent de tout, ils pensent à revenir à Massilia pour y voler de la nourriture.

Cytharista
Les constructions des villas romaines continuent et avancent rapidement (de nombreux esclaves sont à l'oeuvre)

À Carcisis, une garnison a investi la ville, il a été décidé d'en faire une base arrière militaire.

Il n'y a plus de présence ligure, quelle qu'elle soit dans les environs pour l'instant.

La Cadière
La chaleur écrase tout, même les fréquences résiduelles. Le chef est parti au bord de mer pour se rafraîchir.

Le castellet
Il y a des femmes qui célèbrent quelque chose, cérémonie pour les cultures, le rendement. Elles demandent à la nature qu'elle soit fructueuse, ce sont des prêtresses.

Bandol
César est rentré, il est très noir, très en colère, il n'est pas du tout content de retrouver ce lieu, d'autant plus que les nouvelles ne sont pas bonnes. Quelqu'un l'a piégé je ne sais quoi.

Il est épuisé par le voyage. Il va dans sa chambre, couché, il regarde des cartes, il lit également et prend des décisions.
Embiez
La ville s'est vidée, ils sont partis, dès que le bateau a été réparé, profitant de la trêve ou de l'absence de combat. Dans le camp romain, seulement quelques hommes sont morts d'empoisonnement, mais la situation n'est pas au beau fixe.
À la tour-fortin
Foxtraon est serein, content que la ville se soit vidée. Il en veut toujours aux Romains et à César et considère son but non atteint.

CHAPITRE 13

19 juillet

Antipolis est toujours ligure, il y a une grosse chaleur qui plaque les hommes ainsi qu'à Nikaia.
Port de Massilia,
Ils déposent les esclaves au quai est, ils prennent des denrées au quai ouest, pour éviter les vols, émeute avec la promiscuité.
Athénopolis est toujours abandonné ainsi qu'Olbia.
Hérakleia est toujours ligure.
Bandol
César s'énerve dans son quartier général, Tauroeïs imprenable ?
Massilia
Il y a de plus en plus d'esclaves, certains partent directement pour d'autres exploitations. Ils les disséminent sur la Narbonnaise. Tout doucement, des architectes ou des constructeurs, commencent à entreprendre les collines de Massilia. Des tracés sont effectués pour délimiter des parcelles pour de futures constructions, j'imagine des villas romaines, Massilia va deve-

nir une banlieue chic éloignée de Rome. Des démolitions sont prévues. Je passe sur la vie et les malheurs des esclaves, je vous laisse imaginer, finalement le garde a vendu la femme qui part sur une charrette attachée et en pleurs.

<u>Cytharista</u>, construction de bateaux et de villas toujours

<u>Carcisis</u>   Il est arrivé quelqu'un d'important, qui va prendre possession des lieux, un chef de guerre.

<u>La Cadière</u>

Un homme a été sorti de la prison garde-manger pour être préparé. Dans la cage, ils sont drogués maintenant, semi-conscients. Donc cela fait un homme tous les deux jours. Toujours pareil, il le mange avec ses amis, pas de débordement cette fois-ci, ils mangent c'est tout, ils avaient dû se défouler la dernière fois.

<u>Le Castellet</u>

C'est la communauté féminine qui s'est installée, pour la production, la récolte d' une denrée particulière, j'ignore laquelle, plante? Fleurs?

<u>Embiez</u>

Il y a encore eu une attaque, un bombardement incendiaire, du petit Rouveau pour entrer dans la baie, la chaîne est encore cassée. Puis l'attaque s'est concentrée à la porte nord côté mer puis à la porte du bastion nord. Peut-être les Romains ont-ils eu des informations sur d'éventuels points faibles de la forteresse ou alors ils ont fait des repérages plus précis lors de la dernière attaque. Le bastion nord donne l'accès à la partie supérieure de la muraille, soit la victoire assurée, peut-être s'en sont-ils rendu compte lors d'une observation.

<u>Tour-fortin</u>

Foxtraon est blessé, il a respiré de mauvaises vapeurs. J'ignore de quoi, il est à moitié malade, couché, il délire à moitié en regardant les étoiles. Aucun soin ne lui est apporté.

Partout les fréquences résiduelles sont amoindries, car les hommes sont accablés par la chaleur.

Au camp romain du mont Salva, les hommes s'en vont, chaleur et manque d'eau, inutile de mourir pour rien.

Au premier sas de la porte du bastion nord, ce sont des vapeurs de produits chimiques qui tuent que les hoplites ont jetées sur les Romains pour contenir leur attaque massive et concentrée, c'était leur ultime ressort, sans cela ils auraient été perdus. C'est ce que Foxtraon a dû respirer sur un retour de vent.

Comme je l'avais vu hier, la ville est complètement partie et avec elle beaucoup de soldats qui pensaient peut-être avoir gagné en considérant que les Romains ne reviendraient plus s'y frotter. Au bastion nord, l'action s'est déroulée ainsi. Les Romains ont d'abord bombardé, incendié les remparts avoisinants pour faire table rase comme d'habitude, rendant impossible aux hoplites de rester en haut des remparts et de les défendre à cause du feu. Ils comptaient ensuite forcer les portes et entrer dans le bastion nord. Le gazage massif des Romains par jet d'amphore remplie de ce produit chimique, soit une arme chimique à l'époque antique, leur a fait fuir la position. Pris par la peur, les Grecs ont dû jeter trop de petites amphores, j'imagine, maniables, si bien qu'une partie leur est revenue dessus, ce qui explique l'intoxication de Foxtraon. Une ou deux galères romaines sont restées au port, celles qui étaient le plus proches des murailles et n'ont pas pu repartir. Sur leurs ponts, tous les hommes sont morts. C'est cela la mauvaise nouvelle qu'avait dû avoir César, soit un échec encore.

20 juillet

Antipolis est toujours ligure, la chaleur est encore plus pesante, Nikaïa idem.
Olbia est toujours abandonnée ainsi qu' Athénopolis.
Au port de Massilia, les échanges ont baissé de moitié.
Hérakleia est toujours ligure.

Embiez
Le calme est revenu dans la cité et la muraille, le mécanisme de la chaîne du petit Rouveau n'a pas été réparé.
Massilia
Les esclaves vivent leur lot de souffrances au quotidien. Les Romains créent des repères d'angle de quadrillage avec de petits amas de pierres, puis ils référencent les parcelles ainsi créées par des chiffres, lettres. La chaleur assomme la cité également.
Cytharista
La construction des riches villas massives se poursuit.
Carcisis
Le nouveau chef est arrivé. Il tient à faire entendre sa loi.
La Cadière
À la prison garde-manger, une des détenues fait des cauchemars, elle pousse des cris, etc, alors qu'on joue de la musique au chef ce soir. Dans la cité tous les intervenants travaillent et se taisent.
Le Castellet
Ce sont bien des femmes qui sont au Castellet, j'ignore ce qu'elles produisent ou cultivent, mais cela doit être fin et délicat.

CHAPITRE 14

Bandol
César est enjoué, il reçoit un de ses lieutenants qui lui fait le compte rendu de la guerre faite aux Ligures. Il n'y a que des victoires évidemment. Une fois que la forêt est brûlée, il ne reste aucune échappatoire aux Ligures. Le premier objectif est atteint, soit les terres jusqu'aux limites des montagnes ou moyennes montagnes. J'imagine que la 2e phase est le rabattement pour la reconquête totale de la Côte. La deuxième phase est lancée, il en donne l'ordre avec des recommanda-

tions, aucune pitié pour ceux qui résisteront, etc. Décimation? Ordre est donné de faire des esclaves, etc.

Les légionnaires du camp de Tauroeïs au mont Salva sont bien revenus, ils sont ravitaillés et soignés. Dans la nuit, César a des rapports avec une servante consentante, mais l'esclave grecque lui manque.

Embiez

Au bastion nord, les hoplites effectuent des réparations, des remises en ordre. Au port, toutes les galères sont rentrées, en fait ils avaient évacué toute la ville avec le nouveau navire-cargo et les autres galères servaient d'escorte. C'est la raison pour laquelle beaucoup d'hopites étaient partis. Ils sont revenus maintenant. Le camp romain du Mont Salva est déserté, ils ont laissé deux, trois chevaux, et quelques espions cachés au cas où. La muraille et le bastion sud sont à nouveau pleins.

À la tour-fortin, Foxtraon est absent, il a dû aller se faire soigner ailleurs.

21 juillet

Antipolis est toujours ligure, la chaleur y est accablante, idem à Nikaia.

Olbia est toujours abandonnée ainsi qu'Athénopolis.

Au port de Massilia il y a plus de dépôts d'esclaves que de départs de navires de denrées.

Hérakleia est toujours ligure.

Embiez

Le petit Rouveau est encore attaqué. Les Romains essayent de laisser des troupes en permanence sur l'ouest du bras de terre . Ils s'installent là où il y avait le début du sanctuaire de temples.

Il n'y a pas d'attaque de la grande muraille défensive "est" et de la ville. Les Romains investissent le temple détruit de Perséphone sur la pointe du Cougoussa et mettent un brasier et des drapeaux en pied de nez.

CHAPITRE 15

Bandol
César est inquiet, la ville est en branle-bas de combat. Les Grecs ont fait une attaque éclair du camp romain. Deux, trois galères ont accosté, les hoplites en sont descendus, décidés à en découdre, puis ils ont attaqué le camp par son entrée, soit le casino actuel. Une centaine d'hommes ou plus, Foxtraon en faisait partie et il en était le meneur. Ils ont fait une progression de 100 mètres dans le camp puis ils ont crié le repli après que l'alarme du camp ait retenti et sont repartis aussi vite qu'ils étaient venus. Il y a un tiers de perte dans le camp romain. Pendant l'attaque, César a eu une peur panique, il s'est fait entourer de beaucoup de ces gardes dans son quartier général. Ils ont relâché le ceinturage seulement quand ils ont vu les navires repartir. En même temps, les hoplites ont fait un repérage des troupes, mais ce sont les soldats d'élite de César qui sont là évidemment. Une fois la situation revenue au calme, César donne des ordres, un messager part. Il se couche tout en n'étant pas rassuré, la vue panoramique ne lui paraît plus aussi belle.

Embiez
En fait, les Hoplites ont pris les bateaux des Romains pour faire l'attaque. Les Romains avaient débarqué trop de troupes sur l'île pour qu'ils les laissent sans réagir. Ils ont vu les mouvements de l'ennemi depuis leurs remparts et ont saisi l'opportunité. Lors de l'assaut sur Bandol, ce n'est que sur les derniers 200 mètres avant l'accostage des galères que les Romains se sont rendu compte que quelque chose n'allait pas, vu que les navires n'allaient pas au port, mais qu'ils fonçaient vers la plage pour débarquer leurs troupes.

Tour-fortin

Foxtraon est rentré, il est content de sa bataille, il revoit dans sa tête tous ses gestes, tous ceux qu'il a tués, il aimerait y être encore, mais ils ont dû battre en retraite. Il n'a même pas été blessé, rien, aucune égratignure. Ils n'étaient pas assez nombreux et l'alarme du camp a ramené toutes les troupes vers leur tentative de percée. Ils ont été tellement fougueux, tellement dangereux qu'aucun Romain pratiquement n'a essayé de les suivre pour les combattre dans leur repli. Les centurions appelaient à les poursuivre, mais les hommes n'en ont rien fait, des fous de guerre.

Foxtraon ne rêve que de " que ça recommence". Il prévoit à l'avenir d'essayer de faire mieux. Je pense qu'il ne sait pas que César est à Bandol, son ennemi. Ils ont fait un combat parfait.

Auparavant, il y avait eu un branle-bas de combat au bastion nord, c'était la préparation express de l'attaque éclair. Dans la première phase, les hoplites étaient sortis des murailles, avaient attaqué et rasé le camp romain au début du sanctuaire, puis ils s'étaient emparés des galères romaines pour l'attaque éclair. À la pointe du Cougoussa, les derniers Romains retranchés sont écoeurés, ils sont coincés, et se sont fait voler leurs galères.

À partir d'aujourd'hui je ne ferai plus journalièrement ni Massalia, ni Cytharista, ni Carcisis, ni la Cadière, ni le Castellet. Massilia c'est une série hollywoodienne mélodramatique journalière avec les oppressions sur les esclaves et la construction des beaux quartiers. Il n'y a plus de présence Ligures. Je ferai une lecture une fois par semaine de tous ces lieux et un contrôle journalier sur la webcam du port. À la Cadière, le chef mange un être humain tous les deux jours, je n'ai pas vraiment envie d'en savoir plus.

22 juillet

Antipolis est toujours ligure, idem Nikaïa, les deux subissent une intense chaleur qui s'abat comme une chape de plomb.

Olbia est toujours abandonnée, la chaleur également, idem pour Athénopolis.

Port de Massilia il y a une baisse d'activité, 30% côté ouest, 10 % côté est.

Embiez

À la pointe du Cougoussa, les hoplites ont attaqué et ont jeté les derniers Romains par la falaise. Au petit Rouveau, ils n'ont pas encore réparé la chaîne, les Romains en ont emporté une bonne partie avec eux.

À la grande Muraille défensive, il n'y a aucune attaque, ils se relatent l'exploit d'hier et disent évidemment qu'ils veulent recommencer.

Bandol

César est là, il a fait doubler sa garde et renforcer les fortifications. La fin de la baie de Bandol, soit la plage où les Grecs avaient accosté, est bloquée avec une partie de la chaîne flottante prise au petit Rouveau. Les Romains qui n'avaient pas voulu poursuivre les Grecs sont exécutés, ils sont trois ou quatre seulement. César n'est pas rassuré. Il a fait partir des messagers pour faire part de l'attaque et de l'urgence d'envoyer des renforts. Il souhaite aller ailleurs, et demande à changer de position, de camp. Il lit avant de dormir dans le repos de sa chambre panoramique, comme une baie vitrée certainement, en verre, prouesse technique de l'époque pour l'usage des chefs.

Embiez

Les hoplites inspectent tout, ils vérifient tous les pièges, etc, ils réarment tout, munitions, etc, ils se préparent à une riposte. Sur les îles, les Grecs détruisent ce que les Romains avaient commencé à construire en fortifications à la pointe du Cou-

goussa où ils s'étaient finalement réfugiés. Ils ont également récupéré tout ce qui pouvait l'être pour le ramener à la forteresse. Ils récupèrent tout ce qui est en fer dans les maisons de la ville pour le fondre, ils doivent refaire la partie manquante de la chaîne, les Romains l'ayant emportée pour qu'ils ne puissent pas la réparer et s'en servir pour eux mème.
À la tour-Fortin Foxtraon est absent.

23 juillet

Embiez
La chaîne n'a toujours pas été réparée.
Il y a encore eu une attaque par voie navale qui a fini dans le dédale de la grande muraille défensive "est".
Antipolis est toujours aux Ligures et la chaleur y est accablante, idem à Nikaia.
Olbia est abandonnée, idem pour Athénopolis.
Port de Massilia
il n'y a aucune activité, seulement quatre navires en entrée de port.
Hérakleia est toujours ligure.
Bandol
César est parti. Il y a un mouvement de troupes, les autres troupes sur place sont prêtes à partir massivement en navire.

CHAPITRE 16

Embiez
Les troupes romaines ont encore débarqué massivement par l'ancien port du Mouret. Cette fois-ci le camp s'étend jusqu'au parking du Cros et peut-être plus. Il y a eu une attaque sur la porte sud seulement, sans résultat ni percée, évidemment. Il y a eu une attaque également sur les ceinturons 1,2 et 3, une

boucherie encore. Le camp encercle complètement la cité. Une légion entière, dirait-on. Cette fois-ci on y est. Le bastion nord tient la position. Une petite attaque navale est menée pour récupérer les navires pris aux Romains précédemment. Ils s'engouffrent ensuite dans le dédale, mais n'arrivent même pas au couloir de rabattement vers le cul-de-sac, car ils sont tués avant. La porte nord fonctionne également jusqu'au chaudron d'huile bouillante.

Tour-fortin
Foxtraon est là, il est fou de rage, l'encerclement des troupes romaines le rend tou au lieu de lui faire peur. À la nuit tombée, il prend du repos et demande qu'on le réveille à la moindre attaque.
Au niveau de la 80m, au nord, les Romains sont entrés dans la muraille et ses pièges. Ils sont tous morts. Ils ne réessayeront plus par ce côté, peut-être marécageux.

24 juillet

Antipolis est toujours ligure, la chaleur y est encore plus accablante, Nikaïa idem.
Athénopolis est toujours abandonnée ainsi qu'Olbia.
Port de Massilia, il y a une toute petite activité, voire aucune, quatre bateaux toujours à l'entrée du port.
Herakleia reste ligure.
Bandol
Il y a un nouveau chef dans les appartements de César qui rigole. En ville des troupes arrivent encore par la côte terrestre et embarquent pour Tauroeïs.
Il s'agit du chef cannibale qui était à La Cadière, ils ont dû intervertir leur place avec César. Il joue comme un abruti, court après quelqu'un, un serviteur certainement et lui dit qu'il va le manger. Il le fait finalement tuer et cuisiner.

<u>La Cadière</u>
César est bien là. Ils ont bien interverti pour plus de sécurité, vu la possibilité d'attaque récemment vécue, venant des Grecs. En arrivant à la bâtisse des chefs, il a été horrifié de découvrir la cage garde-manger à côté des cuisines. Il pousse un énorme cri de colère et de dégoût. Apparemment ce chef n'est pas puni, car il est intouchable. La cage a été vidée sous ses ordres, les prisonniers sont libérés, mais ils sont tués pour pas qu'ils témoignent de ce qu'ils ont vu et vécu. La Cadière est surarmée à nouveau pour la protection de César.

<u>Au Castellet</u>, il y a toujours une production de je ne sais quoi par des femmes et on les laisse tranquilles.

<u>Brusc</u>, au bastion nord, il y a un mouvement d'hoplites pour renforcer la grande muraille et la tour-fortin. En fait, ils se positionnent au-dessus du rempart de la porte nord. L'écraseur est en position basse, soit il ferme la porte nord (8 sur le plan de la porte nord).

Au port, au niveau du quai de remplissage des amphores en bout d'aqueduc, les troupes romaines débarquent massivement pour attaquer la muraille.

Sur le front des Embiez, les Romains tombent dans les pièges entre les murailles et les Grecs les brûlent soit entre les murailles, il y a des zones inflammables.

Après la grande muraille "est", le grand camp romain est toujours là. Il commence déjà à se vider à cause des pertes. Sur la grande muraille, c'est la victoire, les clameurs qui s'élèvent, car l'attaque a encore été repoussée. Le couloir sud a encore fonctionné parfaitement. Les Romains essaient d'attaquer de toute part en même temps et se font anéantir par la muraille. Dans le couloir de descente qui mène entre le troisième et le quatrième ceinturon, les hoplites sont même sortis de la muraille au sol pour en découdre et ont anéanti leurs ennemis avec la même rage que l'attaque de Bandol. La lance permettant d'atteindre l'ennemi tout en restant à bonne distance de ses coups de glaive et la volonté de faire des coups fatals à chaque fois, font rage. Les Romains tombent comme des mouches.

À la Tour-fortin

Foxtraon est légèrement blessé à la jambe. Il ne peut plus combattre actuellement. C'est une pause qu'il prend sans regret, overdosé de tuer et de voir la mort en si grand nombre. Il aspire à autre chose de son existence, mais c'est trop tard, la machine est lancée. Ils sont encerclés et il ne peut sortir de son propre piège qu'il s'est bâti, pour faire le plus de pertes à César et entrer dans l'histoire comme les Thermopyles certainement ou d'autres héros grecs. Il se réfugie encore dans les étoiles et regarde si les dieux lui seront favorables. Il est quand même fier de ce qu'ils ont déjà accompli. Puis il retourne dans ses calculs pour faire de nouveaux pièges et ainsi pallier leur infériorité numérique. Il se couche en étant finalement prêt à revivre une journée comme celle qu'il vient de vivre.

25 juillet

Embiez

Les Romains ont à nouveau mis des drapeaux, porte-étendard, brasier, etc, en pied de nez à la pointe du Cougoussa. Apparemment, les Romains ont bombardé le port côté entrepôt avec des projectiles incendiaires, boules de feu. Les Grecs n'ont pu qu'assister au spectacle, impuissants. Ils ont vu brûler quelques-unes de leurs galères. En haut de la pointe du Cougoussa se trouvent des tentes, des chefs romains et de riches romains, accompagnés de leurs femmes. Ils sont venus voir la bataille comme un spectacle.

Bandol

Le chef cannibale a été assassiné par un serviteur, la ville en rit. C'est César qui est derrière cet assassinat. Il a engagé une femme mercenaire qui s'enfuit ensuite discrètement à cheval. Pour couvrir le meurtre, ce sera un serviteur qui sera accusé.

La mercenaire l'a tué au couteau. Un coup dans le ventre, puis elle l'a laissé crier et faire quelques pas pour qu'il voie sa mort, et finalement elle a atteint le coup et la gorge. La ville était au courant. Les gens riaient d'entendre ses cris, sachant aussi qu'il serait tué par une femme.

CHAPITRE 17

Embiez
Les navires romains font également des tirs de bombes incendiaires sur le bastion nord.
C'est une journée cinéma de guerre réelle pour les riches Romains, hommes et femmes, postés en haut du Cougoussa, soit le spectacle. Le grand navire pour transporter les troupes est touché ainsi que le port de commerce.
Au camp romain les hommes ne croient plus en la victoire, ils ont peur d'aller au combat maintenant. Ils savent que s'ils y retournent, ils mourront. Au bastion sud, des pièges supplémentaires ont été ajoutés au couloir de la mort, après le sas.
Sur les murailles, les hommes ont été écœurés de voir leurs navires et leur port de commerce brûler complètement cette fois-ci, ainsi que le gros navire de transport, impuissants face au brasier. Il reste des navires dans la cale sécurisée (20) prévue à cet effet.
Tour-fortin
Foxtraon est terriblement déçu que ses ennemis soient d'un niveau aussi bas, conscient que l'incendie spectaculaire de cet après-midi provoqué par les boules de feu catapultées des navires, n'était juste qu'un effet de spectacle et non stratégique pour l'amusement d'une certaine élite romaine. Ces derniers avaient dû entendre parler de la bataille et voulaient la voir de leurs propres yeux. Foxtraon regarde encore les étoiles et pour lui, tout son monde s'effondre, ce monde n'a plus de sens. Il plonge alors dans une nostalgie du passé où il retrouve ses re-

pères et peut compter sur des valeurs qu'il comprend et respecte, mais il n'en reste pas moins dépité. La nuit s'annonce blanche pour lui, il a besoin de se recueillir dans les étoiles, en attente de signe des dieux ou de compréhension. Il s'évade dans la méditation. Cette journée "cinéma" l'a plus blessé dans son cœur que tout le reste. C'est comme si on lui signifiait que sa vie et celle de ses hommes ne valaient finalement rien, bien loin de la volonté de rester dans l'histoire en ayant accompli une prouesse héroïque. C'est une leçon de guerre psychologique.

26 juillet

Embiez
Foxtraon a ordonné de bombarder les tentes en haut de la pointe Cougoussa en déplaçant des catapultes puissantes sur la muraille ouest. Les riches Romains, hommes et femmes, ont fui devant la pluie de projectiles. Une riche romaine est tombée dans la falaise, fuyant tout droit dans une peur panique sans contrôle, elle c'est brisé le cou dans sa chute. C'est une mission réussie pour César, car son mari donnera des fonds pour la venger. Après la fuite des Romains, la deuxième étape des hoplites a été de reprendre la position. Les navires romains sont repartis du port du dédale.

Bandol
César est revenu pour l'inhumation du chef romain cannibale, en grande pompe, cérémonial et tous les honneurs dus à son rang, garde à vous, etc, un léger pli dans le sourire de César, puis il est remonté à La Cadière. Il est acclamé quand il repart. Les riches romains quant à eux sont repartis vers Cytharista ou Massalia.

Brusc
À la grande muraille, il y a une nouvelle attaque romaine.

Tour-fortin
Foxtraon est apaisé et a récupéré tout son aplomb et sa stabilité psychologique. Par contre sa jambe est toujours blessée et il ne peut toujours pas combattre. Cela s'infecte on dirait. En conséquence, il dirige la bataille et les combats du haut de la tour-fortin avec un code de signaux.
Au bastion nord, les hoplites sont encore allés sur les remparts de la porte nord, l'assaut venant de la mer. Au bastion sud, la porte sud a fonctionné, mais seulement jusqu'au sas. C'est une victoire évidemment. Dans le camp romain, les hommes ont toujours peur d'aller combattre. Les Romains ont tenté d'incendier des galères encore présentes dans la cale de retrait (20) avec des tirs de catapulte. La muraille a encore résisté, mais elle a perdu de son efficacité et de sa spontanéité dans son fonctionnement à cause de l'attente des codes signes de Foxtraon, lancés du haut de la tour-fortin. Néanmoins, c'est toujours la victoire. Il est finalement ravi de sa position de décideur en arrière, à la tête de la muraille. Il est confiant. Il espère ou attend des renforts, Nasidius ? (se rapprochant du 31 juillet, date de la bataille navale de Tauroentum citée dans la guerre civile). Il continue ses calculs pour de nouveaux pièges.

CHAPITRE 18

27 juillet

Brusc
Foxtraon est mort, la flèche ou autre devait être empoisonnée.
Antipolis est toujours ligure, la chaleur est encore plus écrasante, idem à Nikaia.
Olbia et Athénopolis sont toujours abandonnées.
Le port de Massilia n'a pas d'activité, quatre navires sont à l'entrée.
Hérakleia est toujours ligure.

Embiez
L'attaque a cessé à l'annonce de la mort de Foxtraon.

Bandol
César est revenu à Bandol pour les négociations, du fait de la mort de Foxtraon. La ville attend la réponse sur le fil.

Cytharista
Les vastes maisons romaines ne sont pas complètement terminées, mais elles peuvent déjà commencer à recevoir leurs propriétaires et leurs invités.

Carcisis Le chef de la cité s'enferme dans une rigueur militaire et semble tourné vers la formation de soldats et de soldats d'élite. C'est un centre de formation de légionnaires.

Massilia
Certains esclaves sont placés autour de la ville avec des champs sous leur responsabilité, dotés d'une petite maisonnette pour y vivre. Dans Massilia, la famine touche beaucoup d'esclaves. Ils n'avaient pas prévu d'avoir à en nourrir autant et pratiquement toute la production repart en bateau. Les ventres sont vides, mais le travail doit continuer. Certains esclaves s'effondrent sous la chaleur, ils sont jetés dans une espèce de fosse commune qui commence à prendre une proportion gigantesque. Des fois, ils se réveillent au milieu des corps, car il s'agissait juste d'un malaise, mais les efforts doivent continuer, la production doit être assurée coûte que coûte, la vie des responsables en dépend. Dans les monticules de corps, ces derniers sont tellement maigres qu'il n'y a plus besoin de les brûler tout de suite. Les esclaves commencent à ne plus ressembler à des êtres humains, mais à des bêtes. Il y a peut-être deux types d'esclaves, ceux qui sont nourris pour produire et ceux, peuples vaincus et punis, qui sont utilisés jusqu'à leur épuisement et leur mort.

D'un autre côté les architectes ont commencé des constructions pour des riches Romains et c'est la compétition entre eux, rivalité de "qui fera les plus belles demeures" pour avoir la meilleure renommée. Certains s'enorgueillissent d'avoir déjà amassé une fortune sur les constructions. Ils se rencontrent pour faire l'éloge de leurs créations. Des maisons plus modestes ont déjà été finies et réalisées. Ce sont des hommes vieillissants qui les occupent. Les premières à avoir été construites sont évidemment en front de mer.

La Cadière

César est à côté de la nouvelle maison de l'ancien chef cannibale. Il n'a pas voulu reprendre la maison refaite de l'ancien chef. Hier ou je ne sais quand, il a reçu la mercenaire de l'assassinat. Elle s'est présentée à lui, il était assis sur un petit trône, endroit pour recevoir officiellement, certainement. La mercenaire s'agenouille et baise sa bague du symbole de Rome, je pense, puis elle reçoit une bourse en paiement.

Au Castellet, toujours pareil, culture, etc. Une petite tholos est érigée pour signifier la présence et l'installation romaine.

Bandol

La ville est contente de l'annonce de la mort de Foxtraon. Des pourparlers ont été engagés, les Grecs ont répondu qu'ils étaient dans l'attente de l'élection d'un nouveau chef, Strategos. Un chef de ceinturon se propose pour la place. César est revenu au quartier général le temps des négociations afin d'être au plus près pour pouvoir répondre rapidement. La vie sauve leur est proposée si les Grecs se rendent. Il fait partir des messagers pour annoncer la nouvelle jusqu'à Rome, plusieurs, trois pour être sûr que l'information arrivera.

Il est fatigué, harassé par la chaleur. Il prend congé dans ses appartements. Le temps des négociations est considéré comme une trêve, il ne peut y avoir d'attaque, en conséquence, il pense être en sécurité à Bandol.

Brusc

Le bastion nord est affligé par la nouvelle. Pendant la bataille la nouvelle est partie de la tour-fortin et est remontée sur la muraille de ceinturon en ceinturon, puis les hoplites ont crié "trêve" ainsi que Foxtraon était mort. Les combats ont cessé. Les Romains ont crié de joie et sont rentrés dans leur camp. Les Grecs ont procédé à un vote entre des chefs de bastion et autres. Dans un premier temps un chef de ceinturon s'est proposé, mais sa candidature a été refusée, car il était reconnu pour employer la force sans finesse ni subtilité. En petite assemblée, ils ont élu un chef par vote couvert. Celui qui a été élu est jeune. Il rentre dans ses nouveaux appartements dans la tour-fortin, soit ceux de Foxtraon. Il est profondément touché, car il n'a pas fait son deuil et qu'il aimait beaucoup son chef. Sa première décision est de continuer dans la lignée de son ancien chef, soit de continuer la guerre.

Au camp romain les hommes sont comblés, ils espèrent la fin de la guerre, pour les récompenser, une double ration leur est donnée ce soir.

Être touché du haut d'un rempart à la jambe, partie qui est normalement protégée par l'édifice, il ne peut y avoir qu'une seule explication qui semble plausible, une flèche empoisonnée qui retombe vers le sol, lancée initialement avec une certaine verticalité. L'infection rapide de la jambe était déjà suspecte. Il aura fallu deux jours au poison ou à l'attaque bactériologique pour tuer son hôte. Foxtraon a donc été tué sous première déduction, par un archer anonyme.

Tour-fortin

Le nouveau chef s'effondre en pleurant dans le lit de son ancien chef, puis il sent une force le prendre pour lui dire de continuer. La force mentale et physique de Foxtraon. D'emblée il se laisse pénétrer et s'anime de cette nouvelle force de combat qui l'habite pour continuer la volonté de Foxtraon : faire le plus de pertes à l'ennemi, entrer dans l'histoire et mourir en héros au combat.

CHAPITRE 19

28 juillet

Antipolis est toujours ligure, la chaleur est accablante, Nikaïa idem.
Olbia est toujours abandonnée ainsi qu'Athénopolis.
Au port de Massalia, il y a un regain d'activité, port est 50%, port ouest 10%.
Hérakleia est toujours ligure (en fait ,c'est ce que je me suis rendu compte plus tard, les fréquences des ligures sont persistantes, donc Antipolis, Nikaia et Hérakleia ont très bien pu être délaissés des Ligures à partir de ces dates)
Brusc
Avec le nouveau strategos, les Grecs ont décidé de faire une attaque punitive sur le camp romain. Ils sont en pleine bataille quand ils sont prévenus qu'une flotte arrive dans la rade. Ils stoppent immédiatement le combat et retournent sur la muraille afin de parer si besoin, pour se rendre compte qu'il s'agit d'une flotte alliée, celle de Nasidius qui vient d'arriver.
Bandol
Au lieu d'être affligé de l'arrivée de Nasidius, César est plus que satisfait, son piège est en train de fonctionner.
À son quartier général à Bandol, il reçoit je ne sais qui et c'est l'entente cordiale, ils boivent à la victoire et au piège qui va se refermer sur les Grecs soit à la réussite de leur entreprise. Peut-être un lieutenant de Nasidius. Un bateau de la flotte qui se serait séparé soit-disant messager ou pour des pourparlers. L'homme repart et rejoint la flotte. César se retire dans ses appartements, il en a plus qu'assez de cette résistance grecque qui lui coûte cher. Le marché est de proposer une bataille navale, si les Grecs gagnent, les Romains se retirent et leur abandonnent Tauroeïs. Évidemment les dés sont pipés. Les Grecs

ne peuvent gagner puisque Nasidius doit se retirer avant la bataille et laisser la flotte de Brutus écraser les Grecs. Le but de la bataille est aussi d'affaiblir les Grecs en tuant le maximum de soldats afin d'avoir plus de chances de vaincre la muraille.

Brusc

Au bastion nord, les Grecs sont ravis et très enthousiastes de l'arrivée de la flotte. Nasidius débarque, il a l'air très fier. La ville reçoit ses hommes et ses esclaves. Au bastion sud ainsi qu'à la muraille, ils sont également tous très enjoués et regonflés par cette arrivée.

Au camp romain, ils soignent les blessés de l'attaque. Certains espèrent qu'ils vont être appelés ailleurs. L'attaque des hoplites a été menée comme un éclair, tout a été basé sur la rapidité d'action. (avant l'arrivée de la flotte) Les Grecs sont remontés rapidement en face entre les ceinturons 3 et 4 soit l'actuelle rue Marius Bondil. Sans l'arrivée de Nasidius, soit la cause de leur repli, ils auraient peut-être rasé le camp, du moins c'était bien parti.

Tour-fortin

Le nouveau Strategos est évidemment ravi de l'arrivée de Nasidius. Il prend cela comme un signe du destin, qu'avec lui, du moins depuis qu'il est chef, la chance est en train de tourner et que la victoire va leur être attribuée. Il est content du résultat de son attaque éclair et compte en refaire puisque cela a fonctionné sans trop de perte. Il regarde la flotte de Nasidius dans la baie avec fierté, pensant que c'est lui qui va la commander. Il décide alors d'essayer d'ériger une flotte tout aussi importante. Pour arriver à une égalité. Il donne des ordres, que les hommes se préparent au travail. Nasidius dort également dans la tour-fortin, au-dessus, il pense que le Strategos est bien aveugle de ce qui se prépare. Il trouve qu'il a une grande candeur quasiment irréaliste. Il a hâte de remplir sa fonction et de partir d'ici. On lui envoie une servante qu'il refuse, car il a peur qu'elle soit là pour lui soutirer des informations ou qu'elle décèlerait quelque chose. Il ne comprend pas pourquoi les Grecs s'obstinent à vouloir garder ce bout de terre dans une région maintenant romaine. Il attend ses ordres lui aussi, du messager qui a été envoyé à César pour soi-disant parlementer. Le nouveau chef l'a invité à regarder les étoiles comme le faisait Foxtraon avant la bataille, mais il n'en a que faire. Il prend congé en prétextant avoir la fatigue du voyage. C'est un homme plus que sérieux, il n'a pas de temps à perdre, il est préoccupé par autre chose, évidemment. Quand vient le moment de dormir, il se couche avec un couteau, car il n'a confiance en personne. Il ne se sent jamais en sécurité, nulle part, il prend toujours des précautions au cas où, puis il s'endort comme un sac avec un couteau dans son lit. Le nouveau Strategos se met à rêver de nouvelles victoires héroïques contre César, des rêves de gloire future, de laisser son nom dans l'histoire. Il essaie de faire des calculs comme le faisait Foxtraon, mais il n'y comprend pas grand-chose, ce qui l'assomme. Il se couche finalement.

29 janvier

Antipolis ligure (?), Nikaia ligure(?)
Au port de Massilia, il y a une très faible activité, juste à l'entrée du port.
Olbia est toujours abandonnée ainsi qu'Athénopolis.
Hérakleia ligure (?)
Brusc
Foxtraon est inhumé au temple du bastion sud.
Bandol C'est la fête au château, il y a des invités, etc. César fête la mort de Foxtraon. Ils essaient tous de faire le plus de bruit possible à l'extérieur pour écoeurer les Grecs dont le bastion de la Cride n'est pas très éloigné, soit en face dans la rade.

Chez les riches Romains de Cytharista, en ville c'est également la fête. Avec Nasidius, César espère que la victoire est proche. Dans la partie des appartements où ils mangent, il y a un prisonnier, certainement un Grec sorti de je ne sais où qui sert de raillerie, en disant que c'est Foxtraon. Il est condamné à être dévoré par les fauves.

Brusc
Bastion nord
Les hommes sont figés, ce sont les funérailles de Foxtraon. Le corps est sorti pour aller au bastion sud. Foxtraon a eu tous les honneurs militaires de toute la muraille sur son cortège mortuaire. Dans la ville, il y a des espions parmi les hommes de Nasidius qui inspectent les fortifications et essaient de déceler les points faibles. Les funérailles de Foxtraon se déroulent au temple du bastion sud qui doit être dédié à Héraclès normalement sous je ne sais quelle représentation (accès impossible). Il y a beaucoup de pleurs, de femmes, et quelques hommes se laissent emporter également.

À la tour-fortin
Les hommes de Nasidius reviennent de leur inspection pour donner les informations à leur chef. Ce dernier écrit un pli pour César certainement. Le nouveau Strategos a été profondément touché et ému par la cérémonie. Il se sent comme un enfant, un orphelin. Il commence à avoir de la suspicion envers Nasidius qui n'a pas montré grand intérêt à la cérémonie et qui n'est pas resté longtemps, mais comme il pense qu'il est envoyé par Pompée, il lui fait confiance aveuglément, de toute manière ils n'ont pas le choix. La flotte dans la baie lui redonne toute confiance en la victoire.

Au camp romain, les soldats sont ravis de cette trêve.

30 juillet

Arrivée de navires grecs en renfort à Tauroeïs dont une trirème pour la bataille navale de Tauroentum, au matin.(les trirèmes viennent du port de Toulon, Telon, qui est pour moi selon mes dernières trouvailles toujours Tauroeïs, les autochtones étant à la Seyne-sur-mer et à Tamaris)

Dans l'après-midi, César vient en visite pour un pourparler. La tente d'entrevue est au port actuel du Brusc. Il entre et s'exprime ainsi " Quittez les lieux et vous aurez la vie sauve. si vous refusez, alors affrontez votre destin, ou assumez votre destin, votre sort"

Sur les navires, les soldats se regardent méchamment d'un navire à l'autre navire, ennemis, comme avant un combat de boxe. Ils se font la moue. Nasidius a pu faire passer ses messages incognito.

Antipolis et nikaïa ligure(?) et chaleur écrasante.

Olbia toujours abandonnée, idem Athénopolis.

Hérakleia ligure(?)

Port de Massilia Webcam inactive.

En repartant, les Romains regardent bien vers le port des Embiez, car c'est là qu'est la faille selon les espions de Nasidius. Toute la chaîne de protection de la baie a été enlevée pour la bataille. En ville, les hommes de Nasidius feignent la préparation au combat. Les Grecs, eux, sont prêts depuis longtemps. À la tour-fortin, les Grecs échafaudent un plan d'attaque.

Bandol

Dans ses appartements, César rit, car il connaît l'issue de la bataille et le piège dans lequel les Massaliotes vont être plongés. La flotte de Brutus est dans le port de Bandol, la baie est remplie de navires.

Le quartier général de César a changé de place. Il était dans la première grande pièce, or maintenant par mesure de sécurité, il est plus vers la salle où ils mangeaient avant. Ils sont dans l'attente. Les troupes de Brutus sont en ville, on les reconnaît, les cannibales. Brutus n'est pas trop parlant, un peu tressaillant sur lui, César lui dit "apporte-moi la victoire demain" enfin à cet homme qui est normalement Brutus dans les textes. Peut-être que Brutus a su qu'il avait fait assassiner le chef cannibale. Enfin pour l'instant, il a besoin de lui. Il fait partir des messagers, toujours.

Brusc
Bastion nord
Les hommes sont ravis des nouveaux arrivants de Telon, pas mal de bateaux et peut-être deux, trois trirèmes. Tous les nouveaux combattants des deux flottes sont en ville, c'est convivial, ça parle de combat héroïque, etc.
Au bastion sud, en début de couloir de la mort, ils rajoutent des pièges ou creusent des trous et mettent du goudron dedans ? Au camp romain, des hommes partent pour rejoindre les galères pour la bataille (volontaires), pas tous. Sur la grande muraille également, des hoplites rejoignent les troupes prévues pour la bataille.

Tour-fortin
Le nouveau Strategos est flatté d'avoir eu la visite de César, il s'en sent grandi. Nasidius a reçu ses ordres à l'arrivée des galères, il doit partir. Il doit laisser des hommes à la forteresse pour ne pas éveiller des soupçons. Les plus faibles et inexpérimentés ont été choisis pour la cause. Il s'endort serein et pressé de passer à autre chose. Sentant le vent tourner, il a retourné sa veste donc. On lui a promis la direction d'une cité apparemment. Il y rêve déjà. Le nouveau Strategos est confiant en la bataille, mais il sent qu'il y a quelque chose qui cloche sans savoir quoi, cela est trop facile. Les trois trirèmes viennent de Toulon, Telon donc comme à la reprise des comptoirs début juin. Strategos revoit son plan de bataille et l'échafaude avec

les nouveaux arrivants. Par curiosité, il soustrait la flotte de Nasidius sur le plan et prend peur.
Au port, il y a quatre trirèmes, je dirais. Des bateaux de partout dans la baie du port nord jusqu'au port des Embiez.

CHAPITRE 20

31 juillet

Bataille navale de Tauroeïs / Tauroentum

1er manche de la bataille

8h26 : les navires sont en place. (heure contemporaine)
8h30 : la flotte de Brutus se présente en face, dégagement de la flotte de Nasidius. Elle se dégage de la zone de combat et part vers l'ouest. C'est la stupeur chez les Grecs, accompagnée de la peur. La flotte côté sud (dans la baie de Sanary toujours) prépare son attaque. Côté nord, ils restent immobiles pour faire un mur de barrage, puis ce front avance légèrement pour s'éloigner un peu plus des côtes. Dès le premier contact, il y a les premiers morts par tirs de flèches et riposte de balistes.
1er mouvement (voir plan p)
Avancé de la ligne de navires grecs côté nord, contact avec la flotte romaine. Le deuxième mouvement est le rabattement de la deuxième ligne de navires grecs côté sud sur le flanc droit des navires romains. Suite à son dégagement, Nasidius va chez César à Bandol pour prendre sa récompense. La bataille fait rage, les Grecs essaient de se désarçonner des navires romains, ils y arrivent difficilement. Les navires romains qui sont en supériorité numérique sont obligés de se mettre des deux côtés d'un navire pour le bloquer. Les flèches font beaucoup de dégâts, de morts. Chez les Grecs, il y a des navires bourrés

d'archers en manœuvre constante qui ne s'arrêtent pas. Ils tirent des salves et continuent leur route en faisant des passages. Sur le côté sud, ils voulaient attendre que la flotte soit totalement sur le front pour se rabattre. À trop attendre, les Romains viennent sur eux et c'est l'affront. Le navire d'archers grecs est intercepté en priorité et coulé par un blocus et un abordage final. Suite à la manœuvre du vaisseau de Brutus, deux navires sont coulés effectivement comme il est dit dans les textes. Beaucoup de navires grecs coulent. Une fois abordés, les Romains ont une autre technique pour percer la coque et les couler. En fait, un navire le bloque et un autre vient l'éperonner. Il y a trop de pertes chez les Grecs, ils reculent. Les Romains décident alors d'avancer et de faire le plus de dégâts, pas de quartier. Une grosse trirème est ciblée et coulée. Puis les Grecs, voyant qu'ils sont en train de perdre la bataille suite à l'assaut massif et à la supériorité numérique des troupes, jettent leur arme chimique qui fait des ravages dans les navires romains, ce qui rend Brutus fou de rage, car il est obligé de reculer, trop de pertes. Les Romains se retirent de la bataille. Une fois les Romains partis, les Grecs reviennent vers Tauroeïs, pour soigner leurs blessés qui demandent à l'être en priorité. Parmi les blessés se trouvent également ceux qui ont été gazés par les retours de vapeurs chimiques.

Au port de Tauroeïs, les Grecs expriment leur victoire, ils sont plus qu'enthousiastes. Plus tard, pour la deuxième manche de la bataille, des navires romains reviennent doucement en portant des grands radeaux entre chacun d'eux. Ils sont ignorés pour l'instant.

Bandol

Brutus ment sur le nombre de galères romaines coulées et l'issue de la bataille. César dit de préparer les radeaux et fait envoyer un messager aux Grecs. On dirait que Brutus est démis de ses fonctions, un autre Romain prend la tête du restant de la flotte en tant qu'amiral.

Plus tard, chez les Grecs, le messager de César les harangue pour les blesser dans leur orgueil, il leur dit qu'ils considèrent qu'ils ont gagné la bataille, donc « veuillez quitter les lieux », ou alors ils doivent accepter la seconde manche sur les radeaux, soit un combat des troupes sur mer comme sur terre, pensant qu'ils auraient l'avantage. Les Grecs se méfient et pensent que c'est un piège. Cette **deuxième manche** a eu lieu plus tard dans la journée, je n'ai pas l'heure exacte. Les Grecs ont finalement accepté le combat imposé par les Romains. Les navires se sont présentés face à face, les troupes romaines sont descendues sur un grand radeau pour commencer, les Grecs les ont rejoints avec les Telonnais. Le signal a été donné et les Grecs ont plié les Romains en une rapidité fulgurante, une avancée d'un trait. Suite à cette débâcle, les Romains n'ont pas demandé de deuxième radeau et sont rentrés sur Bandol. Le soldat hoplite est redoutable, il cherche le coup fatal à chaque fois.

17h23, c'est le dernier combat sur le radeau. C'est le dernier combat de la bataille navale de Tauroentum dont j'ai vu l'écho temporel à 14 ans sans savoir de quoi il s'agissait qui est la cause, la source, le premier élément de tous mes récits d'échos temporels.

En fait, les Grecs prennent les hommes de Nasidius qui étaient restés en ville en guise de garantie et les obligent à les aider ou à remettre eux-mêmes, la chaîne qui ferme la baie. L'entreprise est assez longue, elle commence vers 14h30 pour finir vers 17h. Ensuite les Grecs mettent les hommes de Nasidius sur un radeau avec leurs armes et c'est l'attaque à nombre égal de combattants, et c'est la victoire évidemment sans trop de pertes. C'est le dernier combat de la bataille navale de Tauroentum. (dans le récit de la Guerre civile de César livre 2 chap 4 à 7, ce sont les Romains qui gagnent la bataille…)

Bandol
Après son dégagement, Nasidius est venu voir César pour réclamer son dû. César l'a poignardé lui-même et a laissé son corps baignant dans son sang au sol dans son quartier général toute la journée. Après la bataille, la flotte de César est réduite de 50% à 60%. Les Romains ont fait des prisonniers grecs. La flotte grecque a été réduite de 30 à 40%.

CHAPITRE 21

Bandol au soir
César est fou de rage, il a peur qu'on se moque de lui dans tout l'Empire romain. Sa flotte et ces soldats d'élite battus par les hoplites de Tauroeïs. Le soir au château, il fait torturer des prisonniers faits pendant la bataille, peut-être lors de la prise d'une ou deux galères. Les Romains les font crier comme des haut-parleurs, leurs cris déchirent le ciel et César ne se lasse pas de les entendre. Les corps des suppliciés s'entassent. Dans le camp des prisonniers, un ou deux hoplites arrivent à se suicider malgré qu'ils soient attachés, en s'auto-étranglant avec leurs liens.

César ne se lasse pas de leur cri donc. Dans sa villa, des prisonniers sont également torturés. Il se nourrit de leur agonie et vient mettre son oreille juste devant leur bouche pour entendre leur dernier souffle, le prix de la défaite. Puis il en demande un autre.

Brusc
Au bastion nord, c'est la fête, les Grecs baignent dans un sentiment de fierté et d'invincibilité. Aux Embiez ils font la fête également sur la partie entre la lagune et le port actuel des Embiez. Le vent ne porte pas les cris des suppliciés jusqu'ici. Peut-être qu'à la batterie de la Cride les entendent-ils. C'est une grosse fête, certainement avec les guerriers de Telon, la rigueur grecque que j'ai vue jusqu'à présent n'est plus présente.

On dirait un barbecue géant, nourriture, alcool et un peu de femmes. C'est la liberté, mais ils sont devenus trop sûrs d'eux. Au bastion sud, c'est la fête également, ils pensent qu'ils ont gagné la guerre.
Au camp romain du Mont Salva c'est le découragement.
À la Grande Muraille, c'est une fête mesurée (de garde quand même) et un sentiment d'invincibilité qui règne.
Tour-fortin
Le nouveau Strategos n'est pas là, il fait la fête.

1er août

Embiez
Effectivement, ce sont bien les autochtones de Telon entre la lagune et le port des Embiez, ils font toujours la fête, ils décuvent pour certains. Il y en a un qui dort. Ses amis, à dix, avancent en rang, feignant une marche d'attaque ennemie en forçant le pas pour le réveiller en sursaut et rient de la réaction de panique et prêt au combat de leur ami.
Bandol
César rumine sa vengeance. La ville se prépare au combat. Il est assis sur son trône et Brutus est ligoté et bâillonné à ses pieds. Il réfléchit calmement puis, de temps en temps, entre en fureur et lui met des coups de pied tout en restant assis. Cela dure une bonne partie de l'après-midi, puis il le fait déligoter en lui disant : « la prochaine fois amène-moi la victoire ou de meilleures nouvelles ». Puis il se sert un verre et demande des nouvelles d'autres fronts. Toujours pareil, l'interlocuteur parle, décrit la situation et César répond en donnant ses ordres.
Brusc
Bastion nord
Ils font la fête, aux Embiez également, ils boivent comme des trous. Au bastion sud, les pièges au sol sont maintenant sur

toute la longueur du couloir, goudron pics, etc. Sur la grande muraille, ils se relèvent pour faire la garde et faire la fête.

Au camp romain, c'est la trêve, il n'y a aucune tension, c'est la relâche.

À la Tour-fortin, il y a eu un banquet qui s'est terminé en beuverie finalement, sous la table pour certains avec la chaleur etc..

Plus tard dans sa chambre, le nouveau Strategos est plus que fier, il croit qu'il a la vie devant lui et qu'elle sera parsemée d'exploits du même genre, pourquoi pas un avenir à la Persée ou Achille. Vu la victoire, il pense finalement qu'il n'a pas besoin des étoiles, soit des méthodes de Foxtraon. Il range de ce fait les planches à calcul et les cartes célestes de Foxtraon. Il cherche son reflet dans un néo-miroir et pense que peut-être un jour une monnaie sera faite à son effigie. Il regarde à la longue vue (?) (normalement c'est un anachronisme, mais non il a une longue-vue. Pour le rapport d'agrandissement, il regarde le camp des telonnais sur les îles actuelles des Embiez, et voit ce qu'ils font, de la tour-fortin à cet endroit précis il y a une distance à vol d'oiseau d'un kilomètre, après ce sont les limites de la lunette) la fête des telonnais, parce qu'ils font un sacré bordel qui s'entend de la tour-fortin. Il pense qu'il est temps de rentrer dans l'ordre maintenant. Il regarde également le petit Rouveau pour voir s'il n'est pas attaqué. Lui, a bien dessoulé et se demande ce que va être la suite avec César. Il voudrait envoyer des espions au camp romain du mont Salva, mais il sait que cela ne sert à rien, car ce n'est pas le centre de décision. Il se résout à attendre. Il envoie un pli à César (plus ou moins " peut-on espérer la paix entre nos peuples ?") qui ne répondra jamais par écrit . César donne un plat (du raisin ?) au messager en lui disant de dire que c'est peut-être la dernière fois qu'il en mangera.

Le corps de Nasidius a fini au tigre.

2 août

Au Brusc c'est la toujours trêve.
Port de Massalia Webcam dysfonctionnement
Antipolis est toujours ligure(?) la chaleur est encore plus oppressante, idem Nikaïa.
Bandol
César fait des jeux. En ville ils s'entraînent pour se remonter le moral et être plus forts vu la défaite sur les radeaux. C'est un entraînement conséquent de tous les hommes. À l'intérieur des appartements, César fait des jeux avec les prisonniers et un adversaire de jeu. Au sol, il y a un quadrillage, les prisonniers grecs sont saucissonnés sur un petit mât posé sur un socle. César joue la partie avec son adversaire, ami de jeux et quand l'un des deux perd son pion, évidemment il est tué. Les derniers pions restants sont remis en jeu pour la prochaine partie. Le sol est plein de sang. Quand les pions sont perdus, leur façon de mourir est tirée aux dés, égorgement, éventration, décapitation, couper la langue, etc. Ça le distrait, le détend, le calme, ça lui offre un semblant de victoire qu'il n'a pas eu, mais la trêve l'ennuie.
Brusc
Au bastion nord, sud et sur la grande muraille défensive est, les sentiments de fierté, d'honneur et d'immortalité règnent. Ils pensent tous qu'ils sont rentrés dans l'histoire. Entre la lagune et les Embiez, c'est le camp qui a été attribué au Telonnais venu aider pour la bataille. Le dédale en dessous du bastion sud a également été renforcé de pièges, goudron, etc, au sol.
Au camp romain, ils changent progressivement les troupes afin que les anciennes troupes ne démoralisent pas les nouvelles qui sont prévues pour les remplacer. Le camp est à nouveau assez restreint, il ne va pas plus loin que le mont Salva.
À la tour-fortin, le nouveau Strategos est très déçu de la réponse de César, lui qui se faisait des rêves de paix. Il n'a vrai-

ment pas envie de refaire la guerre, pour lui ils ont déjà tout eu, la victoire et l'assurance de la postérité, pourquoi ne pas finir sur cette belle note. Il est déçu de César, il pensait qu'il était un plus grand homme que ça. Tout cela commence à l'ennuyer vraiment, il est las de la guerre. Ils ont eu la victoire, pourquoi cela ne s'arrêterait-il pas là ? Il convoque une réunion de tous les chefs de bastions, puis il continue ses observations à la lunette, guettant les mouvements de l'ennemi, inexistants pour l'instant à la frontière de la rade. La chaleur est écrasante également.

3 août

Antipolis est toujours ligure, (?) la chaleur est accablante.
À Nikaïa, au niveau du théâtre de verdure actuel, un camp ligure a pris place. Ils sont venus des montagnes pour s'installer voyant que les cités étaient abandonnées.
Hérakleia est toujours ligure(?) Athénopolis est toujours abandonné, idem Olbia.
Embiez
C'est encore la trêve, les bateaux sont toujours dans la baie, ceux des telonnais sont en face de leur camp. Ils aménagent des catapultes sur la muraille pour répondre aux futures attaques de la zone du Cougoussa et du début de l'ancien sanctuaire de temple des Embiez.
Bandol
César reçoit des convives dans sa nouvelle maison qu'il s'est fait construire sur le sommet du château. Hier, il était allé admirer la vue de sa terrasse sur le toit. (je suis passé à côté de la décision de faire construire une villa, je n'ai rien vu venir, les anciens appartements grecs devaient lui rappeler de trop mauvais souvenirs.) La ville est également festive, sous l'ordre de César.

Massilia

La nouvelle ville romaine prend racine sur les cendres des morts de Massalia. Les grands travaux ont été effectués, la masse d'esclaves employés jusqu'à la mort, soit ceux prévus pour la destruction d'édifice, est partie pour d'autres missions ou ce qu'il en reste. Je pense qu'ils ont détruit quelques murailles de la barrière défensive et qu'ils ont laissé les deux remparts de plus de 20m sans aucune certitude à ce sujet. La vie romaine classique commence à prendre position dans la ville, Massilia est maintenant romaine. Ils commencent à construire un cirque pour les jeux. La ville a été rasée de toute habitation ancienne. Ils ont fait de grands aplats, champs quadrillés, avec rue, etc. La nouvelle implantation est réussie. L'ancien fort extérieur à la ville est maintenant un camp pour les esclaves.

Parmi les Romains, en ville, il y en a un qui n'est pas tranquille, il sent les choses, il sent qu'il c'est passé des évènements ici sans savoir quoi. Presque il entend le cri des massacres lui frapper les oreilles. Il décide de quitter la ville, se refusant à y vivre sans dire pourquoi à quiconque.

Carcisis

Le centre de formation est toujours actif, plus que jamais même, on broie de l'homme pour en faire des légionnaires et autres, des soldats d'élite.

À Cytharista, c'est villa romaine et domaine de grand luxe, la "baie des dieux", pour des grosses fortunes.

La Cadière

César étant revenu avec ses troupes à Bandol, c'est le personnel exploitant, ouvrier, qui est dans l'acropole. Les nouveaux chefs romains se sont fait construire des maisons le long de la crête, là où il y avait avant le sanctuaire dédié aux divinités de la musique. Le chef est une femme.

Castellet

Ce sont toujours des femmes qui occupent la cité, elles produisent je ne sais toujours pas quoi. Cela a l'air d'être devenu semi-religieux.

Bandol

César emmène son hôte principale, une femme (sa robe à des ailes de papillon dans le dos, vu son rang, personne ne s'aventure à lui faire une seule remarque) sur la terrasse et il l'embrasse, mais sa conquête ne veut pas aller plus loin, pour plus tard, si un jour ils sont mariés. Elle part en le laissant espérer, en lui disant qu'elle reviendra le voir bientôt. Frustré, il déverse sa petite colère sur un serviteur en lui disant de bien nettoyer le sol ensanglanté du jeu de la veille.

Embiez

Au bastion nord, ils sont toujours dans leur rêve d'immortalité et pensent à se faire tirer le portrait en bas-relief sur les murs de la forteresse pour la postérité. Au camp des Telonnais, ils s'ennuient, ils ont hâte que les combats reprennent, ils aiguisent leurs armes, etc.

Le dédale est maintenant surchargé de pièges supplémentaires. Au bastion sud, à peine sur leur garde, c'est toujours la trêve. Le camp romain n'est plus qu'un camp de position maintenant. Sur la grande muraille défensive est, ils sont toujours fiers, ils se trouvent légendaires...

Tour-fortin

Strategos n'est pas là, il est parti espionner l'ennemi au bastion de la Cride.

4 août

Il y a un cérémonial au bastion sud. Profitant de la trêve, les Grecs ont amené le corps de Foxtraon, en procession, au temple de Perséphone détruit. Ils cherchent des bouts de statue dans le temple détruit, ils trouvent une main, ce qui les ravit. Il y a des pleurs, procession funéraire, etc. Un mini-hôtel est improvisé.

Bandol
César s'entraîne au glaive sur des Grecs attachés à un mât, les bras liés, seuls les avant-bras sont libres, on leur donne une épée. Puis il reçoit un homme qui lui rapporte des nouvelles d'un front que j'ignore et il donne ses consignes. En ville, des combats sont organisés avec des prisonniers grecs. En fait, ces derniers ne sont pas armés et ils sont terrorisés, ils sont regroupés en rond et ne sont pas tués. C'est une manœuvre pour démystifier les Grecs, car maintenant les Romains en ont peur. On leur apprend à ne plus être terrorisés par les Grecs en les montrant sous des traits de faiblesse. Les Romains sont autour et crient leur rage sans les tuer. Un à un, ils expulsent leur peur.

Brusc
À la tour-fortin, Strategos est toujours absent. Les Telonnais ont participé à la cérémonie pour leur ami défunt. Après la cérémonie, le corps de Foxtraon est amené à un navire, j'ignore pour quelle destination.

5 août

Antipolis est toujours ligure (?), la chaleur est toujours écrasante.
À Nikaia, il y a toujours une activité au théâtre de verdure actuel, un camp ligure, semble-t-il.
Olbia est toujours abandonnée, idem Athénopolis.
Port de Massilia : dysfonctionnement webcam.
Hérakleia est toujours ligure (?)
Bandol
Il y a des danseuses pour César et ses invités. Ils finissent tous sur la terrasse pour admirer la vue. Dans les discussions, il y a des projets de constructions de villas, etc, soit une nouvelle urbanisation de la ville.

En ville c'est la préparation au combat, ils se battent avec les Grecs sans les tuer pour trouver leur point faible face à leur méthode de combat et élucider comment les vaincre. La flotte romaine est toujours dans la baie.

Embiez
Tour-fortin
Strategos est de retour, il est confiant et serein. Il a compris qu'il n'y aura pas d'attaque prochainement, la trêve est bien une trêve (due à la chaleur, je pense). Il lit des parchemins qui appartenaient à Foxtraon. Le corps de ce dernier a été amené ailleurs, donc par mer, pour une meilleure sépulture et surtout digne de lui ou sur ses terres natales. Quasiment toute la flotte est toujours là. Au bastion nord, ils ont fait graver leur portrait de profil, en bas-relief sur les murs. Peut-être sur les murs internes des remparts de la grande muraille et au bastion nord et sud également. Le camp romain du mont Salva est toujours tenu.

6 août

Bandol
César s'amuse toujours sur des Grecs attachés. En ville, ils ont fini d'épurer les techniques des Grecs, en conséquence, ils les ont à nouveau regroupés en rond, mais cette fois-ci, c'est la boucherie, peut-être aidée par des machines prévues à cet effet.
Aux Embiez, les Telonnais, en ont marre, en l'absence de combats, ils ont l'impression de s'empâter et de perdre leur combativité à la guerre.

CHAPITRE 22

7 août

Embiez
Les combats ont repris, les Romains ont repris le petit Rouveau jusqu'à la pointe du Cougoussa.
Bandol
César a lancé les ordres d'attaque, beaucoup de légionnaires sont partis de la ville. Ils pensent pouvoir contrecarrer les techniques de combat des Grecs avec les entraînements précédents.
En ville, il y a des départs avec une logistique imposante (catapultes).
Dans son nouveau quartier général, dans sa villa, César élabore de nouveaux plans de bataille, étudiés au maximum pour se persuader de la victoire. Il envoie des messagers avec des plis avançant la future victoire, étant sûr de lui.
Embiez
Les Romains ont réussi à amener des catapultes sur les Embiez. Après s'être débarrassés des catapultes sur la muraille grecque (bombardement incendiaire?), ils ont monté des catapultes à la pointe du Cougoussa et ont commencé à bombarder la ville, qui était déjà vide. Heureusement ils ne savaient pas où était le camp des Telonnais, qui sont apparemment dans des fortifications. Les Grecs sont bombardés avec les pierres de leur temple de Perséphone. Les tirs sont faits principalement avec ces débris.
Bastion nord
Ils sont déçus, ils pensaient être considérés comme invincibles et que les Romains ne retenteraient plus rien. Les Romains ont attaqué sans prévenir, tuant la trêve.

Au bastion sud, le couloir de la mort a pleinement fonctionné. L'attaque a été évidemment repoussée.

Au camp romain il y a maintenant des hommes qui ne rigolent vraiment pas, plus que dangereux, remplis de haine et de rage, ils font peur.

À la fin de la route Marius Bondil, après l'attaque, ou peut-être même dès le début, les Grecs ont encore fait une sortie au pied des murailles et ont encore fait mouche en repoussant l'assaut romain sur ce point. Ils sont terrifiants d'agilité, de technicité et de force.

Puis la grande murale a reçu une grande pluie de flèches. La porte nord a également fonctionné.

Tour-fortin

Strategos est écoeuré de la bassesse de son adversaire qui a attaqué en ne respectant pas la trêve. Vu l'intensité de l'attaque et la persistance de l'adversaire, il commence à entrevoir la possibilité d'une défaite. Il comprend qu'ils n'abandonneront jamais. Se sentant perdu, il regarde les anciens calculs de son prédécesseur avec les étoiles et les constellations et essaye d'y comprendre quelque chose. Il place tout sur Héraclès. C'est son choix, pour les combats héroïques. Et donne l'ordre au bastion d'en faire autant.

La porte nord a subi un assaut aussi côté mer, ils ont donc dû contourner la flotte. Avec les nouveaux pièges, ceux qui sont entrés dans le dédale ne sont pas allés bien loin.

8 août

Peut-être de nuit, les Grecs ont tout repris, la pointe du Cougoussa, etc, et ont viré tous les Romains, y compris le petit Rouveau sauf le camp du mont Salva. Les catapultes ont été jetées de la falaise. Le soir, c'est la fête encore pour la victoire, les Grecs ont allumé des feux à la pointe du Cougoussa et pour la première fois au Rouveau afin qu'il soit visible de Bandol, en pied de nez.

Bandol

César enrage, mais il a un autre plan sur lequel il compte, qui va être terrible apparemment. La ville se prépare, logistique encore, plus grosse cette fois-ci.

Sur place

César crise et s'arrache les cheveux, il comptait vraiment sur cette stratégie qu'il pensait gagnante. Il fait écrire des plis et fait partir des messagers, spécifiant d'attendre un peu avant d'annoncer la victoire, qu'il rencontre une résistance inattendue. Il demande si les bombes incendiaires sont bien arrivées, effectivement elles sont en masse en ville à côté du port. Et peut-être d'autres armes dont j'ignore encore la nature (ce sont les tours catapultes de la prise de Massalia). Il n'y a plus de prisonniers grecs à tuer pour se venger, il s'en veut de ne pas en avoir gardé. Puis il va en ville pour passer en revue les troupes et voir les armes qui sont arrivées, il tue quelqu'un pour se calmer, un porteur peut-être ou un esclave. Il demande un décompte rapide des arrivées, puis il vacille un peu, trop d'émotion. Il rentre aidé de son escorte au début qu'il décline ensuite violemment. Le dégoût de la défaite le gagne. La défaite ne lui fait plus rien aimer comme s'il devenait obsolète. Sa fonction est de gagner pour Rome, s'il perd, il perd la face, incompétence et risée des autres (et un autre élément que je verrais plus tard). Il se reprend doucement dans ses appartements. Le bain lui est salvateur comme à chaque fois.

Brusc

Le Bastion nord a subi un bombardement .Sur les murailles des Embiez, les hommes tiennent la position.

Bastion sud

Au fond du couloir, les Grecs incinèrent les corps des Romains empilés. Le couloir est rempli de corps de plusieurs couches successives qui n'ont pas pu être enlevées encore. Les assauts se font sur les corps qui deviennent de ce fait, eux aussi, des obstacles.

Le camp romain du Mont Salva se vide petit à petit. Les hommes ne comprennent pas, personne ne revient. À la grande muraille, c'est également l'hécatombe, les Grecs ont une rapidité d'exécution redoutable. Ils anticipent et savent exactement les réactions des hommes quand ils rentrent dans leurs pièges, ils n'ont plus qu'à les cueillir, qu'à les exécuter plutôt. Sans le savoir, les Romains font toujours les mêmes choix de rabattement dans la muraille.

Tour-fortin

Le nouveau chef est repu de cette journée de sang, à nouveau il souffre des mêmes maux que son prédécesseur Foxtraon, mais lui cela se traduit par une réaction épidermique, il tremble. Il ne sait pas gérer ce surplus d'émotion. Les cris résonnent encore dans sa tête. Il fait abstraction de tout raisonnement pour tenir le coup, surtout ne pas penser. Le matin pourtant, la récupération de la partie ouest des Embiez avait été une grande victoire qu'ils avaient commencé à fêter avant que l'attaque ne reprenne sur le flanc est. Il n'est pas préparé à autant de combats, aucun ne l'est, et pourtant ils font le travail.

Le nouveau Strategos pense vivre la nuit la plus noire de sa vie. Le calme qui est revenu dans la cité, le terrorise. Il a l'impression que les cris résonnent plus forts dans sa tête, puis il s'effondre sur le lit et aimerait ne jamais se réveiller.

9 août

<u>Embiez</u> Le petit Rouveau a été à moitié bombardé, le grand Rouveau a été totalement bombardé, la pointe du cougoussa a été à moitié bombardé par les Romains de leurs galères avec des bombes incendiaires.

<u>Bandol</u>

César reçoit sur sa terrasse, il parle du problème avec les

Grecs, comme quoi c'est une épine dans le pied. La ville est au repos, mais toute la logistique est là, prête à être embarquée.

César se rassure en disant qu'avec toute la nouvelle logistique et les nouveaux moyens qui sont arrivés, les Grecs n'en ont plus pour longtemps.

Apparemment il y a un appel de légion supplémentaire. Sur sa table des opérations, il ne cesse de faire des plans où, au final, il fait tomber le pion représentant les Grecs, ça le rassure, ça le travaille vraiment. Il a vraiment changé de psychologie dans sa nouvelle villa romaine faite pour lui, il n'est plus le même que quand il était dans les murs grecs, cela a eu un impact sur lui. De temps en temps, il va regarder la vue pour se détendre. Des navires arrivent, ses amis, convives et invités viennent le voir. Ils parlent du problème grec, César dit qu'il est obligé de cacher le nombre de pertes et annonce la couleur sur la réalité de la situation. Ces amis l'encouragent à dépasser certaines limites dont j'ignore la nature. Puis ils trinquent à la victoire et aux futures conquêtes et à l'Empire romain. Ces amis le rassurent en lui disant que beaucoup de conquêtes ont déjà été faites, Massalia ect, et que déjà la rentabilité est au rendez-vous. Peut-être même on lui pardonnera de ne pas avoir pris Tauroeïs, ce que lui, n'accepte en aucun cas. Selon lui, il n'y a pas de défaite possible.

CHAPITRE 23

<u>Brusc</u>

Le bastion nord est effrayé par une attaque à la porte nord par l'est. Au bastion sud, les Grecs ont laissé les corps des Romains pourrir dans le couloir de la mort des derniers quarante mètres après le sas de la mort. Il y a deux, trois mètres de corps empilés sur 40 mètres de long. Les hoplites sont lassés de tuer. Ils laissent les Romains rentrer sans encombre jusqu'au spectacle désolant des cadavres qui sont là depuis hier et les laissent repartir en leur disant que c'est ce qui se passe ici depuis quelque temps, car ils ont bien compris qu'on leur a caché les morts d'avant.

Au camp romain, c'est la stupeur, la peur, la semi-révolte et l'indignation sur la tromperie dont ils ont été victimes, et déjà l'envie de repartir prend le dessus.

La grande muraille a encore subi un assaut et c'est également l'hécatombe du côté romain.

À la tour-fortin

Le nouveau Strategos s'est suicidé. Il s'est empoisonné, trop de morts, trop de massacres, rien au monde pour lui ne mérite autant de sang. Personne ne le sait encore, il l'a fait en rentrant de la bataille.

10 août

Port de Massilia il y a une faible fréquentation remplissage 30% côté est 20% côté ouest.

Antipolis, le camp de Nikaia s'est installé aussi dans la cité suite à un combat avec le peu de ligure qui restait.

Nikaïa

Les tentes du nouveau camp sont toujours là, mais beaucoup sont partis à Antipolis.

Olbia est toujours abandonnée.

À Athénopolis, c'est le début de la reprise et de l'aménagement romain, venu de Fréjus ?

À Hérakleia, les Romains sont venus en bateau, ils font un rapide repérage puis repartent. Cachés, les Ligures les ont observés.

Bandol 1er lecture

César fait la fête sur sa terrasse pour fêter la mort du nouveau strategos. En ville des vivres sont également distribués aux soldats, etc.

À Cytharista, ils fêtent également la mort du chef grec. C'est une décadence organisée, plus on est élevé en rang, grade, plus on a le droit d'être stupide.

À Carcisis, également, mais la fête est plus spartiate. Le chef fait venir des danseuses dont il abuse ensuite.

Massilia

La ville commence à se structurer et à baigner dans la tranquillité. Un calme apparent règne, interrompu par le bruit des nouvelles constructions. Des architectes sont toujours à l'œuvre et font de nouvelles parcelles, encore et encore. Le fort extérieur est toujours la cité des esclaves où les êtres humains ne ressemblent plus à des êtres humains. Parfois les Romains viennent prendre des esclaves pour nourrir les fauves : la cité de l'horreur. Le cœur de la nouvelle ville commence à battre doucement, quelque chose a stoppé l'élan de construction massif : la chaleur. Les architectes s'enrichissent considérablement et changent de statut social.

La Cadière est devenue une petite ville romaine, marchands, exploitants, etc. Ils sécurisent les denrées dans l'acropole.

Le Castellet

Les prêtresses cultivent toujours je ne sais quoi. Elles font aussi des sacrifices, du moins elles supplicient des hommes au nom de je ne sais quels rites ou divinités.

Bandol lecture sur place

À l'annonce de la mort du chef grec, César a poussé un énorme cri de joie. Puis il a organisé sa fête pour le soir. En ville les hommes sont autorisés à boire un peu, etc, on leur donne un peu de victuailles, personne n'a le droit d'être saoul.

C'est la fête sur la terrasse, mais il y a quelqu'un qui est jeté du haut de la terrasse par ordre de César. C'est un serviteur, il a fait une erreur en servant ses invités, peut-être de renverser quelque chose sur l'un d'eux. Les discussions et les projets repartent au sommet. César est fier à nouveau, il pense que son image est redorée par la mort du Strategos grec.

Brusc
Bastion nord
Ils sont en deuil et en deuil d'héroïsme : les héros ne se suicident pas.
Bastion sud. Ils ont brûlé les corps des Romains morts dans le couloir directement, sans les déplacer vers la zone d'incinération qui est après le couloir.
Dans le camp romain du Mont Salva c'est la fête.
La muraille est pleine de corps de soldats romains non enlevés. Ils sont empilés au bord des murs, dans des angles parfois, on pourrait presque s'en servir pour gravir la muraille. Un nouveau chef a été choisi parmi les chefs de bastions ou de ceinturons, tiré à la courte paille.
Le nouveau Strategos décide qu'il faut mettre des drapeaux tout le long de la muraille pour signifier l'héroïsme des hoplites. Dans ses nouveaux appartements, il ne parle pas, ne réagit pas, amorphe déjà, semble déjà polytraumatisé. Il se dit que c'est une mauvaise période à passer et que cela va s'arrêter un jour, jusqu'à là il faut attendre. Lui, il cherche surtout à ne pas réfléchir, à ne pas penser, attendre juste que ça passe. Il scrute également la baie pour voir d'éventuels mouvements des ennemis.

CHAPITRE 24

11 août

Bandol
La logistique et les troupes, etc, tout est parti pour Tauroeïs. César lance ses aigles sur Tauroeïs. Il regarde le départ de la terrasse de toit de sa villa.
Plus tôt dans la journée, assis sur son trône, il attend impatiemment des explications de quelqu'un qu'il engueule vivement. Peut-être le messager de retour qui lui annonce que les

Grecs n'abandonnent pas malgré la mort du chef, le nouveau nom lui est donné et César s'énerve et menace le messager. Suite à l'annonce du messager, il lance son attaque. En disant on verra bien ce qu'ils feront contre ses "***" (ce sont les tours catapultes du siège de Massalia).

Apparemment, il mise tout sur cette attaque. Il se sert un verre, à la victoire. Puis monte sur sa terrasse pour voir l'évolution et l'avance de ses troupes ou d'éventuels bombardements.

Brusc

Au bastion nord, ils ont peur, l'héroïsme est loin derrière. Le Cougoussa, le petit Rouveau et le front face à la muraille sur les Embiez ont été repris.

Les Telonnais sont repartis et ont mis les trirèmes à l'abri, semble-t-il, à Telon, leur port d'ancrage. Il y a eu un désaccord avec le nouveau chef, du moins ils ont pris cette excuse pour partir. Ils ont compris que César n'abandonnera jamais, que des Romains viendront toujours.

Il y a une attaque frontale massive au port de Tauroeïs, les Romains se sont encore engouffrés dans le dédale pour y mourir. Cette fois-ci ils sont allés jusqu'au bout, soit jusqu'au cul-de-sac. Au bastion sud, ils avaient brûlé les corps et les avaient laissés sur place, offrant un spectacle désolant, affreux, horrible. Ils stipulent aux nouveaux attaquants : ''voilà ce qui vous attend si vous entrez '', et les Romains font demi-tour.

Au camp romain, les nouveaux légionnaires ont toute confiance en leur future attaque. La logistique est là, ce sont les tours catapultes du siège de Massalia donc. Ils commencent leur construction sur les points culminants pour bombarder la muraille. Vu le relief, elles seront fixes. La muraille a peur, car ils ont compris qu'ils seront bientôt à portée de tir.

À la tour-fortin.

Le nouveau chef est vraiment bizarre, il est fou, une journée de pouvoir aura suffi à laisser s'exprimer sa folie. Il ironise avec la mort. Il passe en revue dans sa tête toutes les façons qu'il a vues de mourir depuis le début des combats et essaye de trouver une logique supérieure à tout ça. La folie l'encercle doucement. Il n'y a plus que la mort pour lui maintenant, et ce qui est important, c'est comment mourir. Leur sort dans l'au-delà sera en fonction de comment ils vont mourir, enfin il déraisonne. Il cherche à associer des dieux à la façon de mourir et cherche le bon dieu ou la bonne façon de mourir. Un hoplite vient l'achever dans sa chambre, il gueulait, criait comme un putois, ses délires à haute voix. Un autre chef est rechoisi à la courte paille entre les chefs de bastion ou de ceinturon restant. Le nouveau n'est pas rassuré et pense qu'il faut se focaliser sur la destruction des tours. Des plans sont échafaudés pour aller en ce sens.

Lundi 12 août

Antipolis a bien été prise par ceux qui étaient à côté de Nikaia. Je pense qu'il s'agit d'une autre tribu ligure environnante, non cannibale en tout cas, ils viennent certainement du Piémont.
Nikaïa, les nouveaux arrivants restent dans leur camp de tentes à côté de la ville.
Athénopolis est en reconstruction romaine, qui sont venus de Fréjus toujours.
Hérakleia ne peut être reprise, les Ligures sont en trop grand nombre.
Port de Massilia
Arrivée massive d'esclaves, port est 50% de remplissage, denrées port ouest 30%
Brusc
Les tours ont été montées. Elles sont sur le mont Salva, à gauche et à droite. Les tirs de catapultes sont catastrophiques pour la grande muraille défensive est. Les hoplites ne peuvent pas rester sur la muraille en masse évidemment. Seuls ceux qui peuvent se protéger conservent leur position. Les tirs

peuvent atteindre la dernière muraille de quatre mètres de large côté ouest. En conséquence, les Grecs vont au front des Embiez reprendre le côté ouest du bras de terre après les murailles pour empêcher l'implantation des Romains. Les catapultes ne font que des dégâts matériels pratiquement, comme les hoplites se protègent, ce ne sont que les éclats de pierre dus aux impacts qui les blessent parfois, dangereusement. Il n'y a pas d'attaque romaine au sol sur la muraille pendant les tirs, car ils pourraient être mortels pour leurs propres troupes. Les Romains cherchent à détruire les défenses. Le bastion nord est à portée de tir.

Tour-fortin

Le nouveau chef grec est dépité, les tours sont surprotégées et faire une excursion de nuit pour les détruire s'annonce impossible. Une première tentative lancée hier soir a échoué. Il pense que la défaite est proche. La tour-fortin n'est pas épargnée par les tirs, le bruit des impacts résonne sourdement dans l'édifice, mais tout résiste pour l'instant, la muraille comme la tour, mais pour combien de temps ?

Il pense à monter les catapultes longue portée qui avaient servi à nettoyer la pointe du Cougoussa en haut de la tour-fortin pour répondre aux tirs. Ce sera l'objectif de demain. Les hoplites qui sont partis vers les fortifications ouest et la ville sont dépités. Ils considèrent s'être pris la raclée de leur vie avec les tirs de catapultes. Au niveau de la ville, ils sont en sécurité, car hors portée de tir. C'est la limite de portée des catapultes.

Au bastion sud, également à portée de tir, les Grecs ont désengorgé le couloir de la mort des cadavres des Romains. Ils sont prêts à nouveau à ce qu'il fonctionne pleinement, vu l'assaut. Ils sont prêts à nouveau à tuer du Romain, encore et encore, la rage est revenue.

Au camp romain, les troupes ont commencé à arriver en masse et attendent le prochain assaut. Ils sont impatients, car ils pensent qu'il sera celui de la victoire.

Bandol
César est satisfait, il rit des Grecs. Il pense que la victoire est acquise et il se moque d'eux (seul) en disant qu'ils ont été bien stupides de se mesurer à lui, qu'ils ne l'ont pas jugé à sa juste valeur, qu'il va leur faire payer, etc. Il attend les nouvelles de ses troupes sur place, se croyant déjà vainqueur, la pression retombe, il est fatigué.
Les troupes s'apprêtent à un embarquement pour un assaut massif.

CHAPITRE 25

13 août

Brusc
C'est la trêve, arrêt des tirs de catapultes pour les pourparlers.
Bandol
La ville pense que la guerre est finie. César reçoit les Grecs en pourparler, qui ne se sont pas encore rendus. Avant l'entrevue, il pense qu'il va les avoir. Au début de l'entrevue, il leur fait leur éloge, etc : vous vous êtes bien battus, mais maintenant il faut reconnaître que vous avez perdu. Les défenses tiennent, rétorquent-ils, du moins elles sont toujours debout. Ils lui répondent qu'ils n'ont pas encore perdu. Les Grecs ne cherchent qu'à gagner du temps, à faire venir des catapultes des bastions de la côte. César leur propose une reddition pas trop clémente pour qu'ils y croient. Le droit de partir avec leurs richesses, d'emmener ce qu'ils veulent, de laisser les esclaves et les bateaux de guerre (il veut les trirèmes). Évidemment, les Grecs sentent qu'il y a quelque chose qui cloche. Ils demandent à se retirer pour réfléchir, ils réclament un temps de délai de réflexion. Il accepte pour je ne sais combien de jours, trois sont demandés, deux sont accordés je crois. Après l'entrevue et le retrait des Grecs, il fait partir un messager. Les

Grecs devaient être huit environ, deux , trois chefs et leurs gardes. Ils ont fait en sorte que César ne sache pas qui était le nouveau chef. Ils disent qu'ils sont tous responsables maintenant, qu'ils décident à plusieurs. Prévoyant ces jours de trêve, César en profite pour organiser je ne sais quoi, il considère son honneur et sa prestance retrouvée. César n'est pas dupe, il sait très bien lequel d'entre eux était le nouveau chef.

Un serviteur est encore passé par-dessus la terrasse (douze mètres de haut environ). Il l'avait regardé dans les yeux. César aime gaspiller les vies humaines, et il faut bien donner à manger à son tigre.

Brusc

La forteresse est plombée par l'idée de la défaite et par la raclée mise par les tours catapultes.

La muraille a vieilli en un jour, elle est criblée d'impacts, mais elle tient.

Au bastion nord, les hommes font des efforts surhumains pour amener les catapultes en haut de la tour-fortin.

Au bastion sud, le couloir est nettoyé et n'a pas servi aujourd'hui. Les corps n'ont pas encore été brûlés, un homme craque et pleure devant la vision d'horreur du tas de cadavres semi-calcinés.

Au camp romain, les hommes sont confiants, ils attendent les ordres.

Les hoplites n'osent plus trop se montrer sur la grande muraille de peur de se prendre des projectiles, même s'ils savent que c'est la trêve.

Suite au pourparler, les Grecs sont allés récupérer dans les bastions à terre (sur la côte) tout ce qu'ils pouvaient, armes, hoplites volontaires, catapultes. Je crois qu'ils ont compris qu'ils seront tous tués s'ils se rendent.

CHAPITRE 26

Tour-fortin

Le nouveau chef a une énorme problématique, se débarrasser de l'artillerie massacrante romaine soit les tours catapulte fixe cette fois ci. Il ne voit qu'une seule solution : y mettre le feu. Il échafaude des plans d'attaque avec des bombes incendiaires, des commandos incendiaires. En provoquant un feu important et inarrêtable à la base, l'ensemble devrait s'embraser comme une torche, mais comment incendier les tours en même temps en ne donnant qu'une seule alarme ? Il échafaude un plan. Les hommes sont enduits d'une substance noire, cendre, etc, pour rester noirs dans la nuit, être invisibles à l'ennemi, pas d'arme brillante ou seulement des couteaux en bois, aiguisés, pas de lance ni de bouclier, un pagne et tout en noir. Ensuite des hommes sont affiliés à la tâche de porteur tout en cachant la flamme ou deuxième solution sur le retour, après avoir enduit la base des tours y mettre le feu avec une flèche enflammée. Mais comment passer les gardes des tours ? Agir dans la nuit profonde et le sommeil profond des hommes, sans un bruit, sans une parole, étouffer les gardes avec des hommes à grosse poigne, prévus pour cela, et un retour rapide en courant, prévoir des hommes derrière les portes au retour en cas de contre-attaque, et des hommes sur les murailles : le plan est prêt. La recherche de volontaires et d'hommes supplémentaires dans les autres bastions était aussi pour cette entreprise. Les Telonnais reviennent à Tauroeïs pour aider encore. Il n'y a qu'une seule trirème cette fois-ci dans la baie. À la tour-fortin, l'espoir renaît dans l'esprit du Strategos. L'espoir renaît également quand il voit les Telonnais arriver dans la baie. Il leur dit qu'il a plein de choses à leur raconter, soit le plan. Ces derniers voient les dégâts sur la muraille avec stupeur et prennent conscience de l'urgence, ils sont partants. Il reste à décider le jour de l'attaque, ils décident d'abord d'endormir l'ennemi par l'attente et en profite pour faire les préparations dans la tour fortin. Dans cette dernière, à l'abri des yeux de l'ennemi, ils s'entraînent à se battre juste avec un couteau en bois, rien ne doit briller dans la nuit. La nuit doit rester la nuit. Ils préparent les équipements, les camouflages. Une nuit sans lune est évidemment souhaitée ou une lune couverte. La cité repart dans l'espoir.

14 août

Embiez
Dans la nuit, les commandos ont incendié toutes les tours, c'est la victoire (c'est le passage de l'incendie des tours de la Guerre Civile de César livre 2 chap.14 qui est associé au siège de Massalia or non, selon les échos relevés, cela c'est passé au Brusc, au préalable annoncé dans le volume précédent). Les Telonnais font la fête dans leur quartier comme d'habitude. Ils sont moins nombreux cette fois-ci. Une trirème seulement donc. Il semble que des troupes d'élite romaines aient débarqué côté ouest parfaitement camouflées et non repérées.

CHAPITRE 27

Bandol
César broie du noir, la ville se sent humiliée. César est dans une masse noire sans fin autour de lui. Il avait ordre de réussir et de ne plus accumuler de défaites. Un membre est coupé à quelqu'un qui lui est cher en punition (pas sur place, j'ignore où, il s'agissait de cela l'autre élément dont il avait peur). Il sombre dans un trou noir sans fin. Il ne reste plus de son esprit qu'un grain de sable, le noir, le noir, le noir. Il n'a aucune force pour réagir, il ne peut que subir son gouffre émotionnel, perdu

dans le noir. Il se couche en espérant ne pas revoir le jour. Il est déchiré intérieurement.

Brusc

Au bastion nord les Grecs restent sur leur garde malgré la victoire sur les tours. Le bastion sud a subi une attaque, comme d'habitude le couloir de la mort a fonctionné à la perfection sur sa partie finale (je le verrais plus tard, mais la porte du sas a été cassée par les Romains, en conséquence, les Grecs sont obligés de se servir des 40 mètres de couloir qui suivent, et ce depuis quelque temps). Le piège du sas devait être aussi avec du gaz et non des lances ou les deux.

Au camp romain les hommes ne se laissent pas abattre et commencent à essayer de remonter les tours.

À la grande muraille, à nouveau les Grecs ne sont pas rassurés et ont peur du retour des tours. La prochaine fois il faudra détruire ou voler des pièces maîtresses pensent-ils, pour empêcher leur reconstruction.

À la tour-fortin, le chef est déçu d'apprendre que les Romains recommencent à reconstruire leurs tours, il a le sentiment de beaucoup d'efforts effectués pour rien. La peur et l'ombre noire reviennent, il est prêt à recommencer, à empêcher à tout prix la reconstruction des tours, quitte à attaquer frontalement les tours qui sont "sur gardées" et surprotégées maintenant. Les catapultes commencent à arriver sur le toit de la tour-fortin, péniblement, mais elles ne sont pas encore montées, elles ont dû être allégées. Le chef grec sombre également dans un profond désespoir. Il ne voit pas d'issue à l'obstination des Romains et sait qu'ils ne pourront plus parlementer. Il commence à penser à fuir, pense qu'ils ont assez fait d'exploits mémorables et qu'il est temps de sauver sa vie et celle des autres, mais il sait très bien que s'il parle de ça, tout le monde lui en voudra, car beaucoup reste accroché à la volonté première de Foxtraon, faire le plus de dégâts à l'ennemi jusqu'à la mort. Il se sent divisé. Qu'aurait fait Foxtraon selon lui ? Il serait évidemment resté. Il décide qu'il en parlera à d'autres chefs de bastion ou autre. Il regarde les étoiles, pense qu'ils ont été abandonnés des dieux. Il ne se voit pas d'avenir. Pour ne pas penser, il préfère aller faire une inspection.

15 août

<u>Antipolis</u>
La ville a été réinvestie par les nouveaux arrivants ligures.
Idem à Nikaia, les mêmes ont réinvesti la ville.
<u>Athénopolis</u> est romaine, mais pas en grand nombre, juste une petite garnison pour occuper et tenir la position.
<u>Olbia</u> est toujours abandonnée.
Port de Massalia, quai est 30% ouest 50%
<u>Hérakleia</u> est toujours ligure.
<u>Brusc</u>
Une tour a été réparée ou une catapulte, un tir a surpris les hoplites sur la muraille dont certains ont été tués par le tir.
<u>Bandol</u>
César émerge à peine un instant de son abîme et il y replonge, il se traîne dans ses appartements, il n'a plus aucune splendeur ni charisme, il est même plus bas que ses serviteurs qui sont ravis secrètement de le voir souffrir. Il décide de ne plus envoyer de rapport de défaite, même si cela arrivait à nouveau, quitte du coup à ne pouvoir justifier une demande de renfort. Il ne sait pas si un jour il pourra se venger.
La ville a encore reçu de la grosse logistique, maintenant on sait ce que c'est, ce sont des tours catapultes.
<u>Brusc</u>
Bastion nord
Une attaque a percé l'entrée, on dirait peut-être par la ruse. Dans le bastion, une fois l'attaque passée c'est la terreur. Les Telonnais restent dans leur campement attribué et attendent les ordres. Au bastion sud, le couloir de la mort a fonctionné, à

nouveau ils laissent les corps au sol pour perturber l'ennemi et gêner sa progression.

Au camp romain la logistique des nouvelles tours a commencé à arriver. Elles sont reconstruites maintenant quasiment dans le camp pour les protéger, trois d'entre elles sont sur la route actuelle du mont Salva. À nouveau la peur des bombardements revient sur la grande muraille.

Tour-fortin

Le nouveau Strategos a été tué, il n'a pas résisté à l'attaque éclair du bastion nord qui était une attaque de nuit également

L'attaque du bastion nord

C'était les troupes d'élite que j'avais vu débarquer sur l'ouest de l'île, ils avaient progressé depuis. En pleine nuit, quelques soldats d'élite sont montés sur les remparts de la porte du bastion nord en les escaladant et ont ouvert les portes aux autres, qui sont rentrés et ont tué pratiquement tout le monde. Les hommes ont été surpris. Puis ils sont allés tuer le chef dans la tour-fortin. Ils sont montés au sommet de la tour et sont redescendu côté "est" pour rejoindre le camp romain. Ils ont tué tous ceux qu'ils ont rencontrés. Ils n'ont pas fait attention aux catapultes sur le sommet apparemment et ne les ont pas incendiées. Une fois dans la tour, ils se sont concentrés sur la cible, le chef, qui a été tué pendant son sommeil. Ils ont fait en sorte d'essayer de ne réveiller personne d'autre. Une vingtaine d'hommes, je pense. L'entrée pour accéder aux remparts puis à la tour-fortin est au pied du temple d'Héraclès. La place forte massaliote la plus sécurisée de la Côte ne l'est plus, elle a été percée par des commandos d'élite romains.

CHAPITRE 28

16 août

Brusc
Les trois tours catapultes ont été reconstruites dans le camp, soit la route actuelle du Mont Salva et ont pilonné la muraille du côté de la Thébaïde (quartier du Brusc), il y a eu des morts malgré les protections de la muraille.

Bandol
La personne chère à César est morte des suites de son amputation. La personne qui a réalisé l'opération a mal fait son travail, on lui a dit qu'il serait jeté au lion. D'un côté il est soulagé d'apprendre qu'elle ne souffrira plus et fait ordonner des rites funéraires, prière en son nom. Puis il sombre dans les ténèbres, il a vieilli d'un coup. Il sombre dans une semi-folie où il s'esclaffe de rire en songeant à ses ennemis grec de Tauroeïs (réussite du commando). On dirait qu'il est comme un crocodile qui erre dans sa maison. Pendant un moment il a jugé que ça ne valait plus la peine de vivre, puis il a considéré qu'il avait un travail à finir et qu'il allait pouvoir s'y consacrer pleinement et faire payer le prix aux Grecs, se venger. Le mal issu de son être se répand dans toute sa villa. En ville, tout ce qui est d'ordre militaire est déjà en partance pour Tauroeïs.

Brusc
Le bastion nord est réhabilité en hoplites.
Au bastion sud, la hauteur des cadavres dans le couloir de la mort augmente, toutes les attaques sont évidemment stoppées.
Au camp romain il y a quatre ou cinq tours catapultes qui pilonnent maintenant la grande muraille, toujours sur la partie de la Thébaïde. Elle tient toujours.

À la tour-fortin, ce n'est plus l'emplacement du nouveau chef puisqu'elle indique sa position et le met en danger. Le nouveau chef dort maintenant chaque nuit à des endroits différents, il se dissimule parmi ses soldats.

Au camp des Telonnais, la peur règne également, personne n'est à l'abri depuis l'attaque des commandos d'élite romains. Depuis quelques jours, un nouveau front s'est ouvert au col du gros cerveau.

17 août

Brusc
Je savais que les Grecs attendaient des renforts pour se sortir de la situation des cinq tours catapultes remontées et inaccessibles de nuit puisqu'elles se trouvaient maintenant en plein dans le camp romain. Des troupes sont arrivées par voie de mer, et par voie de terre depuis Telon(par Six Fours) et des autres bastions. Le camp romain a été pris sur deux fronts. À chaque fois, les Romains, poussés en dernier recours, montent se réfugier sur leurs tours que les Grecs incendient. Ceux qui sautent sont réceptionnés sur les lances des hoplites et des telonnais. Les troupes de renforts pour l'attaque s'étaient d'abord entassées sur la crête au niveau de la route de Mourens aujourd'hui. Puis ils ont fondu sur le camp. La tour à gauche du Mont Salva résiste encore, tous les Romains rescapés y sont en formation tortue. C'est la dernière à être debout. Le camp a été complètement rasé, des Romains pris de panique ont fui vers le port du Mouret pour embarquer.

Bandol
César rit sarcastiquement, je préciserai après.
Les Grecs ont fait envoyer à César une pièce maîtresse calcinée des tours catapultes. En signe de victoire. César a fait emprisonner le messager, puis a demandé qu'on mette une cage pour son tigre dans ses appartements. Le messager a été pré-

cipité dans la cage, puis les restes du corps lacéré du Grec ont été envoyés en réponse. Les Grecs sont déçus, ils savent qu'ils ne pourront plus communiquer avec César ou différemment, et ils savent que maintenant ce sera jusqu'à la fin. La ville a le moral dans les talons après la défaite. Je l'avais vu hier, mais une tour catapulte a été laissée à l'entrée de la ville pour protéger le port d'une attaque navale des Grecs, César se souvient de l'attaque éclair. Un autre front a bien été ouvert côté couloir du fort du gros cerveau, le problème principal est la chaleur. Les attaques ne donnent rien, le fort résiste impeccablement, personne ne passe les pièges.

Massilia

Il y a une épidémie qui est venue du fort des esclaves, semble-t-il. Beaucoup de riches romains sont partis le temps qu'elle passe. La ville est à l'arrêt. L'air est très chaud, les gens suffoquent avec le virus. Le fort des esclaves est quasiment plus qu'une cité mortuaire. La malédiction de Massalia certains appellent cela. Un architecte est malade également ,mais il tient le coup de par sa situation isolée. Il a quand même lutté difficilement quelques jours contre la maladie. Tous ceux qui sont morts sont brûlés ou enterrés. Les survivants réaniment partiellement la ville.

Carcisis

Les portes sont fermées de peur de la propagation de l'épidémie.

Cytharista

Les riches romains sont partis également le temps que l'épidémie disparaisse.

La Cadière

L'acropole est assommée par la chaleur, peut-être la cité travaille au minimum, il n'y a pas d'épidémie.

Au Castellet idem, la cité semble fermée par sécurité. Peut-être la Cadière l'est aussi.

Bandol

César renouvelle l'expérience à nouveau avec son tigre dans sa cage, avec quelqu'un, et se demande pourquoi il n'y a pas pensé plus tôt. Le spectacle le réjouit, sa nouvelle télé. Il fait par conséquent des expériences, un homme et une femme sont jetés dans la cage : sur qui le tigre va-t-il se jeter en premier ? Il se crée son propre enfer pour oublier la souffrance de son être perdu. À l'annonce de la défaite, il a finalement été content que son être cher soit mort, car il s'est dit qu'elle n'aurait plus de perte de membre à endurer. L'enfer est maintenant tout le temps, car sortir de l'enfer pour voir la luminosité ne fait que l'amplifier.

Brusc

Les Grecs fêtent la victoire au bastion sud. Certains montent au-dessus du couloir de la mort pour pisser sur les cadavres des Romains. Il n'y a plus un Romain vivant dans le camp romain. Les Grecs brûlent les corps et c'est le jackpot de la récupération. Tout est trié, récupéré.

La dernière tour est tombée ainsi. Les Romains se sont mis en formation tortue autour de l'édifice, les hoplites ont enfoncé des troncs d'arbre taillés en pieux espacés de 2 mètres environ comme des béliers et, une fois enfoncés à fond, ils les ont croisés pour en faire sortir des soldats, comme une pince. Une fois tous les hommes tués, ils ont fait tomber la tour et ont récupéré tout ce qui pouvait l'être. Il semble qu'il y ait des règles préétablies entre les hommes pour la récupération sur les soldats morts.

À la tour-fortin, le chef n'est pas là.

Il y a une fête des Grecs et des Telonnais au bastion sud. C'est une grosse beuverie, fête et danse, musique, musiciens, quelques femmes, semble-t-il, peut-être venues de Tamaris ou autre. Certains pensent que beaucoup se réjouissent trop vite, notamment le nouveau chef. Qui préfère aller faire une ronde à nouveau. Il ne comprend pas l'obstination de César à vouloir prendre Tauroeïs.

CHAPITRE 29

18 août

À Antipolis et Nikaïa, la nouvelle peuplade est toujours présente.
Olbia est toujours abandonnée.
Au port de Massilia, il n'y a pratiquement aucune activité.
Hérakleia est toujours ligure.
Athénopolis est toujours romaine.
Bandol
César a fait retirer le tigre, ça empestait trop dans la villa, il s'était réveillé avec cette puanteur.
Il est triste, il s'est fait virer, on lui a retiré le siège, il va être remplacé. (tchao le Rubicon)
L'homme qui le remplace arrive sur un char, la ville l'acclame en bon lèche-pieds. Dans les yeux des hommes, il comprend que ça ne va pas être facile. César le reçoit dans les appartements des chefs grecs, son ancien quartier général, qui lui rappelle des souvenirs. Il lui explique la situation. Le nouveau général aimerait que César reste pour l'aider, mais il n'en est aucunement question. César part et traverse la ville à cheval au galop sans aucun honneur ni acclamations, très triste. Il mise peu d'espoir sur la réussite de son successeur, qui, en regardant les plans et le récit, comprend que c'est foutu d'avance, qu'il ne pourra pas faire mieux. Il les jette également, il y voit sa mort. Seul dans ces grands appartements, il préfère aller en ville pour voir ces hommes et commencer une sorte d'enquête. Plus tard, dans les appartements des anciens chefs grecs, il est adouci par le paysage de l'appartement panoramique.

C'est un homme qui fait des cauchemars et qui se réveille en sueur.
César doit être à La Cadière, en repos.
Brusc
Bastion nord
Les Grecs tiennent la position. Tout le pourtour de la muraille est sous surveillance, les hommes sont sur leurs gardes. Ils savent que les Romains vont revenir. Le couloir de la mort du bastion sud a été nettoyé. Ils brûlent les derniers romains. La rampe du port du Mouret a été détruite, ils ont monté des fortifications en haut de la rampe pour empêcher un nouveau débarquement de troupes romaines. Il ne reste que quelques débris de bois de la dernière tour.
Tour-fortin
Se sentant en sécurité, le nouveau chef est là, car ils ont ajouté un système de porte verrouillée à son appartement. Il n'a aucune idée de l'issue de la bataille, son refuge est bien noir du fait que tout soit fermé. Il aimerait regarder les étoiles en consultation, il se sent comme un animal piégé. Demain il trouvera une autre solution. Cette sursécurité lui fait relâcher la pression et il considère cela contre-productif.

19 août

Antipolis est toujours occupée par la nouvelle peuplade.
Port de Massilia, quai est rien, ouest 30% d'activité.
Nikaïa la nouvelle peuplade s'installe partout.
Athénopolis ce ne sont que des Romains de garde.
Hérakleia est réinvestie par des troupes armées, les galères font des allers-retour. (ce sont des troupes de l'armée grecque venue pour reprendre leur comptoir et Massalia. Il y a une cinquantaine de navires ou plus, je ne les ai pas reconnus tout de suite, comme ils avaient des fréquences émotionnelles nouvelles, j'ai d'abord cru à des Romains. Je n'ai aucun élément

pouvant affirmer qu'il y avait des Spartiates parmi eux, malheureusement après cette lecture la webcam a dysfonctionné pendant plus d'une semaine. Ce n'est que quand ils ont repris Olbia et d'autres éléments survenus plus tard, que j'ai compris qu'il s'agissait d'une armée grecque. Ils mettront plus de dix jours pour reprendre entièrement aux Ligures la bande côtière jusqu'à Olbia).

<u>Olbia</u> est toujours abandonnée.

<u>Bandol</u>
Le nouveau stratégiste, général, étudie le problème très au sérieux. Il réfléchit considérablement et cherche la faille en prenant compte des erreurs des tentatives précédentes, soit des défaites de son prédécesseur. La seule faille qui n'a pas été exploitée est l'accès au niveau du port des Embiez actuel, dénoncé par Nasidius lors de son séjour dans la forteresse, mais il ne voit pas comment accéder à l'intérieur. De peur de la défaite et la pressentant également, il fait partir un message comme quoi il y a un réel problème stratégique à Tauroeïs, une équation irésoluble, d'emblée il vote en touche.

En ville, les hommes attendent les prérogatives et s'entraînent. Il pense à des machines. Faire venir des machines, mais lesquelles ? (catapulte brise muraille) Plus tard, dans sa chambre panoramique, il en profite pour scruter les étoiles et semble s'adonner à l'astronomie, il veut apprendre à naviguer de nuit. Il considère que la navigation est la clé des conquêtes. Vu la lecture suivante des Embiez, son choix a donc été de prendre ce qui a marché, soit les commandos, contre la faille dénoncée par Nasidius, l'accès de la forteresse au niveau du port des Embiez où il devait y avoir un petit embarcadère.

<u>Brusc</u>
Sur les murailles, tous les hoplites sont sur leur garde et inquiets, au bastion nord comme au bastion sud également. Il semble qu'il y ait eu une attaque au port des Embiez, peut-être

les troupes d'élite, commando, qui finalement ont été repoussées tardivement dans la soirée.
Tour-fortin
Ils ont dû avoir une annonce d'arrivée de légion.
Le chef / Strategos, après s'être fait enfermer, écrit un pli, peut-être à l'ennemi.

CHAPITRE 30

20 août

À Antipolis et Nikaïa la nouvelle peuplade prend ses aises.
Port de Massilia, 10% quai est 0% quai ouest
Athénopolis a sa petite garnison pour tenir la position toujours.
Olbia est toujours abandonnée.
Brusc
Une attaque massive a eu lieu côté ouest, les machines c'était bien pour casser les murailles. Les hoplites ont riposté, ils sont allés au contact et ont brûlé les machines.
Bandol
Le nouveau chef est dans l'embarras. La ville s'est vidée lors de l'assaut. Certains trouvent que pas assez d'hommes sont revenus de l'attaque. C'est la défaite pour le nouveau chef, sa stratégie n'a pas fonctionné. Il commence à comprendre les échecs de son prédécesseur. Il angoisse pour son sort et peut-être également pour le sort de sa personne caution. Il décide de mentir à ses supérieurs et de cacher la défaite. Puis il va en ville pour parler aux hommes et voir ce qui n'a pas marché. Il essaye d'avoir des informations sur d'éventuelles failles. Le récit des hommes lui glace le sang. Guerrier surpuissant et doté d'une sur-agilité, redoutable, bondissant, il ne croit pas à ce que les légionnaires lui disent, il pense que c'est pour couvrir leur échec. Il ne comprend pas, se croit dans un autre monde. Finalement, il écrit un pli où il affirme qu'il faut une attaque

massive de plusieurs légions. Sans quoi il y aura une perte d'hommes en continu. Tauroeïs nécessite une attaque décisive. Dans son appartement, il est dépité. Pour la première fois de sa vie, il se sent impuissant, comme un enfant. Il ne se sent pas à la hauteur. Il ne fera pas d'astronomie ce soir, il préfère effacer ces pensées dans le sommeil.

Brusc
bastion nord ils sont soulagés.
bastion sud,
Ils profitent de tester un système, ils attachent des pics sur des chaînes verticales avant le sas, voilà pourquoi ils n'utilisaient plus que le dernier couloir, les portes du sas avaient dû être cassées pendant les assauts, avec l'impossibilité de les réparer apparemment.

Tour-fortin
Le chef n'est pas là, il doit être côté ouest.

CHAPITRE 31

21 août

Port de Massila, 20% quai est 0% quai ouest
Antipolis, la nouvelle peuplade se lit d'amitié apparente avec les Ligures venus de Vallauris.
Nikaïa, la nouvelle peuplade est toujours présente.
Athénopolis, la petite garnison de garde romaine est toujours présente.
Embiez
Les Grecs ont brûlé les corps issus de la bataille, un gros monticule.
Bandol
Le nouveau stratégiste romain ou général a été dénoncé comme n'ayant pas signalé la double défaite de ses attaques.

Il a été arrêté, on a décapité sa personne chère féminine sous ses yeux, puis il a été enfermé dans une cage. Il sera exécuté par des gladiateurs avec un glaive à la main, mais sans la possibilité de se défendre, drogué ou autre.

En conséquence, César est revenu à Bandol, la ville en est contrariée, son prédécesseur, lui, ne tuait personne.

César est enjoué, il retrouve sa place et sa renommée reprend son envergure. De plus, son prédécesseur a demandé un renfort de troupes massif qui va lui être attribué. Il fait partir des messages et des invitations, il prend un bain, un de ses plaisirs préférés. Il récupère les nouvelles et commence à établir de nouveaux plans d'attaque. Il pense qu'il ne faut pas lâcher le front "est" et amener encore les Grecs à sortir en dehors de la muraille pour les piéger. Il établit la logistique, etc. Il reçoit quelqu'un, ce que cette personne va lui apporter va être important pour la suite, mais je ne sais pas ce que c'est. Il prépare une fête pour son retour aux commandes.

Brusc

Les hoplites brûlent aussi les leurs dans un recueil solennel.

Bastion nord

Contents de la victoire, les hoplites commencent à vraiment voir une issue gagnante à la guerre, ils y croient en tout cas.

Idem sur la muraille : ils sont fiers, ils ne se sentent plus péter, ils se croient invincibles.

Bastion sud, ce sera comme un grillage de fer finalement pour remplacer la porte.

À la tour-fortin, le chef n'est pas là. Il est mort pendant la bataille. D'où des funérailles solennelles pour lui. Il a été tué d'un trait dans le cou.

22 août

Brusc r.a.s

Antipolis et Nikaïa suite au retour des Décéates de Vallauris, la nouvelle peuplade s'est faite bouffer, beaucoup ont pu fuir. Les Décéates ont fait croire à une entente amicale puis les ont attaqués dans la nuit, idem à Nikaïa.

Port de Massilia 50e 0o

Athénopolis , la petite garnison romaine est toujours présente.

Hérakleia Les Grecs nouvellement arrivés repoussent une attaque ligure.

Olbia est toujours abandonnée.

Bandol

Chez César la fête bat son plein, réception dans les appartements, puis dîner sur la terrasse. La grande attraction, le jeter de serviteur par le toit-terrasse. C'est un jeune cette fois-ci, à peine plus qu'un adolescent. Ils sont quinze à table environ, l'ambiance est soutenue.

Brusc

Bastion nord

Quelqu'un est reçu, il passe la muraille en revue.

Quelques soldats vont à la pointe du Cougoussa et on a la nostalgie du temple de Perséphone.

Bastion sud, r.a.s.

C'est le nouveau Strategos, élu d'un des autres bastions. Il est peut-être venu pour la bataille finale.

Tour-fortin

Le nouveau chef, enfermé, lit les livres qu'avait Foxtraon.

Au Gros cerveau, c'est l'arrêt des combats, la position est tenue.

CHAPITRE 32

23 août

Antipolis
Les Ligures mangent progressivement les nouveaux venus. Ils recommencent les pendus du fort Vauban.
Nikaïa idem, c'est le grand festin.
Port de Massilia 20e 0o
Olbia est toujours abandonnée.
Athénopolis est toujours gardée par une garnison.
Brusc
Il y a eu une attaque des 2 côtés.
Bandol
Une grande attaque a été lancée, embarquement massif de troupes. L'ancien quartier général de César des appartements des chefs grecs, sert de QG général de l'attaque, César y a nommé je ne sais qui, peut-être Trebonius. Ce QG devient le centre névralgique du siège de Tauroeïs à terre. Ils lancent des attaques et attendent le retour des résultats. Cette fois-ci, ils ont eu une troupe massive, peut-être une légion entière (en fait, ce sont des Ligures et Gaulois issus de la décimation). César délègue et passe contrôler si tout fonctionne bien. Le plan est simple, affaiblir les Grecs par plusieurs fronts simultanés pour tenter la percée des défenses. Au Gros cerveau, c'est le retour des tentatives de percée, mais moins d'hommes sont envoyés, ils veulent épuiser les munitions des Grecs. Chez lui, César se réjouit de la future victoire. Cette fois-ci, il pense que c'est la bonne, de toute manière il n'y en aura pas d'autres, apparemment c'est effectif maximum. Il continue à donner des ordres de chez lui dans le même processus, un lieutenant ou autre donne des informations et lui rétorque par ses ordres.

Brusc
Bastion nord
C'est la terreur, ce sont des troupes ligures qui attaquent venant de la mer, issues de la décimation. Ils attaquent à droite du dédale du Petit Rouveau, sur la pente du Cougoussa. Des galères effectuent un bombardement de boules de feu face au Grand Gaou.
J'avais vu que César voulait ouvrir un nouveau front, peut-être côté ouest de Telon, car les Telonnais ne sont plus là.
Bastion sud
Il n'y a personne en haut des remparts, les Ligures s'agglutinent dans le couloir de la mort, mais il n'y a pas d'hoplites pour les tuer. Le front est ailleurs et massif, sur toute la muraille. Les fortifications de la rampe du port du Mouret ont été contournées, ils ont escaladé ailleurs et ont pris à revers les défenses de bord de mer. Les Grecs ont dû aller se réfugier dans le massif. L'attaque de la muraille est gigantesque en nombre. Une tour est construite également, mais pas pour y mettre une catapulte, seulement pour une vigie, superviser les opérations.
Tour-fortin
Le nouveau chef ne veut plus se faire enfermer dans son appartement, il veut rester réactif en cas d'attaque nocturne. Ils ont tous peur qu'ils reviennent pendant la nuit. Le soir deux, ou trois Ligures sont arrivés à monter sur la muraille, ils sont interceptés. Sur le retour en mer de l'attaque du bastion nord, certains Ligures prennent des petits morceaux sur des corps de morts de leur camp qu'ils ne connaissent pas.

24 août

Fort gros cerveau
C'est également une attaque de ligure issue de la décimation, qui a presque réussi du fait de leur capacité à escalader. Le fort a tenu, mais il demande de l'aide et des renforts.

Brusc
Le front ouest est rouvert avec un débarquement massif sur la côte sud-ouest du bras de terre des Embiez. Ils montent des catapultes sur la pointe du Cougoussa et commencent des tirs sur la ville et ses fortifications.

À Nikaïa, le grand festin continue, la peuplade est traitée comme du gibier, pendus etc.

Antipolis
Les Ligures sont partis avec les prisonniers pour esclaves ou garde-manger. Ceux qui avaient pu s'enfuir reviennent et pleurent leur mort ou ce qu'il en reste.

Port de Massilla 10e 0o
Olbia est toujours abandonnée.

Athénopolis est toujours gardée par une petite garnison pour tenir la position.

Bandol
César en a tellement marre des Grecs qu'il donne l'autorisation de cannibalisme aux Ligures, à condition que les Grecs en soient témoins d'une manière ou d'une autre. La ville se remplit toujours de troupes.

Massilia
Le cirque est fini. Pour le rendre plus attractif et que plus de Romains viennent vivre à Massilia, ils font des jeux, évidemment, à grande consommation de supplice et de massacres d'esclaves relatant les batailles. Carte blanche est donnée aux organisateurs. Le spectacle doit être époustouflant et sanglant à souhait. Le but est d'acquérir une excellente renommée. L'épidémie est passée, le fort a été mis en quarantaine, voire fermé avec les malades dedans, les esclaves ne sont plus parqués et concentrés, mais dispersés. L'architecte a repris du service. Une tholos a été construite, sur une bute.

Carcisis
Le chef est affligé par la nouvelle de la mort de soldats qu'il avait formés, tant de pertes.

Cytharista
Les riches ne sont pas revenus, mais les maisons sont entretenues, etc.

La Cadière
Du fait de l'utilisation en masse de troupes ligures issues de la décimation, par sécurité la cité a été désertée, le front n'étant pas loin, en cas de rébellion.

Le Castellet
Quelques femmes prêtresses sont toujours là, mais elles gardent la cité seulement.

Bandol
Certains Ligures sont parqués dans de grandes cages, trois grandes cages minimum. Le QG n'est plus dans les appartements des chefs grecs. César exulte, apparemment les Ligures ont fait de lourdes pertes aux Grecs. Il est parti également comme les autres du QG par sécurité en cas de retournement des troupes ligures.

Brusc
C'est toujours la terreur au bastion nord, les assauts des Ligures venant de la mer sont massifs vers la porte nord. La ville est effectivement bombardée dans la lagune, mais ça fait bien longtemps que les maisons ne sont plus habitées. Comme les Ligures escaladent facilement, certains arrivent sur les murailles, mais en nombre insuffisant et sont stoppés. Cependant parfois ils infligent des pertes. La forteresse est grignotée de toute part.
Au bastion sud, le couloir de la mort refonctionne et les corps s'entassent à nouveau.
Au camp romain ligure, certains mangent des blessés en cachette. Comme précédemment avec les Romains, le camp se vide doucement. Sur la grande muraille, c'est encore une victoire, tous les assauts ont été repoussés et les hoplites voient bien que leurs ennemis faiblissent en nombre.

À la tour-fortin, Strategos n'est pas là. Il avait un ordre secret, venu de je ne sais où, de perdre pour éviter la tuerie inutile de beaucoup d'hommes. Il a été tué au combat par une lance, il s'est exposé volontairement afin de ne pas appliquer cet ordre.

CHAPITRE 33

25 août

Antipolis, les Ligures sont revenus et ont fait prisonniers les derniers arrivants. Ils continuent le festin. Certains repartent déjà.
Nikaïa, les Ligures continuent le festin.
Port de Massilia 10e 0o
Olbia est toujours abandonnée.
Athénopolis est toujours gardée par une petite garnison.
Bandol
César est toujours absent, la ville est remplie de Ligures. Les grandes cages où ils sont parqués sont pleines. Quelques-uns d'entre eux arrivent à s'échapper, seuls.
Gros cerveau
Le fort a été encerclé par les Ligures, mais des renforts grecs sont arrivés et l'ont libéré.
Embiez
À la pointe du Cougoussa : donnez des catapultes aux Ligures et voilà ce que ça donne. La nuit comme ils escaladent partout, des petits commandos font des prisonniers sur la muraille. D'abord, ils ont exposé les corps dévorés pour terroriser les Grecs, puis ils ont commencé à catapulter les cadavres dans la ville. Au final, ils mettent le feu à des prisonniers et les catapultent vivants, criants, en boule de feu. Le front est s'étant libéré, les hoplites ont re-nettoyé le bras de terre côté ouest et ont précipité les derniers Ligures survivants dans le précipice de la pointe du Cougoussa.

Au bastion nord, suite à la victoire, les hoplites sont fiers et se sentent invincibles, ils se considèrent même comme des demi-dieux.
Au bastion sud, il n'y a pas eu d'attaque et pour la première fois, les hoplites sont contents de brûler les corps des Ligures qu'ils haïssent plus que tout.
Au camp romain, les Ligures sont répartis en bateaux avec les Romains dirigeants, il ne reste que les tentes.
Sur la grande muraille, c'est la victoire, il n'y a plus d'assaut, plus de troupes ennemies.
Tour-fortin
Le nouveau chef qui a encore été nommé est déjà plus que las de cette guerre, il voudrait partir, il n'a jamais vu autant de vie disparaître en un jour, les horreurs des Ligures le débectent.

CHAPITRE 34

26 août

Antipolis, il reste quelques prisonniers encerclés.
Nikaïa les Ligures se retire, le festin est fini.
Port de Massalia 20 0
Olbia est toujours abandonnée.
Athénopolis est toujours occupée par une petite garnison romaine pour garder la position.
Embiez
Il y a une attaque au petit Rouveau, le côté ouest est repris, il y a une attaque du côté du port de commerce également.
Bandol
Les Ligures ont été redirigées vers le front du Gros Cerveau. Un vieil homme est dans les appartements des Grecs, un nouveau chef ?

Brusc
L'attaque n'a pas été faite par des Ligures. Un nouveau camp s'installe.

Bastion nord
Ils en ont marre, ils n'ont pas le temps de se remettre d'une attaque qu'une autre reprend, ils commencent à être découragés. En fait, c'est une vieille légion qui est venue aujourd'hui. Petite attaque de 50 hommes au bastion sud, les hoplites ne tirent pas, ce sont de vieux légionnaires, ils ont voulu les laisser repartir. Ils se sont installés au camp du Mont Salva, une cohorte minimum, mais ce sont des vieux , des evocatis ?
À la muraille ils se sentent déshonorés qu'on leur envoie des vieux. C'est peut-être une opération de communication, ils ont tué les vieux renommés, etc. Ou alors les Romains se foutent d'eux.

Tour-fortin
Le Strategos est vraiment fâché qu'on lui envoie des vieux, c'est presque tragicomique. Ils n'ont pas envie de les tuer par respect des anciens, mais la forteresse est tenue, tout est prêt pour repousser un assaut plus important.

27 août

Antipolis
Les Ligures finissent de s'amuser avec les derniers prisonniers en leur montrant ce qui les attend.
Nikaia, ils se retirent doucement, il n'y a plus rien à manger.
Athénopolis est toujours occupée par une petite garnison.
Olbia est toujours abandonnée.
port de Massilia 20e 0o
Gros cerveau. Les vieux sont essoufflés et font des pauses pour monter, ce qui fait rire les Grecs qui leur envoient toutes sortes de choses inoffensives.

Brusc
Au front ouest, les hoplites ont catapulté des petits cailloux pour juste blesser les evocati[9] et non les tuer. Sauf au Cougoussa où les Evocatis ont commencé à tirer avec une catapulte, là les hoplites ont dû riposter et faire des morts.
Bandol
César est rentré. Il rit du chef des evocatis et des prouesses de ses hommes, par contre il est venu avec des troupes massives. Ses généraux sont revenus dans le QG des appartements grecs. Ils attendent le dégagement de la légion d'evocati, si c'en est une en nombre, pour agir. Ils ont une grosse logistique pour faire des dégâts humains et des troupes puissantes. César leur laisse un front, lui prendra l'autre. Les généraux établissent des calculs de portée. César est content et ravi de son retour, ils ont tous échoué, ce qui prouve bien que la tâche était plus que difficile. Il fait partir des messages et reçoit le vieux chef, il lui demande de retirer ses troupes. Le remercie quand même de son intervention et d'avoir essayé.
Brusc
Bastion nord
Les Grecs sont soulagés du départ des evocati.
Effectivement, le front ouest se vide.
Bastion sud
Dans le couloir, il y a finalement eu une vingtaine de morts. Les évocatis les ont suppliés de combattre, les Grecs avec une rapidité déconcertante, en ont tué quelques-uns en projetant leurs lances, les autres sont repartis sans rien demander.
Le camp s'est vidé, les Évocati repartent, ordre leur ai donné de ne pas perdre le port du mouret.
La muraille est également soulagée que les évocati partent, ils espèrent qu'ils pourront combattre des ennemis qui ne leur feront pas perdre leur honneur.
Tour-fortin

---

[9] evocati

Une petite fête est donnée avec un grand soulagement du départ des évocati, l'honneur est retrouvé.
Le nouveau chef a compris que maintenant cela allait se gâter et il a peur. Il a un mauvais pressentiment, il s'attend au pire. Il n'est pas tranquille, il ne se sent bien nulle part. Il a compris que ça allait être bientôt la fin.

CHAPITRE 35

28 août

Antipolis, les Ligures jouent toujours avec les prisonniers avant de les manger.
Nikaïa est abandonnée, les Ligures sont partis.
Athénopolis, il y a eu une attaque, les Romains survivants sont réfugiés dans le bastion.
Olbia est toujours abandonnée.
Massilia 0e 20o
Brusc
Les troupes s'amassent sur le front est. Le front ouest est délaissé des Romains.
Bandol
César est prêt, il a fini tous ses plans. La ville est surchargée de troupes. Ils ont gardé quelques Ligures pour des escalades au besoin.
Dans l'ancien QG, deuxième centre de commande, tous les plans sur cartes et mouvements sont prêts. C'est un calme relatif avant la bataille. Dans son appartement, César est au calme également, ce sont les grands souffles avant la bataille, il reste très concentré, demande à ne pas être dérangé et est en état d'attente. Il a besoin de calme pour se concentrer, il essaie d'être à l'écoute à distance de ce qui va se passer. Le soir, les généraux, une fois qu'ils sont dans leur dortoir, soit

l'ancien appartement panoramique des chefs grecs, jouent à un jeu d'époque pour se relaxer, un jeu stratégique.

Brusc

Les troupes de César ont débarqué et entourent toute la muraille est, de la Gardiole au sud jusqu'au rond-point avant la plage du Cros.

Bastion nord, les hommes sont terrorisés, ils savent que c'est la fin. Deux ou trois se suicident. Les suicides sont cachés.

Il n'y a aucun front à l'ouest de la forteresse, soit aux Embiez.

Bastion sud, il n'y a encore eu aucune attaque.

Au camp romain, ils reconstruisent les tours sur la route du mont Salva sur les anciens emplacements. Le camp est vraiment massif, tel que je l'avais vu l'année dernière.

À la grande muraille, c'est également un sentiment de désespoir qui anime les hommes. Ils peuvent sentir le parfum de leur mort se rapprocher.

Tour-fortin

Le chef est terrorisé, il sait bien qu'ils sont coincés. Même si les Telonnais venaient les aider, ils n'arriveraient pas à les vaincre, car cette fois-ci, ils sont trop nombreux. Les tours n'ont pas fini d'être construites, Il n'y a aucune attaque des deux côtés pour l'instant. Il fait partir un pli aux autres bastions et à Telon en leur disant de ne pas venir les aider cette fois-ci, que l'ennemi est en trop grand nombre, et qu'ils se préparent à fuir, tant qu'ils peuvent, eux retiendront les troupes romaines tant qu'ils pourront. Il regarde également les étoiles pour voir si les dieux leur seront favorables, mais celles-ci restent muettes d'interprétations, comme figées. Il y voit la fuite, qui est impossible maintenant, je crois qu'ils n'ont pas assez de galères à quai encore fonctionnelles. Ils ne leur reste qu'à mourir en héros, ce qu'ils avaient décidé depuis le début, or cette fois-ci la perspective est plus que réelle. Ils sont bel et bien au pied du mur.

CHAPITRE 36

29 août

Antipolis les Ligures font une grande cuisson, pour un buffet festin apparemment.
Nikaia, ils ont dû partir pour Antipolis.
Olbia est toujours abandonnée.
Athénopolis, le peu de Romains survivants se cachent dans la citadelle, deux ou trois. C'était une attaque ligure.
Massilia 40e 0o
Au Gros cerveau, le front est abandonné, trop coûteux pour les Romains, les Grecs jubilent.
Bandol
César attend ces réponses et déroule son plan. En ville, les premiers blessés des batailles arrivent, un hôpital est aux arènes. Il crée un système de retour d'informations via messager pour être au courant heure par heure, soit une galère qui fait les allers-retours avec des informations recueillies par des pions indicateurs sur place pour avoir le maximum de réactivité, mais le temps que lui arrive l'information et le retour d'ordre, il est trop tard et son système est inefficace. Il se résout à attendre. Quand les premiers retours de nouvelles et blessés arrivent, ce n'est pas la joie. De ce fait, Il part se coucher en espérant que demain sera un jour meilleur pour la bataille. Il ne trouve pas le sommeil rapidement évidemment. Il réfléchit et prend des notes des indications pour demain. Un ordre dans la nuit pour le front est. Quel est-il ? Peut-être de stopper les combats vu les pertes, stratégies à revoir ?
Brusc
Il y a un front à l'est et un front à l'ouest en même temps. Au front ouest les troupes sont montées en haut de la pointe du Cougoussa, elles ont aménagé une nouvelle fois des protec-

tions avec les restes du temple de Perséphone ou autre et ont commencé à faire des tirs de catapulte. Les hoplites ont une nouvelle fois emprunté le couloir sécurisé qu'ils avaient construit pour accéder en sécurité au temple et ont anéanti les nouvelles positions.

Bastion nord

Ils sont soulagés et fiers, ils ont encore vaincu l'attaque romaine.

Tour-fortin

Le chef n'en revient pas, ils n'ont eu pratiquement rien à faire sur la muraille, sauf ceux qui étaient rabattus. Les hoplites des autres bastions et les telonnais n'ont pas obéi à l'ordre de ne pas venir les aider et de commencer à fuir, ils se sont rassemblés en conséquence, soit plus nombreux encore que la dernière fois, et ont mené une attaque de revers à l'est de la muraille. Une fois de plus, les troupes sont arrivées de Telon et des bastions et sont venues à bout complètement du camp massif romain aussi incroyable que cela puisse paraître. Ces derniers temps, j'ai pu faire des relevés qui m'ont indiqué que Tauroeïs allait jusqu'à La Valette, donc j'ai complètement sous-estimé Telon. Ce qui peut expliquer cette mobilisation importante. Donc le camp romain rasé, les tours l'ont été également. Des Romains fuient en peur panique vers le port du Mouret. Le chef du fortin jubile face à cette victoire, sans grand effort.

Au bastion sud, par contre, le couloir de la mort n'a jamais eu une hauteur de morts aussi importante, quatre mètres et plus. (l'année prochaine, je devrai déterminer, en y étant attentif et en faisant des relevés supplémentaires, si cette attaque a été aidée d'une partie de l'armée grecque débarquée à Hérakléia, il est possible qu'il y ait eu un détachement ou des troupes directement débarquées à Telon)

CHAPITRE 37

30 août

Bandol
César est désespéré, affligé, c'est le déshonneur. Autant de pertes en un jour, il n'en revient pas, il n'a peut-être jamais vécu ça avant. Il regrette de ne pas avoir un prisonnier grec sous la main pour se venger. Il pousse des cris, ne sait plus quoi faire, n'a plus de solution, il n'ose plus rien demander, tarde un peu avant d'envoyer son message de défaite. Il pense à profiter un peu avant son jugement qu'il pense être dur, bois un peu pour faire passer la pilule. Il va sur son toit-terrasse, pense que c'est peut-être ses derniers jours du fait d'avoir perdu autant d'hommes en un jour. Il se demande si ce ne serait pas mieux de se jeter, mais il sait qu'il ne peut pas finir ainsi pour ne pas salir son nom. C'est César IV. Il voit un cortège de soldats à cheval arriver au loin, il pense que c'est pour lui et que c'est la fin.
Effectivement c'est pour lui, mais c'est d'abord un message. Ils lui annoncent que d'autres troupes arrivent. Ces hommes pensaient se mêler à la bataille pour la victoire, mais ils sont surpris d'apprendre qu'elle a déjà été perdue, en conséquence ils appliquent les ordres qu'on leur avait donnés en cas de défaite de César. Comme il n'a plus de personne "caution", d'être cher, pour recevoir sa punition, l'un d'eux lui inflige un coup de glaive dans le ventre, il est laissé pour mort. (César dictateur ? quelle blague)
La ville est affligée par la défaite. Ils sont tellement surpris que si peu soient revenus. Plus tard, on vient le soigner, il est inconscient. On le couche. Il fait venir des personnes, il leur donne des choses à dire, etc. Puis il repart dans l'inconscience. Il se réveillera le lendemain, soigné, pansé.

Brusc
Au bastion nord il y a des décorations.
Au bastion sud les soldats ont commencé à vider le couloir de la mort, qui était plein.
Sur la muraille il y a des décorations également, une personne très importante venue de l'extérieur, peut-être d'Athènes vu l'importance qui lui est donnée, donne des décorations honorifiques aux hoplites.
Tour-fortin
Le jeune Strategos est heureux. Il nage dans l'idéal héroïque, de plus c'est vraiment quelqu'un de marque qui est venu les décorer (certainement avec l'armée débarquée à Hérakleia). Il est aux anges. Il pense que son nom restera gravé dans le temps et qu'il accédera à la postérité. Il pense qu'il va y avoir de nouveaux accords de paix à négocier avec les Romains.

CHAPITRE 38

31 août

Antipolis, le festin est fini, les Ligures rongent les os... Il y a un combat à gauche du fort Vauban. Ce sont le reste de la peuplade qui est descendu des montagnes pensant rejoindre les leurs.
Nikaia est abandonnée à nouveau.
Port Massilia 20e 0o
Athénopolis, les derniers corps sont mangés par les Ligures.
Olbia est toujours abandonnée.
Bandol
César a survécu, mais cela doit rester secret, ses amis viennent le voir et le veillent.

Massilia

Ce sont les fréquences du cirque qui prédominent, elles sont les plus fortes. Le cirque est fait pour attirer les nouveaux habitants, sa réputation doit être forte. Il y a des gladiateurs contre des esclaves déguisés en soldats, la mort à chaque minute, le spectacle doit être sanglant et spectaculaire. Il y a des mises en scène pour certaines mises à mort pour que le spectacle soit bien visuel. Le rouge est à l'honneur, des écartèlements, des démembrements, etc. Plus c'est gore, plus cela est à sensation.

Le fort extérieur est devenu un mouroir. Ceux qui sont malades y vont pour mourir au besoin, en quarantaine. Il n'y a plus d'épidémie en ville. La ville attend de nouveaux habitants, elle se remplit tout doucement. Elle est une ville-village pour l'instant, il n'y a pas énormément de bruit. Les rues ne sont pas énormément fréquentées. L'architecte veut partir, il pense que Massilia n'est pas un bon parti finalement, pas rentable. Il y fait des cauchemars.

À La Cadière, les Romains sont revenus, c'est la reprise des activités.

Au Castellet ils sont revenus également et ils célèbrent je ne sais quoi comme à Carcisis. Fête, célébration, danse en musique, sobriété, divinité à l'honneur.

Bandol

Il y a un nouveau chef. Les sous-généraux sont toujours présents dans le QG. Ils sont en pause et il n'y a pas d'attaque de prévue. La nouvelle stratégie est dans la négociation et la ruse.

César s'est réveillé, il parle doucement à ses amis, ses jours ne sont plus en danger. Allongé, il lui faut du repos. Il demande à manger ses fruits préférés et prend des nouvelles du conflit. Il dit que de toute manière, ils auront besoin de lui et qu'il saura prendre sa revanche sur les Grecs.

Dans le QG, ils lisent des rapports précédents en attendant des ordres. Ils ne font aucun plan de bataille pour l'instant.

<u>Brusc</u>
Bastion nord
Ils sont fiers et orgueilleux.
Bastion sud
Ils ont fini de nettoyer le couloir. Les cendres sont jetées à la mer.
Au port du Mouret, cette fois-ci la rampe a été bloquée avec des pierres massives.
La Grande Muraille baigne dans la fierté et l'orgueil.
Tour-fortin
Le chef contemple sa décoration, parchemin également, notification, un droit de propriété sur ?
La personne importante est toujours là, pour mener à bien les négociations.

<u>Cytharista</u>
Les riches sont rentrés, il y a une fête pour honorer je ne sais quel dieu ou quel événement ? Avec des prêtresses recrutées pour la cause. Ils utilisent une multitude de petites lampes.

<u>Carcisis</u> est toujours un centre de formation.

CHAPITRE 39

1er septembre

<u>Antipolis</u> Les nouveaux prisonniers de la bataille d'hier découvrent avec désolation ce qu'il est advenu de leurs semblables... Les Ligures sont repus, ce ne sera donc pas pour tout de suite.

<u>Nikaïa</u> Les Ligures sont venus vérifier si la peuplade était allée à Nikaia également avec des éclaireurs, ils n'y trouvent personne.

Olbia
Il y a une nouvelle activité, des cavaliers, etc. Les Grecs débarqués à Hérakleia rétablissent un camp.
Port de Massalia 70e 0o
Athénopolis est toujours abandonnée.
Bandol
Ville
Les troupes sont très enthousiastes quand elles embarquent. Il semble que la percée ait été effectuée au port des Embiez actuel. C'est le fameux passage du kidnaping vu il y a deux ans.(voir Tauroeïs et non Tauroentum p178 que je vous ajoute Ici : *une rencontre a lieu en mer face au petit Rouveau entre six navires, trois côté grec, et trois côté adverse soit romain. Les deux navires centraux se rencontrent pour une entrevue, pour parlementer. C'est un piège, c'est une ruse, une personne importante grecque est capturée et c'est avec cet otage que la forteresse de Tauroeïs est mise en danger. Ils obligent les Grecs à les laisser rentrer dans la forterese, sous menace de tuer l'otage. L'entrée se fait au niveau du port actuel des Embiez qui n'était pas un port à l'époque, mais il devait y avoir un petit embarcadère, je n'ai pas pu cartographier la zone précisément, car je n'ai pas de bateau donc. Les Romains entrent dans la forteresse. Il n'y a pas vraiment beaucoup de troupes bizarrement pour les accueillir, possiblement beaucoup on fui déjà. Les Grecs ont déjà dû se réfugier dans la tour fortin et la muraille défensive globalement. Les Romains tuent et massacrent la plupart des Grecs présents et en torturent certains, leur font subir des horreurs. Volontairement ils laissent s'échapper cinq ou six prisonniers, faisant semblant de ne pas y prêter attention, pour qu'ils aillent prévenir les autres et semer la terreur en témoignant de ce qu'ils ont vu. Les évadés sèment l'effroi comme prévu. Je passe le type de torture. Les Romains font un radeau macabre et le laissent dériver jusqu'au port Nord de Tauroeïs, soit dans la rade, toujours pour semer l'effroi*

et les pousser à se rendre sans combatre. Les Grecs ne lâchent rien, sûr de l'efficacité de leur muraille défensive est. La ville dans la lagune actuelle est évidemment vidée. Les Romains s'entassent en nombre dans la partie ouest de la forteresse, toujours au niveau du port des Embiez, la voie étant libre par bateau évidemment. Les Romains commencent l'attaque vers l'Est et brûlent les entrepôts, au niveau de la maison du patrimoine actuel, pour démoraliser définitivement les Grecs et les pousser à se rendre. Et ça s'arrête là, on est vers la fin août 2022 et c'est tout ce que j'ai, je n'ai pas commencé la cartographie je ne sais rien de la forteresse ville et j'ignore que je viens de lire l'écho temporel du jour)

Il y a un nouveau stratégiste en fait. Depuis hier. Il se ravit de la percée et pense que le plus dur est fait.

Chez lui, César est déçu que cette victoire ne soit pas la sienne et qu'il n'ait jamais eu cette opportunité. Il considère que le nouveau général a récolté le fruit de son travail. Il se remet doucement de sa blessure. Je pense que celui qui a donné le coup de glaive savait où porter le coup sans qu'il soit fatal et qu'il l'a fait volontairement. Il écrit un message pour signifier qu'il est vivant et dénonce que ses successeurs ont recolter le fruit de son travail et demande qu'on lui redonne les Rênes. Il sait qu'il risque gros, mais il se refuse à vivre caché. Il envoie un message au nouveau stratégiste aussi, qui n'est pas rassuré d'apprendre qu'il est toujours vivant. Cependant César est toujours faible et un moral en berne. Dans sa villa règne une ambiance de maison de vampire.

Embiez

Les Romains sont entrés par le port des Embiez , c'est le passage que j'avais vu y a deux ans donc.(car la boucle temporelle recommence chaque année) Les Grecs ont cassé la muraille légèrement à gauche du port de commerce pour bloquer l'accès à la Grande Muraile.

Au bastion nord, c'est la peur et l'inquiétude au sujet de la personne importante qui est prisonnière. Si les Grecs reprennent la ville, ils le tueront. Ils ne savent pas quoi faire. Peut-être vient-il d'Athènes. Les troupes s'engouffrent et c'est le début du camp au parking du gaou à peu près. Ils commencent déjà à démonter la muraille côté sud-ouest entre le Grand Gaou et les Embiez pour qu'ils n'aient pas à la reprendre au cas où les hoplites reprendraient la position. Les prisonniers qui sont faits sont directement tués ou amènés à Bandol pour un sort pire, j'imagine. C'est les Grecs qui ont brûlé les entrepôts pour ne pas les laisser à l'ennemi.

Bastion sud

Il n'a pas subit d'attaque encore. Les hoplites craignent plus pour la vie de la personne importante que pour leur propre sort.

Les Romains ont encore débarqué au port du Mont Salva. Le camp du Mont Salva est rétabli sans les tours. Il y a une attaque de la porte nord, côté mer, et une attaque de la muraille côté est.

Tour-fortin

Elle est attaquée également sur son flanc est. Le chef sait cette fois-ci qu'ils sont foutus. Il est isolé, il ne peut plus envoyer de message. Il sait que c'est la fin, il pleure, alors qu'hier encore, trop sûrs d'eux, ils pensaient tous qu'ils avaient gagné la paix et le droit de vivre ici, le début d'une nouvelle ère. Il ne se laisse pas enfermer, car il sait que cela ne sert à rien. Son mot d'ordre : sauve qui peut, sauvez vos vies.

La muraille qui prend le souffle a été activée.

CHAPITRE 40

2 septembre

<u>Antipolis</u> les Ligures font un festin avec les nouveaux prisonniers.

<u>Nikaïa</u> est abandonné, les Ligures récupèrent les affaires, ils font place nette.

Port de Massilia 20e 10o

<u>Olbia</u>

Les Grecs ont repris les positions et sont en attente de l'ennemi, c'est une installation militaire uniquement.

<u>Athénopolis</u> est toujours abandonnée.

<u>Embiez</u>

Au matin, la personne importante est suppliciée par les Romains en mode haut-parleur à la pointe du Cougoussa, puis il agonise. Le soir, les Romains démantèlent le petit Rouveau, le dédale et le maximum de muraille qu'ils peuvent.

<u>Bandol</u>

César a repris les rênes, le QG de l'appartement grec est vide.

En ville, il y a des troupes en masse, impatientes toujours, d'embarquer et de prendre part à la défaite des Grecs. La lumière est revenue dans l'appartement de César, qui est encore faible. Il ne peut que savourer qu'à moitié sa réhabilitation et son début de victoire sur les Grecs de par son état. Le plan d'attaque est différent. Il attend de nouvelles informations pour pouvoir donner les directives. Il reste encore couché, il est fatigué.

<u>Embiez</u>

La forteresse est tombée, voir Tauroeïs et non Tauroentum, p 191, paragraphe 44, le siège de Tauroeïs. C'était donc le 2 septembre. Également, je vous inclus le passage ici.

les attaques des assaillants, soit les Romains pour cette fois (j'ignore s' il y a eu des attaques ligures) sont portées sur la porte nord et sud uniquement.

À la porte nord, les assauts répétés font rage, les Romains sont stoppés net par les chaudrons d'huile bouillante et ils ne se ré-aventurent plus dans le couloir de la porte nord. Du coup ils rabattent leurs attaques entre la porte nord et le premier ceinturon. Ils n'ont jamais dépassé la troisième muraille...

Vous imaginez l'efficacité du système défensif massaliote: les légions romaines n'ont jamais dépassé la troisième muraille.

Le premier rempart de quatre mètres de large est ouvert par les portes, les troupes s'engouffrent dedans, j'ignore si les attaques sont faites de plusieurs centurions, soit cent soldats par centurion, ou une cohorte, soit six cents soldats. Les légions romaines sont stationnées en long sur le flanc de colline en face de la grande muraille. Elles ferment complètement Tauroeïs par voie de terre, pour inciter la peur, l'effroi chez les Grecs, les terrifier, leur signifier qu'ils sont perdus : la pression psychologique. Le poste de commandement est sur la colline en face du ceinturon place du mail. Les tribuns angusticlave regardent et dirigent les assauts du haut de leurs chevaux. La muraille qui vous prend le souffle. C'est une fréquence de mort que j'ai d'abord interprétée comme étant normale puisque quand on meurt on ne respire plus, or non. Les troupes passent le premier rempart ouvert donc par les portes, elles escaladent le deuxième, qui est en fait véritablement une muraille à franchir, plus basse évidemment que les remparts, six mètres de hauteur peut-être, celles que j'avais ignorées au début, car le taux était très faible, et quand ils essayent de gravir la troisième muraille également de six mètres possiblement, ils s'effondrent, ils tombent tous. C'est pour cela que je ne comprenais pas au début pourquoi il y avait de petites catapultes sur les ceinturons qui jetaient des braises uniquement. Pourquoi ne jetaient-ils pas des pierres également ? En fait les braises devaient faire *légèrement prendre feu à un élément dont j'ignore la nature, au sol, entre la deuxième et la troisième muraille, et les gaz de combustion qui en résultaient étaient mortels... La muraille qui vous prend le souffle. Les Romains n'ont jamais dépassé la troisième muraille donc... Je vais sur le port et je vois que ça barde au bastion sud, je me rends sur place. Comme je le pensais, il n'y a aucune attaque sur les autres ceinturons donc. Il n'y a que deux fronts, la porte nord et la porte sud. Je pensais que c'était la stratégie de l'assaillant, mais non encore une fois c'était la stratégie voulue des Grecs. Entre les autres ceinturons, l'artillerie ne laisse aucune chance, tirs de catapultes ou d'archers permanents si besoin, laissent l'ennemi à bonne distance, le tout évidemment pour qu'ils se rabattent vers les portes nord et sud où les attendent les couloirs des chaudrons. L'artillerie romaine se tient sur le front du bastion sud, à trente mètres environ de la première muraille de quatre mètres.*

Les troupes de réserve se tiennent sur la petite bute juste avant le bastion sur le chemin de la Gardiole. Les premiers assauts ont été catastrophiques, les Romains se sont engouffrés dans le couloir et le nombre de pertes dues aux chaudrons est conséquent. Deux, trois tentatives seulement ont été réalisées, ensuite les hommes ont ordre de ne plus dépasser la troisième porte et d'entrer dans le couloir. L'assaut se déroule ainsi seulement à cet endroit et les Romains piétinent, se font massacrer également par des tirs de divers projectiles. Et du coup les Romains se rabattent sur leur artillerie qui ne fait qu'égratigner les Grecs.

Et le siège dure sans trouver de solution décisive.

Les Romains avaient déjà pris la ville dans la lagune actuelle comme je l'avais indiqué dans ma première lecture, du coup, ils sont présents et mènent leur assaut également sur le front sud du bastion sud, soit la grande passerelle faite des trois murailles de quatre mètres de large qui se rejoignent en leur sommet. C'est là que j'ai vu toute l'importance de ma cartographie de l'année précédente. J'ai eu le lieu, et l'année d'après, l'action dans le lieu. Que demander de plus ? Si je n'avais pas fait la cartographie en premier, je n'aurais rien compris à la bataille. Là, l'étude des structures m'a permis de comprendre le point faible de Tauroeïs qui a permis aux Romains de prendre la grande muraille défensive et de fixer l'issue de la bataille.

Le bastion sud est tombé

En fait, la passerelle entre le bastion sud et la forteresse de l'île des Embiez était un point fort du système défensif de Tauroeïs et qui est devenu un point faible quand les Romains l'ont exploité. De ce côté le campement romain était au niveau du parking des corniches des îles environ. En fait, je pense aussi qu'il devait y avoir un accès à la passerelle pour les habitants de Tauroeïs, soit la ville dans la lagune. Ainsi en cas d'attaque les habitants se dirigeaient rapidement vers cette dernière, l'empruntaient par un passage aménagé, et remontaient vers le bastion sud pour accéder à la grande muraille sécurisée, puis allaient se réfugier dans la grande tour fortin du bastion nord. Une évacuation rapide qui ne devait pas prendre plus d'une demi-heure en cas d'attaque. Avec les différents forts vigies, c'était la sécurité assurée pour les riches familles massaliotes de Tauroeis, du moins le pensaient-ils.
Mais ce bras, cette passerelle de quatorze mètres de large possiblement, était un passage idéal également pour les troupes romaines.

J'ignore quel édifice protégeait le bastion sud côté mer car je n'ai pas eu accès à la zone, mais je sais comment le bastion sud est tombé et a ainsi scellé l'issue de la bataille.
Les Romains ont joué sur l'avantage que la passerelle constituait dans le sens où elle était plus haute que le sol, soit où tous les autres assauts étaient repoussés. En pleine nuit, ils ont ca-

tapulté des solides guerriers d'élite dans des boules d'osier ou de bois sur un des édifices du bastion sud, d'une tour en bois, je crois, peut-être comme à Massalia dans le récit de César (peut-être cet épisode n'appartient d'ailleurs qu'à Tauroeïs et qu'il est voulu ainsi, de fierté pour lui même, rappeler comment ces légions étaient venues à bout de la grande forteresse de Tauroeïs, mais ça on ne le saura jamais .) Ces soldats d'élite projetés sur les remparts, ont fait d'énormes dégâts et ont réussi à ouvrir les portes. À partir de ce moment-là, l'avantage défensif d'être en hauteur de la grande muraille était perdu et les Romains n'ont eu qu'à avancer sur un plan d'égalité sur la grande muraille et comme ils étaient supérieurs en nombre évidemment, ils n'ont eu qu'à, en haut des remparts, prendre ceinturon par ceinturon jusqu'au bastion nord. Arrivés au ceinturon de la place du Mail, ils ont encore été stoppés net par l'artillerie de la tour-fortin. Toujours imprenable. Ils ont alors proposé un sauf-conduit si les Grecs se rendaient, et les Grecs ont accepté.

Fin du siège de Tauroeïs je pensais à ce moment, je verrais le paragraphe manquant plus tard : ils ont finalement pas respecté leur parole et ont tué tout les grecs refugiés dans la tour-fortin

Ensuite il y a eu une énorme énergie venant de la mer, au début je n'ai pas vraiment compris vu la différence de fréquence avec la bataille puis c'est devenu plus distinct, c'était la venue de César venant rendre compte de la bataille, énorme. Et là, les fréquences sont au port du Brusc. Donc il arrive sur un navire, trirème certainement, mais ça les fréquences résiduelles ne le précisent pas évidemment puisqu'il n'y a que des fréquences émotionnelles. Mon quota de deux heures de lecture s'achevait, fatigué je décidais de revenir le lendemain soir, à la fraîche, le mois de Septembre étant encore chaud, pour me concentrer uniquement sur la venue de César. J'avais sa fréquence j'allais pouvoir me focaliser dessus.

César Venu rendre compte de la bataille

Le lendemain soir donc, pour être plus tranquille aussi, soit vers 22h, je fonce au port du Brusc et j'attrape sa fréquence de départ à son débarquement. La position de la trirème valide le quai de déchargement des amphores d'eau en face des bassins de remplissage, en fin d'aqueduc.
Il descend, en face c'est impérial pour l'accueil, en rang ordonné, etc, acclamations militaires, beaucoup d'admiration des soldats, ce qui en fait un moment grandiose, mais c'est leur admiration qui gonfle l'homme. Les fréquences de César sont loin d'être gigantesques énergétiquement bref, mais il est adulé par tous ces hommes, ils le voient comme un esprit supérieur, certainement qu'il l'est, un guide. Directement les tribuns angusticlave j'imagine, le mène à l'endroit des chaudrons de la porte nord situé juste à côté (je ne sais pas si vous imaginez, mais je sais exactement où il a marché, énorme.) Ils lui montrent le spectacle désolant des hommes brûlés vifs par l'huile des chaudrons.
Cela devait être un tableau effrayant. Une fois de plus j'ai exactement l'endroit où il s'est arrêté. Puis il s'exclame quelquechose comme (je n'ai que les fréquences émotionnelles) « ils vont le payer, ou le regretter, ou ils en paieront le prix », etc. Donc déjà cela dénotait que ses espions n'étaient pas renseignés sur les chaudrons, élément que j'aurais pensé plausible. Puis il entre dans le bastion nord, en conséquence j'ai pu en déduire où est l'édifice d'accès à la tour fortin sans l'avoir cartographié. Il passe devant le petit temple, monte sur les remparts, avec ses hommes évidemment et arrive en haut de la tour-fortin. Là, il parle à des chefs grecs prisonniers, ils sont trois, j'ignore alors de qui il peut s'agir (plus tard je comprendrais grâce à un texte de Strabon qu'il devait s'agir peut-être-certainement des 3 membres les plus importants du gouverne-

ment massaliote, vu la description que fait Strabon de l'organisation politique de la ville, ce qui concorderait évidemment avec la fonction protectrice de la forteresse des élites, hommes politiques, tête gouvernante incluse, mais ils ont du partir avant je pense aujourd'hui. Il les flagelle verbalement puis leur donne un coup de glaive lui-même, eux sont évidemment sans défense et ses hommes se jettent sur ces derniers pour achever le travail par plusieurs coups de glaive également. Puis il se tourne vers le côté nord de la tour, du haut de la terrasse, où une grande partie de ses troupes est stationnée après le rempart à 80 mètres. Il dit quelque chose et ses troupes l'acclament. Puis il retourne dans la tour, toujours au dernier étage et dicte un pli à des messagers. Il redescend ensuite avec sa garde rapprochée toujours et à son passage devant la caserne, des hommes à genoux sont exécutés, lui regarde droit devant lui, il ne les regarde pas. Je suppose que c'était des déserteurs, sans aucune certitude à ce sujet. Puis il reprend son bateau pour aller vers son repaire où il a attendu l'issue de la victoire tout le long de la prise de Tauroeïs. Je vous le dis ici en exclusivité, car je n'en ai encore parlé à personne, son repaire, je suis allé le trouver après, j'avais vu à peu près où son navire partait. Ça n'a pas été bien long à trouver, le repaire de César c'était l'actuelle île de Bendor qui avait dû être prise avant la forteresse de Tauroeïs, sachant qu'à l'époque, ce n'était pas une île, mais un bastion militaire qui avait le même principe défensif que Tauroeïs, soit un bras de terre fortifié, mais beaucoup plus petit pour celui-là, que celui des Embiez. Je n'ai jamais contacté les îles des Embiez de peur qu'ils m'interdisent l'accès pour mes recherches, mais je ne suis pas sûr qu'ils refuseront une information comme celle-là. (ce dirigeant vers les iles j'avais trop rapidement pensé que son repère était dans ces dernières or vous verrez ou il etait exactement dans mon prochain volume, pas très loin effectivement). C'était le château comme vous le savez depuis le début de ce livre.

3 septembre

Antipolis les Ligures sont repus. Ils ont pris les chevaux de la peuplade et s'initient à monter à cheval.

Brusc
À la Coudoulière de Six-Fours, les Romains ont effectué une tentative de percée pour entrer dans les zones côtière de Tauroeïs. C'est un échec, ils se replient vers Bandol, laissant un camp sur place.
Nikaia est abandonnée.
Olbia
Le camp militaire grec est toujours présent.
Athénopolis est toujours abandonnée.
Port de Massilia 30e 0o
Hérakleia est toujours occupée par l'armée grecque. (retour webcam)
Bandol
Les anciens appartements grecs ont un nouveau locataire, invité par César.
César est agacé que le reste de Tauroeïs lui résiste encore (Telon, la zone côtière et les bastions) et qu'ils ne se rendent pas. Il fait de nouveaux plans en fonction. Il demande l'aide de quelqu'un. Peut-être un financier ou possédant des troupes. Apparemment, c'est lui qui va gérer l'attaque. César ne s'est toujours pas remis de sa blessure et il est toujours fatigué, du moins il a besoin de repos.
Il demande encore d'autres troupes. Il envoie des messagers en ce sens.

4 septembre

Antipolis les Ligures font une fête païenne, des remerciements envers leurs dieux.
Nikaia est abandonnée.
Olbia
La position est toujours tenue par les militaires grecs.
Athénopolis est toujours abandonnée, un navire accoste, comprend et repart.
Massilia, aucune visibilité
Six fours
Un camp romain massif est installé vers la Coudoulière pour empêcher une reprise par les Grecs de la forteresse des Embiez, pour leur faire barrage, s'ils venaient de Telon.
Embiez
Les Romains démontent les murailles en face du port de commerce pour donner l'accès à la ville.
Bandol
L'invité de César est toujours dans les appartements des anciens chefs grecs et attend ses ordres. Pour l'instant, il profite des appartements.
César est malade, sa blessure s'est peut-être infectée, il passe par tous les états. Ils lui font une opération, après quoi il dort, recousu ?

5 septembre

Antipolis
Quelques Ligures commencent à rentrer vers Vallauris.
Nikaia est abandonnée.
Olbia est toujours occupée par l'armée grecque venue d'Hérakléia. Ils ont dû libérer la bande côtière.
Athénopolis est abandonnée.
Port de Massilia 30e 10o

Hérakleia est sous occupation militaire grecque.
Embiez
Les Romains bloquent toujours la position à la Coudoulière pour empêcher que les Grecs reprennent la forteresse qu'ils démantèlent doucement.
Bandol
César va mieux. L'occupant des appartements se fait amener du matériel, il peint, sculpte même peut-être. César est sorti sur sa terrasse, il prend un peu l'air, impression de renaissance, puis prend son repas au soleil, lumière. Il demande des nouvelles de Cytharista, le port de Bandol ne suffit plus, peut-être la cité est également sollicitée. Les sous-dirigeants de l'attaque seraient alors là-bas.
En ville, ils embarquent des esclaves pour le démantèlement des murailles de la forteresse. Ils démontent d'abord les murailles de l'intérieur pour que les Grecs ne le voient pas et que ça ne les incite pas à réagir rapidement, à réattaquer.

CHAPITRE 41

6 septembre

Antipolis
Il reste des prisonniers, les Ligures s'amusent à les terroriser.
Nikaia est abandonnée.
Olbia est sous occupation militaire grecque.
Port de Massalia 10e 0o
Athénopolis
Les Romains reprennent la position sans comprendre ce qu'il s'est passé, il n'y a plus personne. À nouveau, ils laissent une petite garnison.
Hérakleia
Des Ligures guettent les militaires grecs.

Embiez
Les hoplites ont tenté une reprise de la forteresse par la mer, ils ont débarqué dans la ville par la cote sud et ont tué les esclaves et autres qui démontaient la muraille, puis ils ont foncé vers la muraille est, au niveau du port de commerce, ils ont rencontré les troupes romaines venues du camp de la Coudoulière pour les contrecarrer et les ont vaincus. Ils sont tombés ensuite au pied de leur propre muraille qui est toujours occupée par les Romains, tir de flèche massif du haut des remparts.

Bandol
César se remet doucement ,il est content de la victoire du jour. En ville, les hommes fêtent la victoire à la zone d'embarcadère, au début de la ville.

Il y a une petite fête avec musique, musicien, chez César pour fêter la victoire. Avec un invité seulement, le peintre, qui a fini son travail et a repris son équipement. Petite fête devant le tableau qui convient à César, ce doit être un dégradé de couleur dû à une éruption volcanique passée (supposition) qui fait que le crépuscule est chargé de dégradés de couleur, car la baie vitrée n'est que sur la ligne d'horizon de la mer seulement vue l'orientation ou alors il ne s'agit que d'un coucher de soleil. César sait qu'il ne restera pas ici éternellement, il veut néanmoins emporter quelque chose. Il est très respectueux envers l'artiste. (je suis allé vérifier un soir, ce sont des dégradés de couleurs minimalistes, un bain de lumière à cet angle précis)

Embiez (sur place)
Les Grecs sont arrivés par le Cougoussa, par le couloir ouvert par les Romains, ils ont tué les esclaves et autres qui démontaient la muraille, puis ils ont progressé vers le port où ils ont rencontré les troupes romaines qui avaient été alertées, ils les ont vaincus puis se sont engouffrés dans le dédale en allant vers la muraille à l'est et non en le remontant.

•

Il y a eu un front côté sud également. Les Grecs ont repris le port du Mouret, sont passés par le bastion sud, ont essuyé quelques pertes à cause des Romains en haut des remparts, puis ils ont passé le couloir, car les Romains avaient déjà enlevé les portes. Arrivés au port, ils se sont joints aux autres troupes grecques pour être stoppés au niveau du mur de liaison jusqu'au ceinturon 4. Amassés devant la muraille, les Romains leur ont jeté leur propre produit chimique. Ceux qui ont survécu à l'attaque chimique ont été faits prisonniers. En fait, les Romains ne connaissant pas l'arme chimique des Grecs, ont trop surdosé. Ils en ont trop jeté, des jarres pleines de produits chimiques. Les Grecs sont tous morts, sauf ceux qui étaient le plus éloignés de la muraille, du lieu du tir, soit vers la zone de stockage des navires. Quand ils ont commencé à fuir, ils ont été pris à revers par des Romains qui venaient de débarquer au port de commerce. Ils n'ont pas eu à combattre, les Grecs étaient à moitié assommés par les émanations qu'ils fuyaient.

Tour-fortin
Les Romains ont laissé les corps des Grecs pourrir à l'intérieur.

CHAPITRE 42

7 septembre

<u>Embiez</u>
Les hoplites attaquent à droite du port actuel, au niveau du centre de recherche, les derniers combattants romains se replient sur les hauteurs.

<u>Bandol</u>
César est soucieux, mais il ne pense pas être en danger, les Grecs attaquent la ville.

<u>Massalia</u> était couverte de nuages, aucune visibilité.

Cytharista est attaqué également par les Grecs. Ils détruisent les grandes villas. Comme les Romains ont anéanti les fortifications, ils ne peuvent pas réinvestir et garder la position. Ils laissent cependant des hommes volontaires dans le dernier petit bastion militaire laissé debout par les Romains.

Carcisis

Les Grecs n'ont pas attaqué, ils sont juste passés devant avec les trirèmes. Le chef romain a eu peur.

La Cadière est reprise également par les Grecs, ils retrouvent avec désolation leur cité romanisée, il n'y a plus de temple. L'ancienne demeure est à nouveau occupée par un chef grec. Ce sont peut-être des Athéniens. (c'est une attaque générale de l'armée grecque débarquée à Hérakleia)

Ils ont également repris le Castellet, mais n'ont pas tué les prêtresses, ils leur ont juste dit de partir. Elles se plaignent quand même. Avec stupéfaction, ils ne retrouvent quasiment rien de l'acropole qu'ils ont connue. Ils ne sont pas rassurés, sans murailles ils pensent être à la merci des Ligures. Ils ne savent pas que César a fait le ménage. Pour eux, c'est le jour 0. Ils laissent quelques hommes en poste qui doivent rester discrets.

CHAPITRE 43

Bandol

Les Grecs ont repris la ville, les hoplites sont arrivés aux appartements des anciens chefs grecs. Ils ont laissé le peintre en vie et lui ont dit de ne pas prendre une arme à la main et de rester là. César est fait prisonnier. Comme il était dans sa maison, il se fait passer pour un serviteur. Il est amené avec les esclaves. Ils libèrent finalement les serviteurs, dont César qui s'échappe avec eux. Ils sont là uniquement pour la guerre, les serviteurs n'ont aucun intérêt à leurs yeux. César est dans la nature. Il compte remonter vers Aix. Ne s'étant pas remis de son opération, il a beaucoup de peine à marcher. Son état a joué en sa faveur devant les Grecs, pourquoi pas des Spartiates, ça je l'ignore. C'est eux donc, la vague qui est partie de Hérakleia, puis Olbia, puis maintenant ici. C'est la Grèce qui veut reprendre ses comptoirs.

Embiez

Les Grecs (spartiates? Armée athénienne ?) ont tout repris, Embiez, muraille bastion, le mot d'ordre est de jeter les Romains du haut des murailles et de les laisser agoniser au sol. Ils sont entrés dans la tour-fortin et ont été témoins de la désolation du spectacle. Ils n'ont pas d'autres choix pour ne pas avoir de maladies, que de brûler les corps sur place. Ils ont également attaqué le camp romain de la Coudoulière et libéré les prisonniers qui étaient toujours sous les effets négatifs des produits chimiques respirés la veille. Ils ont attaqué le camp sur le côté mer, soit ouest, juste pour libérer les prisonniers et sont repartis. Le camp central est resté intact.

Il n'y a aucune trirème à Telon, toutes les positions ont été renforcées par les nouvelles troupes.

8 septembre

Antipolis les Ligures torturent les prisonniers avant de les manger.

Nikaia est abandonnée.

À Olbia il y a un mouvement de troupes grecques vers Hérakléia.

À Herakléia il y a eu une attaque ligure massive. Dans le champ de bataille, c'est la désolation, il y a des morts partout.

Port de Massilia, Massalia a été reprise par l'armée grecque. Habitants et esclaves sont priés de partir, 30e 60o. Les départs se font sur le quai ouest.

Athénopolis, la nouvelle petite garnison romaine est toujours présente.

Embiez
Cérémonie solennelle au niveau du port des Embiez avec la redescente du corps de la personne importante de la pointe du Cougoussa. Sur la muraille, il y a une cérémonie solennelle pour tous les héros de Tauroeïs. Les Grecs attaquent le camp romain de la Coudoulière.

Bandol
Les Grecs ne sont vraiment pas contents, les prisonniers romains, soldats, etc sont mis aux galères. Le peintre se fait virer avec son matériel et un nouveau chef grec prend les appartements de chef. Il est légèrement âgé. Lui aussi est séduit par le paysage, il a gardé les tableaux du peintre.

La maison de César est occupée par les militaires grecs. Ils se mettent sur le trône et se moquent des chefs romains qu'ils cassent ensuite. Puis ils détruisent la villa, les plafonds s'effondrent dans un bruit assourdissant, un tremblement.

Attaque du camp romain de la Coudoulière

C'est une attaque décisive cette fois-ci, pluie de flèches sur le front ouest, rabattement côté est, le camp est rasé, les corps sont brûlés, le chef romain est fait prisonnier. Malmené, il est amené au chef grec pour interrogatoire, peut-être cherchent-ils César, ou ils cherchent à savoir ce qu'il est arrivé aux habitants de Massalia. Les Romains sur place leur ayant dit qu'ils ne savaient rien, qu'ils étaient arrivés après. Les Grecs se décomposent à l'annonce du génocide. Il est gardé pour témoin.

Brusc
Le bastion nord est réhabilité, des soldats sont nommés en poste permanent.

La forteresse est nettoyée et remise en état. Les trous dans les murailles sont bouchés grossièrement dans un premier temps pour l'urgence et accompagnés de pièges défensifs.

Après le cérémonial de l'ancien chef grec ou personne importante, le corps est amené aux navires.

Bastion sud
La porte finale du couloir de la mort a trop été endommagée par les Romains, il faut la refaire entièrement, d'où une faille pour la forteresse.
Tour-fortin
Ça pue dans la tour du aux corps brûlés la veille.
Il y a un nouveau Strategos. L'ancien appartement de foxtraon qu'il connaissait apparemment a été vidé de son contenu par les Romains. Le nouveau chef est posé, il attend les ordres.
La muraille est réhabilitée également en hommes à poste fixe.
La cérémonie est solennelle envers les héros morts.
Le mécanisme de la porte nord a été cassé par les Romains. Les Grecs décident de ne pas la réparer pour l'instant. La porte nord est donc fermée.
Les corps de la bataille sont brûlés côté nord à l'extérieur de la forteresse.
Il y a une énorme flotte romaine qui arrive dans la baie, peut-être de nuit, une quarantaine de galères minimum.
Dans la nuit précédente
César ne pouvant pas faire de grands efforts, il décide de rester sur place et promet à deux serviteurs de grosses récompenses s'ils reviennent le chercher avec des Romains. Finalement, las d'être seul et commençant à avoir faim et soif, il décide d'avancer seul la nuit.

CHAPITRE 44

9 septembre

Antipolis, les Ligures sont toujours présents.
Nikaia est abandonnée.
Port de Massalia grec, 50e 20o

Hérakleia
Les troupes grecques sont arrivées sur les restes de la bataille. Ils nettoient la place et brûlent les corps, ils réinvestissent le camp. Le bilan de l'attaque est un match nul, ils se sont tous entretués.

Athénopolis
À nouveau, la petite garnison est attaquée par les Ligures. Ils sont faits prisonniers.

Massalia
La ville a été reprise, mais il n'y a pas assez de gardes pour assurer la sécurité de la cité. Les murailles sont toujours là, les deux grandes certainement. Retrouver Massalia vide et romanisée est âpre pour les Grecs. Des Romains éjectés entrent dans les terres et leur disent qu'ils ne vivront plus très longtemps. Massalia a été vidée de l'occupation romaine sans grand combat, les Romains n'avaient pas laissé beaucoup d'hommes, se pensant invincibles et les légions œuvraient ailleurs. La cité est à nouveau vide.

Carcisis
Les Grecs ont repris la cité. Le chef romain a été tué.

Bandol
Devant la masse de navires romains, les Grecs ont fui vers Cytharista par la terre en longeant la côte.

Cytharista
Les Grecs ont repoussé l'attaque romaine qui sont par conséquent repartis vers Bandol.

La Cadière a été reprise par les Romains, ainsi que le Castellet.

Bandol
En ce qui concerne la flotte massive romaine de quarante navires et plus peut-être, je pense qu'ils ont vu la flotte grecque passer (pourquoi pas au détroit de Messine) et que cela a déclenché l'alarme et la poursuite à quelques jours d'écart, le temps de réunir la flotte. Bref, ils ont repris Bandol, les Grecs

ont combattu en vain et la moitié des troupes présentes a fui vers Cytharista.
Le chef grec a été arrêté, molesté et mis avec les autres prisonniers.

Brusc
Les nouveaux attaquants romains ne connaissent pas la forteresse. L'attaque porte nord côté mer est repoussée, déjà les pertes commencent. Ailleurs, la cité a tenu. Au bastion sud, il n'y a aucune attaque, les Grecs ont bouché le couloir de la mort avec des blocs de pierre et autres provisoirement, car ils n'ont pas eu le temps de réparer la porte. Au Mont Salva, il n'y a aucun camp ni présence romaine. Les Romains ont concentré l'attaque en mer vers le port des Embiez, bombardement de la place avant le débarquement.

Tour-fortin
Le nouveau chef est terrorisé par le nombre de bateaux romains dans la baie. Il essaie de communiquer avec les autres bastions, il envoie des messagers. Il demande des renseignements sur les mouvements de l'ennemi. Il ne dort pas dans la tour-fortin, une mauvaise odeur y est toujours présente.
César a trouvé une voie romaine et a interpellé deux cavaliers. Une fois à Aix, les deux serviteurs avaient bien alerté de sa situation, il les fait affranchir.

10 septembre

Antipolis, c'est la fin du festin et le départ progressif des Ligures.
Nikaïa, les Ligures sont venus récupérer les restes du camp et ont tout nettoyé.
Olbia
Vu la dangerosité des Ligures à Hérakleia, les troupes se rabattent vers Olbia et Tauroeïs.
Athénopolis, rebelote, les Ligures mangent la petite garnison.

Port de Massalia
Les Romains ont repris Massalia.
Hérakleia, les troupes grecques sur place restent sur les bateaux maintenant.
Massalia
Les Romains ont lâché leurs Ligures ou Gaulois sur la muraille pendant la nuit. Les Grecs étaient en nombre insuffisant pour garder la ville. Les Romains reprennent la place et essayent d'organiser une poursuite des navires qui ont quitté le port. "Poursuite et anéantissement" tel est le mot d'ordre. Celui qui gère les Ligures ordonne le repli de ces derniers avec une corne de brume.
Carcisis et Cytharista sont abandonnés aux Romains, ordre de repli sur Tauroeïs qui a encore toutes ses murailles.
Une légion ou deux arrivent avec César, semble-t-il.
En abandonnant Cytharista, les Grecs sont tristes, ils savent peut-être qu'ils ne pourront jamais reprendre leurs comptoirs, c'est la débâcle et la défaite.
La Cadière
Les Romains brûlent les morts de la bataille et laissent une petite garnison de garde en attendant la fin des combats.
Castellet
Une petite garde arrière est laissée sur place également.
Bandol
L'ancienne salle de réception des appartements des chefs grecs est à nouveau le siège des opérations. En ville, c'est la préparation au combat.
Un chef un peu âgé est dans l'appartement panoramique. C'est un très haut gradé, peut-être le chef de l'Armada. Les Romains font des tas de briques avec la villa détruite de César, peut-être vont-ils la reconstruire.

Brusc
Bastion nord
La position est tenue, l'attaque massive sur la porte nord n'a aucune efficacité. L'attaque et le bombardement sur le long des Embiez, du port des Embiez au port de commerce, n'ont aucun succès.
Tour-fortin
Le chef est affligé de l'annonce de la perte définitive certainement de Massalia, Cytharista, etc, soit le but de leur expédition. Peut-être également de savoir que la population entière de Massalia a disparu. Certains pensent à rentrer, rebrousser chemin, que la situation est perdue. Il écrit un message en ce sens. La tour a été nettoyée, purifiée, mais il ne s'y sent toujours pas bien.
Les galères et trirèmes sont repliées à Telon.

CHAPITRE 45

11 septembre

Antipolis, célébrations ligure, il reste toujours des prisonniers.
Nikaïa est abandonnée.
Olbia
Présence militaire grecque toujours.
Athénopolis, digestion de la garnison...
Massilia
Une grande partie de la flotte massive romaine est dans le port. 100e 50o
Hérakléia
Il y a eu une nouvelle attaque ligure. Les soldats ont abandonné le camp provisoire, sont montés dans les bateaux et sont partis, peut-être pour Olbia.

Brusc
C'est une victoire romaine, ils torturent des prisonniers en fin de journée.
Bandol
Ils amènent des prisonniers grecs, au QG. Ils fêtent la victoire, dans l'appartement le chef est ravi de l'annonce.
Embiez
Les troupes romaines ont réussi à faire une percée et sont montées sur les murailles au niveau de l'ancien dédale des Embiez puis elles ont remonté les remparts et sont redescendues dans la ville par la passerelle.

Au niveau de la ville côté nord, dans la lagune actuelle, une dernière chance est donnée aux prisonniers pour être sauvée par la décimation par un ultime combat, s'ils perdent, la mort est très douloureuse ils les font crier très fort.

Une fois de plus, une fois que la position haute est prise, la forteresse est foutue. Les nouveaux occupants avaient dû réparer l'accès aux Embiez sans se méfier. Il y a eu un mouvement massif des soldats de la grande muraille est pour parer l'attaque de la porte nord et de la muraille au port de commerce sans succès. Ils ont perdu, les troupes romaines étaient trop nombreuses. Le bastion nord quant à lui s'est rendu. Strategos s'est rendu également. Peut-être le dernier jour grec de la forteresse finalement.

CHAPITRE 46

12 septembre

Antipolis Repli progressif des Ligures et nettoyage pour ne pas faire fuir les futures proies.
Nikaïa est toujours abandonnée.
Olbia, le camp militaire grec est toujours présent,

Athénopolis, après avoir parfaitement nettoyé la place pour ne pas effrayer les prochains occupants et qu'ils ne se doutent de rien, les Ligures repartent. La place est abandonnée à nouveau.

Port de Marseille 30e 20o

Héralkeia est abandonnée, les navires sont partis.

Bandol

Au QG c'est la panique. Le chef est déçu. En ville des troupes reviennent déçues. Le chef doit annoncer la mauvaise nouvelle de la défaite. Personne caution également? Ils reconstruisent la maison de César qui doit être rentré à Rome pour se refaire une santé physique et diplomatique.

Brusc

La forteresse a été complètement reprise par les Grecs. Les Romains n'avaient laissé que quelques hommes au niveau du port des Embiez vers la fin de l'ancien dédale, soit là où ils étaient rentrés pour la victoire. Leur camp massif était juste après la forteresse. Les Grecs ont débarqué massivement au port du Mouret pour le front sud et sont arrivés également par le nord en venant de Tauroeïs est, Telon etc. Le camp romain a été pris en étau. Rasé. Ce sont les Grecs et les Telonnais pour la plupart, beaucoup plus virulents que les Grecs arrivés récemment. Les Romains du port des Embiez ont été évidemment vaincus facilement, un navire au moins a pu partir. La présence des Grecs à cet endroit signifiait que le camp avait été rasé.

La tour-fortin est pleine de soldats locaux et hoplites. Tous les bastions et positions sont tenus

CHAPITRE 47

13 septembre

Antipolis, les Ligures repartent progressivement
Nikaia est toujours abandonnée.
Olbia, les militaires grecs sont partis.
Athénopolis, des bateaux romains débarquent. Ils ne comprennent pas, il n'y a encore personne, les Ligures les attaquent, le navire repart.
Port de Massilia 30e 50 ils embarquent des troupes.
Hérakleia est toujours abandonnée.
Massilia la cité n'a pas encore été réinvestie par toute la population ou très peu , mais des ouvriers s'affairent à faire un aqueduc on dirait. Peut-être des bains également. L'architecte est revenu.
La Cadière
Je l'avais vu la dernière fois sans trop y croire, il y a une présence de Ligures qui se sont échappées des troupes romaines. L'acropole n'a pas été réinvestie. Ils n'ont rien à manger. Ils décident de manger l'un d'entre eux, quasiment vivant tellement ils ont faim.
Carcisis n'a pas été réinvestie pour l'instant, elle est laissée telle quelle, à l'abandon.
Cytharista
Les Grecs qui étaient venus avec leur armada sont revenus piller la ville pour se faire un butin afin d'amortir les pertes.
Le Castellet, quelques gardes restent là, ils s'inquiètent de ce qui se passe à La Cadière, je crois qu'ils ont compris.
Bandol
Branle-bas de combat, César est de retour, il reprend place dans les anciens appartements des chefs grecs, touché par les

tableaux que le peintre a laissés malgré lui. Il le fait rechercher. Il est requinqué, mais ce n'est pas encore ça. Il statue sur la nouvelle stratégie à prendre. L'échec de l'ancien chef a été retentissant, ils n'ont pas jugé bon de couper un membre de la personne caution vu que tous les stratèges ont échoué jusqu'à maintenant.

César est las de cette guerre, il a hâte d'en finir. Il reste toujours fatigué de sa blessure. Il attend des troupes, cette fois-ci, ce sera décisif.

Brusc

En fait, César devait revenir d'un échange diplomatique à Rome ou autre avec les hauts dignitaires grecs. Tauroeïs a été vendue, cédée, ou échangée avec d'autres terres. La guerre à Tauroeïs est devenue trop chère pour les deux camps, trop d'hommes sont morts, trop de pertes des deux côtés par rapport à leurs moyens respectifs, les Grecs étant moindres. De plus, les Grecs voulaient délivrer Massalia, or ils n'ont pas trouvé la trace d'un seul Massaliote sur place. On ne leur a toujours rien dit, au Sénat on leur a promis qu'une enquête serait faite pour trouver où est-ce qu'ils seraient partis... César rentre donc vainqueur par abandon. Il est dit aux Grecs que ceux qui veulent rester, peuvent rester, il ne leur sera rien fait.

Au bastion nord, certains se préparent à partir. En fait, beaucoup partent, le bastion sud est déjà vide, la grande muraille quasiment vidée de moitié, beaucoup veulent partir, ils attendent les prochains navires. Ceux qui étaient venus de Telon y retournent. La forteresse se vide, l'heure n'est plus au combat, mais à l'exil.

La tour-fortin est quasiment vide, des hoplites profitent des appartements des chefs qui leur étaient normalement interdits.

Six fours, Telon, etc. 90% veulent partir, mais ils savent qu'il n'y a pas assez de bateaux pour cela. Beaucoup partent déjà, ceux qui ne peuvent pas embarquer de suite ne sont pas rassurés, car ils n'ont aucune certitude sur leur sort malgré qu'on leur ait annoncé qu'il ne leur serait fait aucun mal. Ils ont un mauvais pressentiment.

C'est la cohue dans le port de Telon. Les trirèmes sont réservées aux militaires et aux personnes de rang élevé de la cité. Ils ne regrettent pas trop, ils pensent juste à sauver leur vie et à se mettre en sécurité. Personne n'a confiance au dire des Romains.

14 septembre

Les Romains ont annoncé qu'ils prendraient possession de la ville demain.
Les Grecs commencent à casser les temples du sanctuaire inférieur de Sanary, Bellérophon, etc, idem pour les temples de Six Fours,
<u>Antipolis</u>, les Ligures font des célébrations sur les hauteurs.
<u>Nikaia</u> est toujours abandonnée.
<u>À Olbia</u>, des Grecs sont venus pour embarquer dans le port.
<u>Athénopolis</u> est à nouveau vide.
Port de Massilia 10e 20o
Hérakleia, les Grecs viennent récupérer les deux, trois derniers navires qui étaient restés sur place.
<u>Brusc</u>
La forteresse est abandonnée.
<u>Bandol</u>
La ville est remplie de légionnaires qui ont soif de sang. César fait une fête sur les hauteurs de la ville avec ses amis et il leur promet un grand spectacle dans les jours qui viennent. Il a passé la journée à aller faire chercher des gens et à envoyer des invitations. Il rumine un plan très noir.
Au Bastion nord, les Grecs ont cassé le petit temple d'Héraclès, mais ils ont emporté avec eux la statue, idem au bastion sud. Ils récupèrent le fer, etc, dans la ville. Une cérémonie est faite avant le départ au Mont Salva avant d'embarquer au port

du Mouret, par un prêtre, une sorte de bénédiction pour tous ceux qui sont morts et qui n'ont pas pu être enterrés, également une cérémonie de fermeture.

À Six-Fours des gardes veulent rester et pensent que les Romains les laisseront vivre avec eux.

<u>Telon</u>

C'est une scène de panique et de cri de femme, les bateaux sont pleins et la plupart sont partis. Les embarquements se font au compte-gouttes. La plupart des temples ont également été détruits. Il ne reste que des bateaux militaires qui attendent je ne sais quoi. Certains se préparent au combat, car ils pensent que les Romains ne vont pas tenir leur parole. Peut-être que les trirèmes sont incluses dans l'accord et qu'elles seront laissées aux Romains, au moins une.

À la Seyne, ils sont confiants, se sachant non Grecs, ils ne se sentent pas concernés. Ils pensent que les Romains les laisseront tranquilles. Les gardes restent au bastion de Ballaguier, ils pensent qu'ils seront conviés à vivre avec les Romains et feront cause commune.

Au bastion du Mourillon, ils pensent qu'ils verront bien ce qu'il se passera, qu'ils le verront venir de toute manière.

CHAPITRE 48

15 Septembre

Les convives de César ont pris part à la pointe du Cougoussa pour le spectacle de l'attaque. Il y a un banquet pour mélanger les plaisirs. La grande attraction est de retour, ils font jeter dans la falaise un serviteur qui a fait tomber quelque chose.

Pour protéger le petit banquet, des troupes romaines sont stationnées dans la lagune, soit la ville, par sécurité. À midi, l'attaque n'a pas encore commencé.

L'attaque a eu lieu dans l'après-midi comme précisé dans Tauroeïs et non Tauroentum. Avec du sang sur les remparts etc.
je vous ajoute également le passage ici soit relevé un an auparavant.*(chap 46 vol.1 Prise des forts vigies de Tauroeïs)* Ensuite vient la prise de la suite de Tauroeïs que je me suis prise en pleine poire en écho temporel le 15,16,17 septembre. J'ai souvent hésité à la reporter ici, car c'est vraiment une note très noire. C'était le vendredi 15 septembre au soir. Il faisait encore bon, je décidais de sortir en vélo pour me balader sur la plage de Bonnegrâce. Et je passe à un endroit où je pensais qu'il y avait un bastion que je ne suis toujours pas allé cartographier, il est dans l'eau. Et je me dis " tiens je vais voir si je ne vois pas des masses noires résultante des morts dus à la bataille", qui du coup auraient été la suite logique de la prise de Tauroeïs. Une fois que la forteresse ville était tombée, qu'en était-il des autres bastions et fortifications aux alentours? Et donc je m'arrête devant le supposé bastion, je me concentre, me focalise, et je vois la scène. Les Romains se présentent devant le bastion avec un grec qui leur promet que s'ils se rendent, il ne leur sera fait aucun mal. Lui-même trahissant son peuple pour protéger sa femme ou sa famille certainement des menaces des Romains. Tous les Grecs sortent, déposent leurs armes et sont tous assassinés, exécutés puis brûlés sur place.
Alors j'ai l'emplacement du bûcher qui fait seize mètres de large, évidemment ils ont dû rassembler tous les Grecs qu'ils avaient capturés aux alentours, mais il a dû y avoir plusieurs bûchers. C'est un lieu de génocide trouvé à la fréquence résiduelle. Je ne l'ai pas encore cartographié, ce n'est pas la grande motivation, mais peut-être dans un devoir de mémoire, il faudra que je le fasse dans le futur, mais je ne suis pas fan évidemment. Donc je retrouve encore ces fréquences de génocide que j'avais ressenti déjà, dès le début de mes recherches, dont Sylvain me disait que c'était n'importe quoi. Cette fois-ci cela se précisait clairement. Ensuite je continue ma route et je

décide d'aller voir le bastion de Portissol pour voir aussi ce qui s'y était passé. On est le 15 donc, l'écho temporel date anniversaire vient de raviver les fréquences résiduelles, je n'ai plus qu'à les lire encore. Je fonce à la porte du bastion de Portissol et je comprends un élément que je ne n'avais pas vu plus tôt, il y avait aussi des chaudrons d'huiles bouillantes pour en protéger l'accès. Les Romains débarquent sur le port de Portissol via leurs galères. Ils se présentent à la porte sans Grec pour trahir cette fois et une fois de plus ils usent de la ruse. Les Romains de ces légions-là, soit la 12, ou la 13 ou la 14 de César, (dans les textes il aurait laissé qu'une seule légion à Marseille) c'est vraiment l'avant-garde de " la fin justitie les moyens ".

Ils proposent de leur laisser la vie sauve s'ils se rendent. Les Grecs acceptent et sont massacrés. Certains sont même jetés dans leurs propres chaudrons justement, le bastion militaire est pris, aucun prisonnier n'est fait, tous sont tués. Alors il y a un passage qui est assez particulier, les Romains rougissent du sang des Grecs les murailles côté baie de sanary. Au début je me suis demandé pourquoi cette volonté de rougir de sang les murailles, le massacre est déjà largement suffisant et quel intérêt côté mer ? En fait ça devait être une exigence de César qui devait regarder la bataille des îles des Embiez, possiblement au grand temple, soit au point culminant.

Ensuite les Romains s'en prennent aux habitations du bastion de Portissol avec tout ce que cela comporte, viol, jeux avec la mort (je ne le comprendrais que plus tard, mais prêtres et prêtresses aussi .) Les troupes débarquent et s'accumulent pour l'attaque des forts vigies le lendemain. Les Romains n'attaquent pas le jour même, ils attendent que les forts vigies soient remplis de peur. Ces derniers ayant été, de leur hauteur, les spectateurs forcés de la prise et de l'anéantissement du bastion de Portissol. À partir de ce moment-là, ils savent qu'ils sont perdus, car la stratégie romaine est parfaite. Comme au Brusc, un point fort du système défensif de Tauroeïs est exploité par les Romains pour devenir un point faible. Ils attaquent le bastion de Portissol en premier, car ils savent qu'il est la clé de la victoire, car c'est de ce bastion que partent toutes les routes sécurisées vers tous les forts de vigies. Ils n'ont alors qu'à emprunter les routes et passer outre l'abattage successif des remparts. Nous sommes le 16 septembre et c'est le jour que j'appelle le " génocide day ". Je ne suis pas sorti ce jour-là. Votre voyageur temporel est resté à la maison. Déjà je ne me remettais pas des lectures de la veille, mais tout autour de chez moi était noir, noir, noir, la mort partout. Et ne comptez pas sur moi pour aller décortiquer toutes les horreurs qui ont dû se passer ce jour-là, mais j'ai pu commencer à en lire quelques-unes de chez moi et cela a donné " jeux avec la mort ". Du genre, jeter les Grecs vivants dans des brasiers incandescents de charnier déjà existant. Le jeu avec la mort, on a vu ça avec les nazis dans les camps, concours de photographie du moment de la mort... C'était la même énergie initiatrice.

À Portissol, la garnison est amoindrie, au préalable ils avaient également récupéré la statue d'Héraclès du temple du bastion. Une fois le spectacle des remparts rougis de sang des Grecs pour ses convives, ces derniers sont rentrés à terre, certains ont vomi pour avoir trop consommé d'alcool ce qui avait coûté cher en nombre de serviteurs jetés par la falaise. Une fois tous partis, la pointe du Cougoussa devient le QG des opérations. Toutes les troupes débarquées à Portissol remontent jusqu'à l'extrémité nord (quadrillage) , soit vers le petit Cerveau et se préparent pour un ratissage d'ouest en est pour le lendemain. Toutes les parties entre les murailles doivent être épurées. Dans Le port de Portissol, les navires débarquent le long du quai, puis vont se ranger face aux falaises de la Cride.
Les troupes qui étaient à la lagune avancent vers la Coudoulière et se dirigent vers le bastion de bonne grâce. Le bastion est pris, les hommes sont brûlés (voir vol 1 p203) en même

temps toutes les personnes qu'ils ont trouvées sur place sont regroupées. Les esclaves sont récupérés, possiblement pour le cirque.
Antipolis est abandonnée, idem Nikaïa, Athénopolis, Hérakleia, Olbia.
Port de Massilia 0 0
Bandol César n'est pas là, il est resté dans sa tente au Cougoussa, ce sera son effort de guerre. La ville est vidée, ils ont tous pris leur position d'attaque sur Tauroeïs pour demain.
À Bonnegrâce, des Romains s'amusent avec des prisonniers avant de les tuer et de les brûler.
Des émissaires sont partis à Telon prévenir la population qu'ils n'ont rien à craindre, que les bastions qui ont été attaqués étaient ceux qui n'avaient pas voulu se rendre et avaient montré des signes d'hostilité. Certains Telonnais ne sont pas dupes et s'apprêtent à combattre. La ville où ceux qui n'ont pas pu partir restent terrorisés. La Seyne et Tamaris sont tombés également. Pareil, ils tuent et ils brûlent. La Seyne brûlée, Tamaris brûlée, bastion Balaguier Saint Mandrier brûlés. Telon pas encore, une trirème est toujours dans le port pour César, prévu dans l'accord.

16 septembre

Génocide de Tauroeïs partie 2

Tous les autres bastions militaires en bout de route sécurisée sont pris sauf la forteresse du Mourillon. Les soldats rougissent également les murs des bastions selon la volonté de César, c'était le spectacle qu'il voulait offrir à ses invités.
Cette fois-ci les généraux sont au fort de Six-Fours pour surplomber la baie et voir les opérations. Les amis de César, spectateurs avec lui, sont en bateau dans la rade de Toulon. Il attend avec impatience de prendre la trirème qui l'attend.

À la Seyne et ailleurs, les soldats brûlent les corps de la veille.
Antipolis, Nikaia, Athénopolis, Herakleia, Olbia sont abandonnés.
Port de Massilia 0 0 , aucune activité.

Brusc

Déjà, il y a un architecte qui fait une découpe pour placer les futures parcelles.
Au fort de Six-Fours, les généraux s'auto-félicitent de la victoire écrasante (deux tiers de la population de Tauroeïs étaient partis).

Bandol

En ville, ils fêtent la victoire. La maison de César a été reconstruite. César fait une crise de nerfs inconsolable , comme les Romains n'ont pas tenu leur parole de laisser en paix ceux qui voulaient rester, les Grecs sont allés jusqu'à la trirème qui était ancrée dans la rade à la nage et l'ont coulée. Il y a donc une trirème dans la rade de Toulon (en fait non, vous le verrez plus tard). Ces amis ne laissent pas entrer les serviteurs dans sa maison pour l'instant, il demande un verre, pourtant un serviteur lui en amène un en tremblant. Il lui saute dessus en le griffant et en le mordant. Celui qui est en sa compagnie fait sortir le serviteur. Pas de cerise sur le gâteau pour César, pas de trirème. Lui qui voulait certainement parader avec.
Demain, il doit partir pour une autre conquête.

Telon

Comme le bastion du Mourillon est fermé et qu'il résiste, les Romains leur ont envoyé les Ligures dans la soirée à la nuit tombée. L'attaque est repoussée. La relève de garde se fait toute la nuit. Dans la ville il n'y a que la mort. Une fuite du bastion du Mourillon est organisée dans la nuit, des Grecs avaient anticipé, un navire était resté caché à l'écart, vu la situation il est revenu prendre des hommes dans la nuit.

17 septembre

Journée des cendres
Les Romains finissent de brûler tous les corps.
Ils commencent déjà le démantèlement des bastions pour les rendre imprenables en cas de reprise de l'ennemi. Au bastion du Mourillon, les Romains envoient les Ligures toujours. J'ignore si c'est celui de cette nuit, mais un bateau qui faisait fuite a été intercepté.
Le port échappatoire secret est pris par les Romains. Ils ceinturent le bastion côté mer.
Olbia
Investigation des troupes romaines, recherche d'habitants, la cité est abandonnée. Prise de possession des lieux, résistance au bastion militaire?
Antipolis, des troupes, certainement romaines, attaquent par l'ouest les Ligures de Vallauris qui se rabatent en conséquence vers la ville.
Nikaïa est toujours abandonnée.
Port de Massilia 30e 0o arrivée des esclaves de Tauroeïs.
Hérakleia est abandonnée.
Brusc, Embiez
Les esclaves retaillent des pierres parfois, dans le démantèlement de la muraille, priorité est donnée à la lagune et à la muraille des Embiez.
Bandol
César part pour Massilia au cirque, il se prépare à être vu en public. Les prisonniers grecs et les esclaves grecs passent au cirque. C'est un massacre au cirque, le pouvoir de décision est demandé à César, il met son pouce vers le bas pour tuer tous les survivants du spectacle. Le gladiateur qui lui demandait, pensait vraiment qu'il allait les gracier vu le massacre maximum qui venait d'avoir lieu. C'est le massacre de tous les pri-

sonniers survivants et autres. De toute manière c'était ça ou les fauves. Il a toujours de la rancœur à cause de la perte de la trirème.

Un autre peintre est dans l'appartement panoramique.

CHAPITRE 49

18 septembre

Brusc
Les esclaves continuent à démonter la forteresse des élites, y compris la grande muraille cette fois-ci. Comme il y a trop de pierres, ils en jettent dans la mer derrière l'île, plein sud.
Bastion-sud
Les Romains ont obstrué la porte sud au début côté est, ainsi que le port du Mouret. Malgré tout, ils ont quand même peur que les Grecs reviennent par ces voies-là.
Le bastion nord est conservé, la tour-fortin est rabotée pour être au même niveau des murailles.
Au Mourillon, les Romains ont promis qu'ils leur laisseraient la vie sauve s'ils partaient maintenant. Ils ont donc laissé entrer et accoster un navire, tous les Grecs du Mourillon ont embarqué et une fois en mer ils l'ont attaqué et coulé. Les Romains prennent le Mourillon. Un homme témoin qui était resté, s'échappe et va se mêler aux esclaves qui commencent le démantèlement.
Antipolis
De la bataille, des Ligures sont rabattus vers Antipolis, également vers Nikaïa
Hérakleia les Romains ont repris la cité et prennent position.
Olbia est sous occupation romaine.
Athénopolis est toujours abandonnée.
Port Masilia 0e 0o

Bandol

Le peintre est parti, César a dû le faire rappeler pour qu'il le rejoigne. En ville c'est la paix je n'y vois plus rien, il n'y a plus de fréquence résiduelle forte.

César est bel et bien parti pour d'autres conquêtes.

Fin du recit d'échos temporels incorporé dans le volume 3 Tauroeïs les thermopyles massaliotes.

Voici les relevés d'échos temporels du 19 septembre au 3 novembre issu du volume 4 "Tauroeïs", incluant la soi-disante fin de la guerre de César contre les Massaliotes en date du 25 octobre, jour ou selon César, Massalia c'est rendue au bout de six mois de siège, or, comme nous l'avons vu, selon les échos, il en a été tout autrement.

19 septembre

<u>Antipolis</u>, les troupes romaines ont rabattu les Ligures.
<u>Nikaïa</u>, les Ligures fuient par la côte.
<u>Athénopolis</u>, les troupes romaines sont arrivées.
<u>Olbia</u> est sous occupation romaine.
<u>Port de Massalia</u> 0e 0o.
<u>Hérakleia</u> est sous occupation romaine.

20 septembre

<u>Antipolis</u>, c'est la tranquillité chez les Romains après la victoire.
<u>Nikaïa</u>, Les Romains ont pris la cité, des troupes ont continué vers Monoikos.
<u>Olbia</u> est romaine.
<u>Hérakleia</u>, le camp romain a été rasé par une attaque ligure.
<u>Port de Massalia</u> 20 0.
<u>Athénopolis</u> a subi une attaque ligure massive également, les mêmes venant des Maures actuelles. Les seuls survivants sont sur un bateau, et ce ne sont pas des pilotes, le bateau est immobile en mer. Les Ligures attendent qu'il réacoste.

21 Septembre

<u>Antipolis</u> vit une installation romaine, aménagement, etc.
<u>À Nikaïa</u>, les troupes romaines sont présentes et se positionnent devant la ville.

Olbia est sous occupation romaine.
Athénopolis, le navire des rescapés est à la dérive.
Port de Massilia 0e 0o.
Hérakleia est de nouveau aux Ligures.

22 septembre

Relâche, pas de relevés.

23 septembre

Antipolis est romaine.
Nikaïa est aux Ligures.
Olbia est romaine.
Athénopolis a été reprise par les Romains.
Hérakleia est reprise également par les Romains. Ils commencent le quadrillage et l'incendie de la forêt.
Port de Massilia 0e 0o.
Aux Embiez, pleurs et souffrance au niveau du port des Embiez.
À Bandol, il y a un nouveau chef romain aux anciens appartements des chefs grecs. La ville est sereine et productive.
Massilia, la ville est réinvestie cette fois-ci bien en dehors des limites de la muraille. La ville est productive. Le cirque fonctionne avec des jeux moins sanglants, courses de chars ? De nouvelles parcelles sont prêtes à accueillir de nouveaux habitants.
Cytharista, les grandes villas ont été reconstruites, leurs riches habitants passent des jours paisibles.
Carcisis a été reprise, c'est une femme qui en est la cheffe. Elle entend faire fructifier la cité.
La Cadière, la cité a été réinvestie par les Romains. Le nouveau chef est gay et vit avec son compagnon, ils ne pensent qu'à la

mode. Le Castellet est romain. Les prêtresses sont revenues, il y a une nouvelle zone fortifiée au sommet.

Bandol, la ville est sereine, l'activité est basée sur la productivité. Le nouveau chef romain siège dans l'ancien QG, il juge et fait emprisonner. Il entend faire régner l'ordre dans la cité. Il est âgé et fermé, un peu narcissique, très soucieux de son apparence. Comme il est d'un âge avancé, le soir il angoisse, il a peur de mourir. Il est rigoureux, il n'y a pas de débordement et d'irrespect apparent. Or le soir, discrètement il fait amener des jeunes garçons esclaves.

Embiez, le bastion nord est utilisé pour le stockage des denrées. Le bastion sud est quant à lui quasiment démantelé, la grande muraille également, il ne reste que quatre mètres de hauteur de muraille.

24 septembre

Antipolis, les Romains fêtent et célèbrent leur nouvelle ville.

Nikaïa, les troupes romaines essaient de reprendre la ville, les Ligures se réfugient dans les rues de la cité.

Olbia est romaine.

Athénopolis, un chef important vient prendre les rênes de la cité.

Port de Massilia 0 20.

Hérakleia, les Ligures attaquent à nouveau.

25 septembre

Antipolis est toujours romaine, de nouveaux Ligures sont arrivés, ils ont établi leur camp autour de la ville.

Olbia, il y a un déplacement de troupes romaines vers Hérakléia. Port de Massilia 20 0.

Hérakleia a été attaquée par les Ligures, il reste peu de Romains.

26 septembre

Embiez, au port, en fait les gens qui sont amenés là sont des populations déplacées qu'on laisse mourir de soif et de faim, laissées à l'agonie, femmes et vieillards, les Romains profitent de cet espace isolé pour cette sale besogne. Au bastion sud ,il ne reste presque plus rien du bastion et du couloir de la mort. À la grande Muraille, il ne reste plus que 50cm à 1m de murs par endroits.
À Telon, des équipes spécialisées renflouent la trirème pour césar(!!!???).
Bandol, la ville est déçue, le vieux chef est mort. J'ignore de quoi, mort naturelle ? Empoisonnement ?
Antipolis, les Ligures ont repris la ville.
Nikaïa, les Romains s'y sont repliés.
Olbia, les Romains sont revenus en masse.
Athénopolis est toujours romaine. Port de Massilia 70 0.
À Hérakleia, les Ligures ont rasé le dernier camp de repli romain.

27 septembre

Antipolis, les Ligures commencent à manger les prisonniers et les morts.
Nikaïa, les Romains partent en étant récupérés par des galères.
À Olbia, des troupes romaines viennent en masse à nouveau.
Athénopolis, les Romains sont démonstratifs, ils affichent des drapeaux, etc, pour montrer leur prise de position.
Port de Massilia 10e 0o.
Hérakleia est reprise par les Romains venus d'Olbia, c'est la désolation en découvrant le camp ligure de la dégustation…
Au port des Embiez, une fois que les gens semblent tous morts ils les brûlent, certains sont toujours comateux et agonisants,

soit vivants. Je ne sais pas d'où viennent ces gens et ce qu'ils ont fait, peut-être des comptoirs plus à l'ouest de Massilia, Agde ? (Agatha tyché), etc.

28 septembre

Antipolis, les Ligures emmènent les prisonniers romains, ils ont l'air moins barbares, il y a deux clans. Les barbares qui sont allés chercher les moins barbares, peut-être les Oxybiens. Les Déceates ont dû aller chercher les Oxybiens en renfort donc.
À Nikaïa, finalement de nouvelles troupes romaines débarquent.
Olbia, il y a un mouvement de troupes romaines vers Tauroeïs ou l'intérieur des terres. Port de Massilia 40 0.
Athénopolis, les Romains se concentrent dans la citadelle, pour se préparer à une attaque ?
Hérakleia, les Romains construisent des fortifications, un camp fortifié.
Massalia, il y a beaucoup de mouvements de troupes, de passages de troupes, revenues d'Espagne ? La cité se fige, priorité aux mouvements militaires. Les civils ont toujours peur des légions, jamais rassurés. En ville, un homme qui a un uniforme de légionnaire l'enfile et va exiger un repas dans une riche maison.
Cytharista, les riches romains dans leur villa ne sont inquiétés de rien, toutes les informations les amusent.
Carcisis, la cheffe a des difficultés à rendre l'exploitation rentable.
La Cadière, la cité est un peu perturbée, les légions passent également. Le chef vit son idylle avec son amoureux, ils vivent ensemble un peu reclus, loin de tout, avec une passion pour la mode donc.

Castellet, les femmes ou prêtresses sont presque toutes parties, peut-être leurs cultures ne peuvent se faire seulement l'été.

Bandol, le corps du chef a été emmené, il a été veillé, les appartements sont fermés, la ville est contrariée, César est rentré, sa trirème est dans le port. Il prend connaissance de la situation, il semble avoir récupéré sa condition physique quoique, pas toute sa mobilité. Il projette un voyage pour la Corse on dirait, ou Sardaigne, Sicile, ou Rome, avec sa trirème, peut-être qu'il veut parader avec sa trirème (je pense qu'il pourrait s'agir en fait d'une sorte de dromon, qui normalement n'apparait qu'au 6 ième siècle après J.-C. Ce serait donc une sorte d'ancêtre du Dromon car la taille d'une trirème ne correspond pas à la taille des navires perçus, ce qui expliquerait que les Grecs n'en avaient que 3,4 à Tauroeïs et que César en avait la convoitise). Il n'est pas délégué chef de la situation sur la côte et des autres comptoirs grecs. Il a hâte de voyager avec sa trirème, dromon.

Embiez, ceux qui ont été laissés mourir de faim et de soif étaient peut-être des Romains sympathisants de Pompée faits prisonniers en Espagne ou à qui on aurait promis un sort meilleur s' ils partaient.

29 septembre

Antipolis, les Ligures se préparent à la bataille.
Nikaïa, le camp romain commence à devenir massif.
Olbia, la garnison est au minimum.
Athénopolis, la garnison est au minimum également. Port de Massilia 0e 20o.
Hérakleia, le camp romain fortifié est en place.
Bandol, César est là et il se moque de je ne sais quoi.
Massilia, les troupes sont remontées vers Aix puis vers Antipolis, certainement pour prendre les Ligures à revers. Massilia re-

trouve sa légitimité citadine. Le cirque est inactif, le fort extérieur est utilisé pour entreposer les récoltes, denrées, il a dû être nettoyé. Dans les maisons du bord de mer, les habitants restent contemplatifs des crépuscules.

Cytharista, dans les villas romaines, les riches commencent sérieusement à se remplir la panse, les températures froides arrivant. À Carcisis, la gérante en a ras le bol, elle veut jeter l'éponge. Elle trouve son exploitation infructueuse. La Cadière, la cité rentre dans l'automne, le chef et son compagnon se lisent des poèmes ou s'essayent à la poésie.

Le Castellet, les femmes sont pratiquement toutes parties. Il reste un petit fort de vigie au sommet.

Bandol, en buvant du vin, César se fout de ses successeurs qui n'ont à faire qu'à des Ligures, alors que lui a eu a conquérir les Grecs, Tauroeïs et Massilia pour les plus difficiles. Peut-être regrette-t-il de ne pas avoir été désigné pour le contrôle des comptoirs. Puis il s'endort, ivre, ses serviteurs le couche. Il fait des cauchemars de peuplades qui viendraient se venger, hommes, soldats, femmes, etc. Il se réveille dans la nuit, appelle un serviteur, écrit un message qui doit être expédié à l'aube.

Embiez, anciennement bastion nord, des hommes reluquent des amphores de vin dans les denrées. Au port de commerce, des esclaves en fin de vie sont arrivés, ils vont les achever dans l'enceinte de la mort, les laisser mourir de faim et de soif comme ceux précédemment peut-être. Pour l'instant sachant qu'ils vont mourir, des Romains jouent avec eux, les molestent etc. L'enceinte de la mort doit être parfaitement nettoyée pour ne pas créer de panique et de rébellion.

30 septembre

Embiez, les esclaves ont été amenés dans la grande fosse du port actuel des Embiez, côté ouest. Ils servent de test pour de nouvelles machines de guerre, et d'entraînement pour les archers. C'est un massacre général, les Romains s'amusent avec la mort.

Antipolis, les Ligures sont attaqués par les Romains, venus des troupes accumulées à Nikaïa et des troupes arrivées par l'ouest. C'est un écrasement total des Ligures.

Nikaïa les troupes sont parties pour Antipolis, le camp arrière est assuré.

Olbia, les troupes sont parties vers l'ouest.

Athénopolis, c'est le retour des troupes ayant participé à la bataille d'Antipolis. Port de Massila 0e 0o.

Hérakleia, le camp romain provisoire est toujours en place.

Bandol, César est parti en voyage inaugural avec son dromon, pour la Sicile je crois. La ville est soulagée, les gens ressortent, vivent, et font du bruit normalement. Un nouveau chef est arrivé et a pris position dans les anciens appartements grecs. C'est lui qui a donné l'autorisation aux gens de la ville de vivre normalement. César est parti au matin. Avant de partir, il a regardé une dernière fois la vue de sa terrasse panoramique. Le nouveau chef provisoire est jeune, certainement celui qui a été appelé par le messager de cette nuit, il apprécie l'appartement panoramique puis il s'entraîne au combat ,car il a besoin de faire de l'exercice physique. Il se fait des films de victoire, mime des victoires et de la reconnaissance des autres, acclamations, etc. Puis il part faire une reconnaissance dans la ville.

1er octobre

Embiez, on fait venir des personnes aisées, nulles en combat, et ils tirent à l'arc sur une dizaine d'esclaves attachés à des poteaux, pour leur amusement. Quand ils touchent un esclave, aidé par un soldat parfois, ils exultent. Il n'y a aucune considération pour les personnes utilisées. En fait c'est un nouvel arrivage de personnes valides, j'ignore ce qu'ils ont fait pour être

traités ainsi . À côté, on brûle déjà les victimes de la veille. C'est peut-être les esclaves les plus présentables qu'on a réservés pour ce final.
Antipolis, après la victoire, les Romains brûlent les morts, font des prisonniers et pratiquent la décimation.
Nikaïa, les troupes venues par la mer, repartent par la mer, en masse.
Olbia, des troupes sont revenues, la cité est pleine à moitié.
Athénopolis, les drapeaux romains sont en masse, au vent.
Port de Massilia 30e 0o.
Hérakleia a encore été attaquée par des Ligures, le camp a été rasé.
Bandol, le nouveau chef essaye une toge, il se prend pour César ou autre, il mime un discours, etc. Il semble être un peu mythomane.
Embiez, ce sont des personnes qui sont punies, ils arrivent avec leurs riches exécuteurs. Il ne reste plus rien sauf les fondations du couloir de la mort et de la grande muraille.

2 octobre

Embiez, dans l'arène de la mort, les Romains ont amené des fauves pour qu'ils se nourrissent des restes de la veille. Puis quelques hommes punis ou condamnés sont lâchés un à un dans l'arène encore pour le spectacle pour amuser les riches romains. Je crois qu'il y en a un qui veut faire un élevage de fauves à côté de la fosse. Retour du tir à l'arc en fin d'après-midi, leurs enfants sont mis à contribution.
Antipolis, les Romains finissent de nettoyer la ville.
Nikaïa, les Romains qui sont restés, réinvestissent la ville.
Olbia, la cité est pleine à nouveau, romaine.
Athénopolis est toujours romaine.
Port de Massalia 20 0.

Hérakleia, une galère romaine s'approche pour faire une reconnaissance sans accoster.

3 octobre

Antipolis, a été reprise par les Ligures Oxybiens (non cannibales).
Nikaïa a été reprise par les Ligures également, les Romains ont eu le temps de fuir par navire.(le gros des troupes étant parties).
Olbia est reprise par les Ligures également, les Ligures font un tout droit dans la ville jusqu'à ses limites puis, en revenant sur leurs pas, ils achèvent les blessés.
Athénopolis est toujours romaine.
Port de Massilia 10e 0o.
Hérakleia, les Romains ont débarqué, certainement pour venir à l'aide d'Olbia ou pour la reprendre, les fuyards de Nikaïa possiblement. Ils tombent sur le camp décimé qu'il renfloue.

4 octobre

Embiez, ils brûlent vifs des femmes et des hommes accusés de je ne sais quoi dans la fosse ou l'arène de la mort, sur des bûchers. Les plaignants, aisés assistent à l'exécution des condamnés. Soit la fosse fait office de hall de justice également.
Antipolis, les Oxybiens qui étaient venus en masse sont repartis. La cité reste déserte. Il ne reste qu'une poignée de Déceate, année 0 pour ces derniers.
Nikaïa, c'est le retour de quelques Romains par voie de mer, en éclaireurs.
Olbia, les Ligures sont repartis, le camp romain est rasé, il semble ne pas y avoir de cannibalisme cette fois.

Hérakleia, les Romains sont repartis par voie maritime, ils ont dû envoyer des éclaireurs pour Olbia et vu le résultat, ils ont décidé de partir.
Athénopolis, des troupes ligures sont arrivées en masse, les Romains ont préféré fuir avant l'attaque.
Port de Massilia 50o 30e.
Bandol, la ville vit tranquillement, César n'est toujours pas revenu. Aux anciens appartements des chefs grecs, le nouveau chef profite pleinement de la vie avec des partenaires féminines.

6 octobre

Antipolis, quelques Oxybiens sont venus pour aider à faire repartir le clan Deceates. Ces derniers pensent à les manger…
Nikaïa, les éclaireurs romains sont repartis.
Hérakleia, il y a une petite activité ligure.
Olbia est pleine de Ligures, des Oxybiens?
Port de Massalia 20e 10o.

7 octobre

Embiez, à la Fosse, quatre ou cinq personnes sont exécutées aujourd'hui seulement, elles sont ébouillantées. Un couple interdit en fait partie, on dirait.
Antipolis les Ligures Oxybiens et le restant des Deceates font une fête, une célébration.
Nikaïa est sous occupation des Oxybiens.
Olbia semble occupée par les Oxybiens et alliés également.
Athénopolis est abandonnée.
Port de Massalia 50e 0o.
Hérakleia, les Ligures piègent la place abandonnée.

8 octobre

Antipolis, les Oxybiens commencent à se débarrasser discrètement de la poignée de Deceate qu'il reste, étant cannibales et autres, fauteurs de troubles, etc. Ils les éparpillent finalement dans leur population pour les briser.
Nikaïa est aux mains des Oxybiens.
Olbia, des Oxybiens sont partis, il en reste 1/3.
Athénopolis est abandonnée, c'est le retour de quelques Ligures comme avant. Hérakleia est aux Oxybiens.
Port de Massalia 20e 0o.

9 octobre

Antipolis est en feu, les Romains laissent tout en feu derrière eux, ils continuent ensuite leur route vers l'ouest.
Nikaia a subi un débarquement massif romain.
Olbia la situation reste inchangée, occupée à un tiers par les Ligures.
Athénopolis est toujours abandonnée.
Hérakleia, le camp ligure a peur, la nouvelle de l'attaque des Romains a dû leur parvenir.
Port de Massalia 0e 0o.

10 octobre

Massilia, son de trompette, petit discours, des troupes entrent ou prennent possession de la ville, une garnison tient la muraille restante. Ils s'apprêtent à subir une attaque. L'ennemi n'est pas encore en vue. Ça y est, la cité a un chef romain, barbu, il règne. Priorité aux objectifs commerciaux, tenir la cité, engranger des revenus, il a des comptes à rendre de par sa nomination. Les massacres au cirque sont interdits, ce sera maintenant plus que de la parade, sur char ,etc. C'est l'ombre ligure qui est revenue, Massilia est prête. C'est lui qui a demandé les renforts de troupes. Aux alentours de la ville, certains se sont préparés en creusant des caches au cas où. Le fort extérieur est abandonné dans le doute. Dans la ville certains ont peur. Ceux qui ont pu partir l'ont fait, mais la quasi-totalité de la ville a confiance en ses défenses. L'activité de la ville est un peu stoppée, les portes sont fermées. À la nuit tombée, on sonne le tocsin pour le couvre-feu, personne ne doit sortir de chez lui sous peine de mort peut-être. Un éleveur de fauves veut partir avec ses fauves puisqu'il n'est plus sollicité.

Cytharista, dans la peur d'une attaque ligure, les riches propriétaires sont partis pour des lieux plus sûrs.

Carcisis, la nouvelle cheffe accepte finalement le rendu de ses terres et leur production, du moins elle s'en contente.

La Cadière, le chef romain s'est fait poignarder par son amant sur une dispute ridicule : tu ne m'offres pas ceci, c'est que tu ne m'aimes pas, etc. Il a été condamné au fauve. Il y a un nouveau chef à l'ancienne demeure des chefs grecs. Il est nommé pour tenir la cité et surtout la production. Il est intraitable sur le rendement. Il punit allègrement si le rendement ou la qualité ne sont pas à la hauteur. Il n'a pas d'excès notable pour l'instant, juste il est amoureux d'une très jeune fille, presque un enfant, en cachette, qui fait ce qu'elle veut de lui. Quand elle grandira, elle sait qu'il ne l'aimera plus, c'est sa pureté qui l'intéresse et son innocence.

Le Castellet, des prêtresses font des célébrations de remerciements, pour la récolte, etc, et des demandes pour les moussons à venir. Elles sont autour d'une statue féminine, des offrandes sont déposées à ses pieds. Une jeune prêtresse doit partir seule chercher je ne sais quoi, il s'agit d'un rite initiatique traditionnel, pour le bon augure de la nouvelle année. Elle dort dans les arbres la nuit pour se protéger des bêtes sauvages. Elle doit rester une nuit ou plus seule dans la forêt. À son retour, elle est célébrée, une prêtresse de plus, son rite initiatique est réussi.

Bandol, le chef provisoire a été empoisonné par une femme, c'était un meurtre commandité. Il est mort dans son sommeil, elle s'est servie d'une bague à cavité pour cacher le poison. Elle l'a fait boire. Elle n'a même pas eu a coucher, un verre et une fois la cible dans son lit, elle a regardé le panorama. La ville n'a plus de chef, les gens se lâchent, la ville est enjouée.

Embiez, dans la fosse et à côté, dans les locaux, des esclaves ou domestiques sont fouettés et torturés légèrement sans faire trop de dégâts sur leur corps pour ne pas les rendre inaptes au travail. Ils sont attachés, etc. Ils ont été punis par leur maître. Au terme de leur calvaire, ils retourneront chez leur maître, soit plus dociles ou plus performants .

César est prisonnier, je ne sais où, la ville où se situe sa prison est assiégée (bombardement boule de feu, etc.) on vient le libérer. Les Romains pensaient que personne ne se frottait à leur dromon, or ils ont été appréhendés par plusieurs bateaux et capturés. La vie de César est certainement sous demande de rançon.

11 octobre

Massilia, le chef de la cité a reçu un chef ligure, ils se sont entendus et les troupes ligures sont parties vers l'ouest sans aucun combat. Le siège a été évité, le chef romain est rassuré. La garnison reste quand même en position sur la muraille. Le couvre-feu étant annulé, la ville retrouve une certaine oisiveté.
Carcisis a été rasée par contre.(ravitaillement)
Cytharista, les riches propriétaires sont revenus après le mouvement des Ligures vers l'ouest. Ils rentrent chez eux, ce n'était peut-être pas des Ligures, mais une autre tribu venue en renfort de l'ouest.

La Cadière, l'intendant passe du temps, caché avec sa petite partenaire, son refuge, en huis clos. Elle ne sait jamais quand est-ce que cela va basculer et appréhende le moment où il abusera d'elle. Généralement, il sent fort son odeur et c'est tout. Elle a peur évidemment qu'il aille plus loin. Il l'idéalise pour sa virginité.

Le Castellet, la vie reprend son cours, c'est le temps des préparations pour l'hiver.

Bandol, il y a une nouvelle cheffe. En ville c'est la fête, les gens rient de la fin de l'ancien chef. La nouvelle chef a ordonné qu'ils fassent la fête, qu'ils soient joyeux pour honorer sa nomination. Elle prend possession de ses appartements et la vue panoramique la plonge dans la mélancolie, c'est sa solitude. En public, elle se montre forte, en privé elle se ronge les ongles. Il n'y a pas grand-chose qui l'intéresse vraiment, elle subit son existence plus qu'autre chose. Aucune exaction pour le moment.

Antipolis est semi-abandonnée, il y a des personnes qui font de la récupération sur le champ de bataille, logistique romaine post-bataille, ceux qui ont débarqué par Nikaia.

Olbia est vide.

Athenopolis est redevenue romaine.

Hérakléia, un camp romain a été réhabilité en plus de la ville. César a été libéré suite à un assaut de la ville où il était enfermé en prison, il est dans un bateau en partance pour Rome.

12 octobre

Antipolis, les Romains établissent un camp militaire fortifié.
Nikaia, les Romains réinvestissent la ville.
Olbia, réinvestissement romain également.
Athénopolis est romaine.
Hérakleia, les Romains sont en masse.
Port de Marssilia 40e 20o.

13 octobre

Bandol, il y a eu une révolte des esclaves, serviteurs. Du fait que la cheffe avait ordonné qu'il fasse la fête, il y a eu un relâchement, ou alors aussi les teneurs avaient la gueule de bois, enfin les révoltés en ont profité, il y avait peut-être un chef de guerre meneur, caché dans les esclaves et quelques guerriers, la cheffe a été violée puis tuée, les mutins ont pris ensuite 2 bateaux pour partir. La maison a été saccagée. Je ne le verrai que plus tard, mais ils sont allés libérer d'autres esclaves prisonniers à la fosse. Au port de commerce des Embiez où ils ont accosté, ils se sont d'abord bien battus et ont réussi à décimer les hommes qui étaient là, puis ils sont partis à la fosse libérer les leurs, une femme en particulier. Les dresseurs ont été servis à leurs fauves. Puis ils ont tué les bêtes, un dresseur, qui avait dû s'enfuir et se cacher revient et pleure sur ces bêtes, mortes, son gagne-pain. C'est la fosse donc qui a été responsable de cette révolte, des esclaves comme vus précédemment ont dû en revenir et en parler aux autres.
Antipolis, les Romains commencent à établir des parcelles sur les ruines de la ville.
Nikaïa, les troupes romaines repartent en bateau. La ville est réinvestie.
Olbia, les Romains ont réinvesti toute la ville.
Athénopolis, on dirait une cité mortuaire... épidémie ? (attention très important, avant cette reprise romaine, les Ligures étaient passés le 4 octobre, ils ont laissé apparemment un petit cadeau à la cité, la cité ne se débarrassera plus de cette épidémie dans la boucle temporelle 49-48 av J.-C.).
Hérakleia, les Romains réorganisent la ville, etc, massivement. Port de Massilia 0e 0o

14 octobre

Bandol, les survivants, ceux qui se sont cachés, quelques serviteurs qui n'ont pas pris part à la révolte, entassent les corps et les brûlent. Quelqu'un va à l'appartement de la cheffe, une femme, elle ressort en criant, la cheffe est morte, vu hier, un messager part pour Massalia pour prévenir le chef de Massalia qui semble très affligé par la nouvelle. Peut-être c'était sa fille ou du moins une proche, et c'était peut-être lui qui du fait, avait fait empoisonner le précédent chef, placé par César. La maison de César a été incendiée partiellement aujourd'hui. Et non hier, ordre du chef de Massalia. En accusant les mutins. Les mutins ont été interceptés en mer, car ils étaient de mauvais marins, passés par les armes et jetés à la mer. Des prisonniers (ceux qui n'ont pas combattu) ont été faits pour montrer l'exemple plus tard.

Antipolis, la ville est en phase de reconstruction.

Nikaia, débarquement de beaucoup de Romains, logistique, esclaves, etc.

Olbia, réaménagements de la ville.

Athénopolis, ils sont tous presque morts, épidémie ? Empoisonnement ?

Hérakléia, il y a un débarquement massif également, reconstruction.

Port de Massilia 30e 0o.

15 octobre

Massalia, le corps a été amené au chef, il pourrait bien s'agir de sa fille, il est profondément affligé. Les médecins lui ont dit de quoi elle était morte, ce qui avait été dissimulé par ceux qui l'avaient apportée). Il est dans le deuil. Il lui demande pardon, etc. La cité est compatissante, elle porte le deuil également : couvre-feu pour soutenir le deuil.

Cytharista, les riches sont partis pour Massilia pour soutenir le chef dans son épreuve.

Carcisis, il y a juste une petite garnison, personne n'a repris la cité pour l'instant. Coupés du monde, les soldats passent leur temps à des jeux stupides et des moqueries entre eux.

La Cadière, le chef continue toujours son train-train avec les exploitations et sa petite perle, cachée des yeux de tous dans sa maison, sauf de ceux de ses serviteurs, la Kampusch antique. Cette situation l'arrange, au moins elle est en sécurité et ne manque de rien.

Le Castellet, les prêtresses font des célébrations à l'arrivée de l'hiver, elles honorent leur déesse, j'ignore laquelle. Des offrandes sont faites à sa statue, accompagnées de chants, etc.

Bandol, un bateau est venu, les hommes aident encore à nettoyer et à brûler les corps. Le corps de la cheffe a été amené solennellement. Quelqu'un qui la connaissait peut-être son frère est rentré dans les appartements, il a beaucoup pleuré à côté de sa dépouille après être sorti vomir dans un premier temps. Il reste très affligé.

Antipolis, une nouvelle ville renaît, toujours en reconstruction.

Nikaïa, des hommes et de la logistique débarquent toujours.

Olbia, la ville se réorganise.

Athénopolis quelques hommes débarquent et voient le spectacle de mort générale et repartent, épidémie foudroyante apparemment, par l'eau ?

Hérakleia, la ville fourmille, réimplantation, arrivée en masse. Port de Massilia 50-20.

16 octobre

Antipolis, 1re fête en ville, ils inaugurent un petit hôtel, statue, mais le travail doit continuer.

Nikaïa, il n'y a plus de débarquements, ils recommencent à démanteler les murailles.
Olbia, il y a une fête également... Fête romaine du coup le 16 octobre ?
Athénoplolis, la cité n'est toujours pas réinvestie, épidémie certainement donc, certains réémergent.
Hérakléia, fête également. Port de Massilia 50e 20o.
Massilia, les prisonniers de la révolte des esclaves ont été amenés au chef romain de Massilia sous sa demande, pour interrogatoire. Les prisonniers survivants ont parlé de la fosse. En conséquence le chef romain a ordonné la destruction de la fosse et la mort de tous ses intervenants qui auraient pu survivre. Il ordonne la libération des esclaves. L'assassin de sa fille a dû être tué sur le bateau, étant combattant.

17 octobre

Embiez, la fosse est détruite, beaucoup s'adonnent à la récupération de tout ce qui peut l'être, fer, etc.

18 octobre

Antipolis, les Romains brûlent je ne sais qui, sur des bûchers en ligne. Le reste de la ville est calme.
Nikaïa, les Romains continuent la déconstruction des murailles.
Olbia, la ville est sereine.
Athénopolis, les Romains viennent récupérer quelques survivants qui semblent être encore en bonne santé par rapport à l'épidémie.
Hérakléia, la ville est pleine, les troupes armées s'en vont.
Port de Massilia 20e 0o.

19 octobre

Massilia la ville est toujours dans le deuil sous ordre. Le deuil a des règles bien spécifiques, certaines choses ne doivent pas être faites, ne pas faire de bruit en ville, pas de cri, la retenue globale, ne pas parler fort, etc. Il y a un marchand qui vend je ne sais pas quoi et qui fait une collecte en même temps pour je ne sais quoi. Autour du chef, la vie s'éternise autour des rites funéraires. Ceux qui prennent la mer sont contents, car ils savent que, une fois sortis du port, ils pourront vivre normalement, parler, etc. Le chef est parti enterrer sa fille je ne sais où, sur ces terres natales certainement.
Carcisis, on vient récupérer les récoltes qu'avait laissées la précédente cheffe. La ville est réoccupée.
Cytharista, l'hiver arrivant doucement, les riches romains s'apprêtent à partir pour leur autre maison d'hiver certainement, plus au sud.
La Cadière, une apparente austérité du chef cache une déviance sexuelle avec sa jeune partenaire où il joue un rôle passif.
Le Castellet, 80% des prêtresses sont parties je ne sais où. Celles qui restent, de garde à leur fonction et place, s'ennuient.
Bandol, la ville ne c'est toujours pas remise de la révolte, très peu habitée encore. Il y a une vieille à l'appartement des chefs, très brumeuse. Peut-être continuent-ils tous le deuil. La ville n'est pas repartie.

20 octobre

Antipolis, la construction de la nouvelle ville continue.
Nikaïa, débarquement massif de population, ils partent vers l'ouest.

Olbia, déconstruction et reconstruction romaine.
Athénopolis, des esclaves ont été envoyés pour rassembler et brûler les corps.
Hérakleia, il y a un nouveau camp fortifié, la ville est sereine.
Port de Massilia 30e 0o.

21 octobre

Port des Embiez, ils continuent à abattre des constructions de la fosse, j'ignore lesquelles, comme de grands pics.
Massilia un nouveau chef est arrivé, il semble despotique. Le deuil est levé. Des messagers partent pour les comptoirs environnants. Peut-être le cirque va être réouvert pour des spectacles sanglants, le chef a quelque chose en tête. La ville n'est pas rassurée, certains ont peur pour leurs biens.
Cytharista, les riches romains sont déçus, j'ignore pourquoi.
Carcisis, la place forte toujours tenue par une petite garnison.
La Cadière, le chef n'est vraiment pas rassuré du tout non plus, il pense à partir, il prépare ses affaires pour partir. Avec sa jeunette qu'il doit faire passer pour sa fille, seul à cheval. Dans la cité certains attendent le nouveau chef (serviteur) d'autres partent.
Le Castellet, les filles, prêtresses, s'en vont aussi, aucune ne reste. Le Castellet est vide.
Bandol, en fait la personne âgée était la mère du chef de Massalia, soit la grand-mère de la cheffe grecque assassinée. Elle était venue pour se recueillir et voir le dernier endroit où avait vécu sa petite fille. L'ancien chef romain de Massalia est venu la récupérer. Dans l'appartement panoramique des chefs, ils se recueillent ensemble, parlent un moment. Il réussit à la convaincre de tenter un voyage en bateau. Il avait accosté aujourd'hui, puis ils partent en bateau. Quelques éléments sont récupérés dans la ville et ils partent également. Changement

de pouvoir, dirait-on, sur les villes limitrophes de Massilia ou dépendantes de.

Antipolis, les Romains ne sont pas rassurés non plus, j'ignore toujours pourquoi, certains pensent à partir également.

Nikaïa, le flux d'arrivants s'est arrêté, ainsi que le démantèlement des murailles de la ville.

Olbia, les Romains s'en vont également, très peu d'entre eux restent.

Athénopolis, la cité est vide de vie humaine post-épidémie.

Hérakleia, beaucoup s'en vont également, d'autres sont contents de ce changement. Massalia port 70e 40o. Des troupes prennent possession de la ville.

22 octobre

Aux Embiez, ils construisent une nouvelle arène, on dirait.

Massilia, c'est un assaut barbare en fait. Toutes les cités non fortifiées sont en danger et ont été évacuées. Ils ne s'en prennent pas aux fortifications de Massilia, ils se frottent à la muraille, puis ils continuent leur chemin. Leur force est leur nombre, ils pullulent, ils n'ont pas de cheval et ne sont pas très intelligents. Aucune stratégie si ce n'est l'assaut sur un terrain d'égalité. Ils pillent tout ce qu'ils peuvent. Remontés d'Espagne ?

Sur la dernière muraille laissée debout, les gardes sont spectateurs de ce flux de rase motte mortel, au sol. Ils savent qu'ils n'attaqueront pas. Ils sont trop bêtes. Le chef romain, général envoyé pour la cause, sait qu'il n'y a qu'une chose à faire, attendre. Cependant les hardes se dirigent vers l'est et si elles continuent à longer la côte, elles atteindront Rome, c'est ce qui l'inquiète. Sur les habitations du bord de mer de Massilia, certains Romains sont rassurés, la horde n'a fait que passer. Du moins elle est passée sans s'arrêter. Il y a un bateau dans le

port qui est entré et qui a lâché des espions ou des voleurs ? Profitant de l'attention portée à la crainte de l'attaque.
Port de Massilia 20e 0o.
Cytharista, ils pillent tout dans les maisons des riches romains, tout est trophée. Ils se nourrissent de toutes ressources dans les plantations sans retenue conservatrice.
Carcisis n'est pas attaquée, dc par le fait que ses fortifications n'ont pas été détruites.
La Cadière, ils sont passés également, et ont tué tous ceux qu'ils ont rencontrés. Ils ne sont pas entièrement cannibales, mais ils mangent seulement que certaines parties du corps bien précises. On dirait qu'ils viennent d'un autre temps, reculé, arriéré génétiquement. Les Romains ont dû faire la même erreur en Espagne d'enlever les murailles. Les tribus locales ont attaqué, vaincu les Romains, et ont décidé de remonter les comptoirs jusqu'à ce qu'ils soient stoppés.
Le Castellet, juste des éclaireurs sont passés voir s'il y avait des habitants, comme il n'y avait personne, ils n'ont pas appelé la horde qui est passée en dessous, en fond de vallée. Ils ont juste attrapé quelqu'un qui s'était caché pour en faire un festin (manger entièrement cette fois-ci) , peut-être celui qu'on avait laissé pour qu'il vienne prévenir de la fin du passage.
Bandol, idem, la horde passe et pille tout ce qui peut l'être, les appartements des chefs ne sont pas épargnés, tout y passe, il n'y a aucune organisation, chaque guerrier est autonome et dépend de lui-même, il se nourrit seul et prend son butin seul (cette première vague de fantassins est constituée uniquement d'hommes de petite taille). Un chef légèrement plus intelligent peut-être. Une poignée de Romains s'était cachée sous terre, ils ont réussi à ne pas se faire prendre et à laisser passer la horde. N'importe quel objet, même basique et même s'ils n'en connaissent pas l'utilisation est pour eux un trésor. Rajout webcam telon (Toulon), les Romains se sont réfugiés dans le

bastion du Mourillon qui n'a pas été détruit et laisse passer la horde.
Olbia, les hispaniques ne sont toujours pas là, il y a quelques guetteurs qui sont restés dans la cité, peut-être attendent-ils les premiers signes de la horde pour se cacher.
Hérakléia, des Romains décident d'embarquer sur des galères et de rester au mouillage dans la rade, et de s'éloigner un peu le temps de laisser passer la horde. La cité est vidée.
Athénopolis, la cité est toujours morte, animée par le vent seulement.
Antipolis, la cité c'est vidée, il ne reste plus grand monde.
Nikaïa, beaucoup d'embarquements sur des navires, les Romains fuient vers l'est. Ibère ou celto-ibère, je penche plus pour une alliance des deux.

23 octobre

Massilia, des éclaireurs sont envoyés pour voir la situation après le passage de la horde celto-ibère afin de juger s'il y a encore de la dangerosité, et faire un compte rendu. La cité s'interroge sur la position à prendre, vont-ils attaquer sur leur marche de retour ? En attendant la cité fait rentrer des provisions et autres en cas de siège. Préparation de munitions incendiaires, boules de feu pour les catapultes, préparation pour l'état de siège. Récupération de tout ce qui peut l'être dans les bâtiments pour l'effort de guerre, fer, etc, forge d'armes pour les citadins volontaires ou engagés non armés. Tout un petit monde qui s'agite. Le chef envoie un messager à Aqua sextiae (Aix) pour demander des renforts. Finalement pas énormément de gens sont partis par voie maritime, beaucoup ont pensé que la cité était sûre.
Cytharista est vidé, sans vie.
Carcisis, finalement la petite garnison a rejoint Massilia, la cité est vide.

La Cadière, en chemin, les éclaireurs à cheval qui sont quand même une vingtaine trouvent des Celto-Ibères, égarés, qui se sont arrêtés pour manger leurs butins et les tuent.
Au Castellet vidé, en passant les Romains remettent un étendard debout.
Bandol, des Romains qui s'étaient cachés s'adonnent au pillage sur le compte des Celto-Ibères.
Embiez, ceux qui avaient cru que les Celto-Ibères ne passeraient pas l'ont payé de leur vie.
Olbia, les Celto-Ibères ont tout ratissé, presqu'île, etc.
Hérakleia, il y a des Celto-ibères en masse qui regardent les bateaux, figés, certains se découragent d'attendre et continuent la marche et d'autres continuent à attendre qu'ils accostent, tout est pillé.
Athénopolis, les Celto-Ibères envahissent la cité et ne restent pas, ça pue trop la charogne, tous les corps n'ont pas été brûlés, ils repartent.
Telon, la ville est pillée également, beaucoup de Celto-Ibères restent sur place, festin... Ceux qui étaient restés au bastion du Mourillon ont préféré partir en bateau. Beaucoup stagnent ici, ce qu'ils y ont trouvé les poussent à rester. Ils se considèrent comme des rois dans cette cité, comme un dû à leur rang...
Antipolis, les Celto-Ibères ne sont pas présents, la cité est quasi déserte. Il ne reste que des guetteurs, qui peut-être iront se cacher à la vue de l'assaillant.
Nikaia est désertée, quelques-uns ont choisi d'aller se réfugier dans les montagnes. Port de Massilia 0 0, aucune activité.

24 octobre

Bandol, des Celto-Ibères, qui s'étaient cachés, surprennent des Romains- pilleurs, sinon la ville est déserte.
Massilia, des troupes arrivent pour renforcer la cité, en même temps peut-être un piège est prévu pour le retour des Celto-

Ibères. Beaucoup de messagers partent encore pour recueillir des comptes-rendus de situation. Où sont les Ibères ? Se sont-ils arrêtés, jusqu'où sont-ils allés ? Telles sont les questions, passeront-ils les Alpes, Rome est-elle en danger ? Des navires sont également partis prévenir les villes côtières post-Nikaia et prévenir également Rome. Le chef reste dans l'expectative et le questionnement. En ville, la vie se poursuit calmement, parfois des grands bruits dus à une chute par erreur effraient la population qui reste figée, s'attendant au pire.

Cytharista, des Romains s'adonnent au pillage également sur le dos des Ibères dans les maisons des riches Romains.

Carcisis est déserte, vide. Il n'y avait pratiquement rien à piller.

La Cadière, des Romains de Massalia, certainement, pillent les maisons des chefs sur le compte des Ibères toujours, pas d'Ibères à l'horizon.

Le Castellet, un bras de la horde qui était un peu plus passé profondément dans les terres passe sur le Castellet, ils sont terrifiants, beaucoup plus redoutables, de taille normale pour ceux-là. La raison me pousserait à dire que la remontada celto-ibère, toutes hordes confondues serait de 15000 personnes, mais j'aurais envie de dire plus.

Bandol, c'était à la maison de César où quelques Ibères étaient restés à l'intérieur, certainement parce qu'ils la trouvaient jolie, elle avait commencé à être restaurée.

Telon, festin... au bastion du Mourillon, les Celto-Ibères ont pris la position. Quelques civils romains qui s'étaient cachés crient de par leur sort. Les femmes prises en esclaves sont comme des trophées. Puis 70% des troupes celto-ibères ont continué vers l'est, ceux-là n'ayant pas encore eu de butin.

Antipolis, passage des Celto-Ibères, pillage, etc. La ville est déserte, cependant ils trouvent quelques Romains qui s'étaient cachés, enterrés. Ils sont tués...

Nikaïa, les Celto-Ibères rebroussent chemin à la vue des cimes des montagnes, les Alpes, considérant être allés au bout de leur chemin.

Olbia, la ville est déserte, beaucoup de Celto-Ibères passent pour aller vers l'est. Quelques Ibères qui étaient restés en ville s'amusent de n'importe quoi en rois conquérants.

Hérakleia, les Celto-Ibères se sont installés dans le camp et la ville en construction leur convient. Ils festoient avec les butins trouvés sur place. Toujours pareil, des femmes capturées sont des trophées, elles sont évidemment violées.

Athénopolis, la ville est toujours morte.

Port de Massilia 50e 0o.

25 octobre

Massilia, arrivée massive de troupes romaines par la mer. Les troupes préparent des pièges en dehors de la ville sur la voie de passage. Ils s'apprêtent à attaquer les Ibères sur leur retour ou à s'en défendre. Catapultes et tours, tout est prêt pour faire des dégâts massifs. Malgré l'apport de troupes, la cité reste terrorisée.

Cytharista et Carcisis sont vides.

La Cadière, les Romains ont repris la position, qui était vide de toute manière, ce sont des légionnaires uniquement. Les supérieurs organisent la venue des Ibères et dressent des plans de bataille, organisent des pièges également, etc.

Le Castellet est également réinvesti, ils y posent quelques catapultes.

Bandol, arrivée massive de troupes également. L'appartement des chefs est occupé par un chef romain. L'entrée est gardée. Il attend, regarde ses cartes. Il attend l'ennemi et les ordres.

Nikaïa, débarquement massif de troupes romaines qui foncent vers Antipolis.

Antipolis, la ville est reprise, les Ibères ont été écrasés comme des insectes (c'étaient les petits fantassins, les premiers de la horde).

Athénopolis, un navire a débarqué, ils sont repartis immédiatement pratiquement après s'être rendu compte de la situation.

Hérakléia, le camp ibère est toujours présent, des navires sont arrivés et sont repartis également. Les Ibères ont pu récupérer des chevaux.

Telon est toujours aux mains des Ibères, ainsi qu'Olbia où ils sont en masse. Port de Massilia 30e 0o.

26 octobre

Antipolis, renversement de situation, des Ibères arrivés par l'ouest ont rasé les Romains, ils étaient supérieurs en nombre et ce n'était plus les petits fantassins.

Nikaïa est déserte, également.

Athénopolis idem.

Telon, il y a un mouvement de troupes massif vers l'est, Antipolis certainement. Port de Massalia 50e 20o. Branle-bas de fuite, les Romains ont peur.

27 octobre

Nikaïa, débarquement de troupes d'élite romaine.

Antipolis, la cité est reprise et gardée. Il semble que les Ibères n'ont pas accepté le combat et aient fait demi-tour.

Olbia, les Ibères s'apprêtent à partir et commencent leur retour.

Athénopolis est déserte.

Hérakleia, dysfonctionnement webcam.

Telon, quelques troupes restées en arrière attendent le retour des autres. Port de Massalia 0e 0o. Il ne reste que les soldats.

28 octobre

Antipolis, les Ibères ont écrasé les troupes d'élite romaines.
Nikaïa, débarquement de troupes ibères avec quelques navires volés.
Olbia est vide.
Hérakleia, beaucoup de guerriers sont partis, il reste juste un camp arrière, statuaire.
Telon, les guerriers sont partis également, camp statuaire arrière, certainement vers l'est. Port de Massilia 0e 40o. Occupé par ce qui semble être des navires repris à l'ennemi qui s'était essayé à la navigation sur des navires volés.

29 octobre

Embiez, des combats ont eu lieu au port des Embiez, mais maintenant ils se sont tus, pas âme qui vivent sur tout le bras de terre.
Bandol, la cité est déserte, chaotique, désolation. Pas âme qui vive également.
Massilia, la cité a été abandonnée, il ne reste que quelques personnes aux alentours, cachées et pétrifiées et peur. Le raid celto-ibère a été fatal, en une seule attaque, massive, le massacre continu. Les seuls survivants sont ceux donc qui se sont cachés, terrés et pétrifiés de peur. Il n'y a pas âme qui vive également.
Cytharista est déserte, chaos et désolation.
Carcisis, pas une âme qui vive également.
La Cadière, un petit camp de légionnaires rescapés romains c'est installé, cachés dans les maisons discrètement, comme si un ouragan leur était passé dessus, abattus et hébétés, j'ignore d'où ils viennent certainement de Massilia. Ils sont une vingtaine. Ils ont tout perdu.

Au Castellet, c'est le chaos et la désolation, pas une âme qui vive.
Antipolis, les troupes ibères sont toujours là, en place et massives, aucun cannibalisme.
Olbia, quelques troupes ibères peu en nombre restées en arrière se réchauffent avec des feux de bois.
Port de Massilia 0e 0o, la cité est déserte.
Telon, quelques troupes ibères reviennent d'Antipolis et reprennent position, en attente d'une décision globale.
Hérakleia, quelques troupes restent en base arrière également avec quelques feux de bois.

30 octobre

Je suis allé à Olbia aujourd'hui, ils ont l'air de primates. On se croirait dans la guerre du feu, une force surhumaine peut-être, d'un autre temps, véritablement.
Antipolis, il y a des festivités tribales, pas de cannibalisme.
Nikaia, dysfonctionnement webcam.
Telon, les troupes sont revenues de l'est, elles partent vers l'ouest. Massilia est une cité déserte comme son port.

1er novembre

Port des Embiez, il y a quelques bateaux romains. Ils se demandent qu'est ce qu'ils vont bien pouvoir reconstruire. À un moment, un bruit fort retenti, terrorisés, ils croient que les Ibères sont toujours là.
Bandol, les Romains sont revenus, ils nettoient la ville dans un premier temps.
Massilia, c'est le retour des troupes romaines. Dans un premier temps, ils sécurisent la muraille. Tous les corps de la bataille précédente sont amenés dans une fosse. Ils effectuent une ré-

habilitation primaire, garde de la ville seulement. Quelques Romains profitent à nouveau de l'horizon.

Cytharista, reconnaissance des lieux et des dégâts, commencement du nettoyage et de la réhabilitation.

Carcisis, mise en place d'une garnison simple.

La Cadière, le petit camp de rescapés n'est pas là, ils ont dû fuir sur le repli des Ibères, ou rejoindre Aquae sextiae. Après leur passage, l'acropole est déserte.

Le Castellet, un cavalier est passé faire un rapide repérage pour effectuer un compte rendu.

Bandol, ce sont bien des serviteurs et des esclaves qui nettoient tout. Depuis le début il y avait un Ibère primate qui avait élu domicile dans la maison de César, il a été tué.

Telon, les Ibères sont partis vers l'ouest certainement hier, absence de relevés. Aucune présence ni repérage romain pour l'instant. Port de Massalia 20e 50o.

Athénopolis, des esclaves ont aussi été envoyés pour nettoyer, mais ils ont peur, ils veulent repartir. La cité sent toujours la mort.

Nikaïa, débarquement massif de population, serviteurs et esclaves.

Antipolis, les nouveaux colons réentreprennent la ville.

Olbia est désertée des Ibères.

Hérakleia est déserté également.

2 novembre

Embiez, au port des Embiez, les nouveaux arrivants ont fait une petite fête, on leur a attribué des terres, les îles actuelles, ils font la fête sans le savoir sur l'ancienne fosse, n'y voyant que du feu.

Bandol, les travaux de réhabilitation continuent.

Antipolis, l'Installation et le nettoyage continuent.

Nikaïa, le débarquement massif de population continue, ils vont vers l'ouest principalement. La cité est réhabilitée également.
Hérakléia, arrivage massif de population également.
Olbia, reprise de la ville. Telon reprise de la ville également.
Port de Massilia 100e 100o, plein.
Athénopolis, réhabilitation et grand nettoyage de la cité de la partie basse pour l'instant.

3 novembre

Embiez, continuation des aménagements, constructions, fondations, etc.
Bandol, continuation du nettoyage et de l'aménagement, ils commencent à monter dans la partie supérieure de la ville.
Massalia, le flux de population inonde à nouveau la cité et les zones aux alentours. Le chef militaire d'avant crise ou de crise est revenu. Pour l'instant, il ordonne que des missions de repérage et de compte rendu. Il reste inquiet de la situation, a peur d'un retour des Ibères. Il est conscient qu'aucune fortification ne peut les arrêter du moins celle que Massilia a conservée.
Cytharista, réaménagements des grandes villas.
Carcisis, la garnison reprend une vie tranquille.
La Cadière, l'acropole est réhabilitée à nouveau et en masse par de nouveaux arrivants. Il n'y a pas de retour de chef encore.
Le Castellet est réhabilité en masse également, pas de chef non plus, on dirait qu'il ne s'agit pas d'esclaves, ils semblent libres.
Bandol, les appartements des chefs sont prêts. Le corps de l'ibère a été laissé pourrir dans la villa à César pour qu'il imprègne les murs d'odeur de charogne.

C'est ici que je coupe mon récit des recueils d'échos temporels de cette saison de relevés 2024. Dans la deuxième partie de « boucle temporelle 49 av J.-C », nous allons passer le cap de la fin d'année et continuer les relevés en 48 av J.-C jusqu'au reset de la boucle puis post-reset. J'ai finalement eu le reset en date du 29 mars, et c'est un phénomène tout à fait particulier. Avant le recommencement de la boucle, il y a quelques jours qui précèdent le reset ou les fréquences résiduelles des échos temporels de 49 av J.-C arrivent, mais ils sont figés, non lisibles. Puis il y a le reset, soit à ce moment-là les échos de 49 sont lisibles, et les fréquences de 48 av J-C se figent, elles aussi, pendant deux trois jours, pour finalement disparaître. J'avais imaginé que j'allais avoir une transition brutale or non, là encore il y a un phénomène inexpliqué qui semble appartenir à de la science-fiction. Je suis enfin sorti de 48 av J.-C avec le plus grand des plaisirs car je n'en pouvais plus des échos des barbares anthropophages. Il est possible d'ailleurs pour le prochain volume, soit de la partie 2, que je ne fasse qu'un résumé des passages les plus terribles, car les Romains ayant enlevé les murailles des comptoirs, les habitants ne sont plus protégés, comme vous avez pu déjà le voir, et l'hiver étant un moment de migration vers le sud pour les peuples du nord, qui sont tous pratiquement exocannibales, vous allez comprendre pourquoi j'ai décidé d'appeler la deuxième partie de boucle temporelle 49 av J.-C « retour vers le chaos / reset-post reset ». Comme le 29 mars est le jour du reset, j'ai pensé que j'allais avoir un mois entier de paix pour étudier la vie au quotidien des Grecs en toute intimité, et bien non… Je n'ai eu que quatre jours de paix seulement. Et dans ces derniers relevés je commence à penser, du moins j'ai pu avoir quelques éléments dans ce sens, que Foxtraon est peut-être en réalité un spartiate. Son appartement est au pied de la tour-fortin et personne n'accède aux étages supérieurs, soit à la place des chefs, hauts dignitaires, sans passer devant ses appartements. Il est donc, en plus d'être le stratagos de la forteresse des élites, le garde du corps rapproché des hauts dignitaires massaliotes de la tour. Et donc comme la boucle recommence, il est là, à nouveau, tout le monde est là, tout recommence, César etc. Et cette deuxième saison de relevés, une fois passé le retour du chaos, soit l'hiver cannibale, mais qui sera très riche en enseignement, du moins qui va permettre la compréhension de beaucoup d'éléments, commence déjà (nous sommes le 15 avril quand j'écris ces lignes) à être très riche et captivante. Je plonge en elle encore comme un adepte ivre de retour vers le passé de cette boucle avec ma Peugeot-réan, mon véhicule, qui me permet d'aller relever les échos temporels tous les jours, soit 50km par jour. Les échos sont journaliers toujours, j'essaye de ne rien perdre, de ne rien louper et évidemment je suis embarrassé à chaque fois qu'un acte cannibale arrive, d'avoir à l'énumérer. Mais cela va permettre de comprendre beaucoup d'éléments des relevés de la saison 2024 donc, pour un tableau qui gagne en détail et en explication à chaque lecture.

Rendez-vous donc, pour ceux qui voudront continuer l'aventure dans « Boucle temporelle 49-48 av J-C retour vers le chaos / reset-post reset ».

INDEX

VOL 2

TAUROEIS CITÉ DE POSÉIDON
LE CRÉPUSCULE DES MASSALIOTES

1 Le début de la guerre de César contre les Massaliotes

a/ L'exil des riches familles grecques massaliotes de Tauroeïs / La scission entre les massaliotes : la guerre civile...31

b/ Extension des relevés aux autres comptoirs avoisinants incluant la capitale Massalia / Absence de César à ces portes...36

c/ Passage de Vibullius Rufus (envoyé en Espagne par Pompée) et de ces troupes par voie maritime...38

d/ La fuite précédant l'arrivée des légions de César.................................42

e/ Destruction des temples hors fortifications avant l'exil............................45

2/ Les légions de César aux portes de Massalia

a/ Le début du siège de Massalia...49

b/ La première vague d'attaque romaine, le sort d'Antipolis et de Nikaïa 50

c/ Le problème caché des Ligures...54

d/ Premiers relevés de la muraille défensive de Massalia............................55

e/ Enlisement du siège de Massalia / Date de la décision d'augmenter la flotte...58

3 /La contre offensive Massaliote

a/ Début de la reprise des comptoirs grecs 67

b/ Le dégagement du siège romain, Massalia la suprème.........................70

c/ La vague de reprise et de relance des comptoirs grecs.........................73

d/ Reprise de la partie ouest de Tauroeïs, soit Bandol actuel et de l'Acropole du Castellet...75

e/ Reprise de Nikaïa et d'Antipolis...85

f/ Le retour de l'ombre ligure...97

4/ Deuxième siège romain de Massalia

Reprise progressive romaine des comptoirs grecs

a/ Un blocus invisible..99

b/ L'entrée surréaliste dans tous les comptoirs Grecs de la flotte de Domitius...103

c/ Tauroeïs et le gouvernement Massaliotes ciblés : une légion pour les fortifications de la bande côtière de Tauroeïs et une attaque éclair de troupes d'élite pour la forteresse des Embiez..108

d/ La vague d'assaut de la légion romaine, Bandol, la Cadière, le Castellet, Cytharista, rasées de tout ennemi en 1 jour...115

e/ Installation de César à son nouveau quartier général des opérations à Tauroeïs ouest soit Bandol...118

f/ préparation d'une nouvelle stratégie d'attaque pour le siège de Massalia : le char antique...124

g/ Reprise des comptoirs grecs, Antipolis ,Nikaia, Olbia , Athénopolis.........126

5 /La chute de Massalia / Fin du siège / Le dernier jour de Massalia / génocide

a/ La chute de Massalia...135

b/ Le génocide de Massalia...140

c/ César hérite des problèmes des Massaliotes : les Ligures / la préparation à l'ultime combat de Tauroeïs : Les thermopyles massaliotes de Tauroeïs.......146

VOL 3 TAUROEIS LES THERMOPYLES MASSALIOTES

CHAPITRES

1
Première attaque romaine de la forteresse grecque / les Ligures attaquent les positions romaines 153

2
Arrivée de renforts grecs......................................156

3
Planification de la résolution du problème ligure par César 160

4
Foxtraon, le Strategos de la forteresse se prépare à la bataille 163

5
L'enquête de César sur la mort d'Ithari cus..168

6
Attaque romaine de petites embarcations passant sous la chaine de protection de la baie...169

7
Suicide du supposé athénien..173

8
César victime d'une tentative de meurtre............................176

9
Malgré le sacrifice du suicidé, le Strategos Foxtraon et ses hommes resteront pour combattre...178

10
Débarquement romain par le port du Mouret, premier établissement du camp romain du Mont Salva / attaque de deux cohortes....................................184

11
Attaque par front est et ouest de la forteresse grecque.....................188

12
Foxtraon atteint par la folie de la guerre..........................195

13
Retour de César , reprise des assauts sur la forteresse/ l'arme chimique grecque..200

14
Premier retour des efforts romains pour éradiquer le problème ligure..........203

15
Contre attaque éclair de Bandol de Foxtraon et de ses meilleurs hoplites....205

16
Retour de flamme romain, grande attaque massive............208

17
Guerre psychologique romaine..........................212
18
Mort de Foxtraon / élection d'un nouveau Strategos..........214
19
L'arrivée de Nasidius...............................218
20
La bataille navale de Tauroentum.....................224
21
La colère de César..................................227
22
Fin de la trêve , reprise des combats....................236
23
Suicide du nouveau strategos.........................240
24
Nouvelle stratégie de César: les tours catapultes 243
25
Pourparler : les Grecs cherchent à gagner du temps pour préparer leur défense
....247
26
L'incendie des tours................................249
27
La loi romaine de la défaite, l'abîme caché de César...........250
28
Le retour des tours /la contre attaque grecque inattendue/l'attaque du commando d'élite romain 254
29
César éjecté des opérations / nouveau général nommé et nouvelle stratégie
....258
30
Échec du nouveau stratège romain......................260
31
Retour au manoeuvre de César.........................262
32
Nouvelle attaque massive dirigée par César, emploi des Ligures issus de la décimation...265
33
Victoire des Grecs sur l'attaque ligure....................269
34
Intervention des Evocati............................270
35
Nouvelle attaque massive romaine, une légion pour Tauroeïs........273

36
L'aide Telonnaise, victoire grecque..................................275
37
César paye de lui même la défaite selon une loi obscure romaine...............277
38
Fin des combats, relâche ,la stratégie romaine de la ruse pendant les négociations..278
39
Stratégie gagnante / la percée romaine..280
40
La chute de la forteresse des élites après deux mois de siège...................284
41
1er tentative grecque de reprise de la forteresse....................................293
42
Reprise grecque de la forteresse, et de Massalia...................................295
43
César fuit habillé en serviteur..296
44
La désolation de Massalia/ attaque de la flotte massive romaine venue en découdre...299
45
Nouvelle prise romaine de la forteresse des élites..............303
46
Reprise grecque de la forteresse...304
47
Tauroeïs vendue, abandonnée aux Romains...306
48
Le génocide de Tauroeïs...309
49
Démantèlement romain de la forteresse..316

VOL 4 TAUROEIS..321

index 355

bibliographie numerique..360

Bibliographie numérique

Pour toute demande de rectification si oubli de citation ou autre, contact via page facebook" Tauroeïs et non Tauroentum "

note 1 (p9)

Mythe fondateur de Marseille. (2024, décembre 27). *Wikipédia, l'encyclopédie libre*. Page consultée le 15:10, décembre 27, 2024 à partir de http://fr.wikipedia.org/w/index.phptitle=Mythe_fondateur_de_Marseille&oldid=221502396.

Note 2 (P9)

mythe du taurophore

http://arbre-celtique.com/encyclopedie/tauroeis-taurois-tauroentium-le-brusc-le-mourret-six-fours-les-plages--5568.htm

Note 3 (page 10)

Guerre Civile jules césar livre 1&2

Collection Nisard: Salluste, Jules César, C. Velléius Paterculus et A. Florus: oeuvres complètes, Paris, 1865, 727 p. Biblioteca classica

https://bcs.fltr.ucl.ac.be/CAES/BCI.html

Note 4 (p32)

Optimates. (2024, février 19). *Wikipédia, l'encyclopédie libre*. Page consultée le 02:11, février 19, 2024 à partir de http://fr.wikipedia.org/w/index.php?title=Optimates&oldid=212595459.

Populares. (2024, septembre 26). *Wikipédia, l'encyclopédie libre*. Page consultée le 06:45, septembre 26, 2024 à partir de http://fr.wikipedia.org/w/index.php?title=Populares&oldid=218938489

Note 5 (p86)

page Facebook " prayers of gods of hellas"

https://www.facebook.co/PrayerstotheGodsofHellas

note 6 (p103)

arbre celtique / les territoires des oxybiens et des deciates sont cédés à Massalia

http://www.arbre-celtique.com/encyclopedie/territoires-des-oxybiens-et-des-deciates-sont-cedes-a-massalia-154-10459.htm

Note 7 Ségobriges (p155)

"Ségobriges." *Wikipédia, l'encyclopédie libre*. 6 janv. 2025, 14:24 UTC. 6 janv. 2025, 14:24 <http://fr.wikipedia.org/w/index.php?title=S%C3%A9gobriges&oldid=221848515>.

note 8 Deciates (p166)
"Déciates." *Wikipédia, l'encyclopédie libre*. 24 nov. 2021, 16:50 UTC. 24 nov. 2021, 16:50 <http://fr.wikipedia.org/w/index.php?title=D%C3%A9ciates&oldid=188280188>.

Note 9 evocati (p216)
"Evocati." *Wikipédia, l'encyclopédie libre*. 14 août 2024, 23:10 UTC. 14 août 2024, 23:10 <http://fr.wikipedia.org/w/index.php?title=Evocati&oldid=217686914>.